Noah Dietrich · Howard Hughes – Milliardär und Mythos

Noah Dietrich

Howard Hughes - Milliardär und Mythos

Die Erinnerungen seines Generalbevollmächtigten

 Gustav Lübbe Verlag

Unter Mitarbeit von Bob Thomas und James Phelan
© 1972 für die deutsche Ausgabe Gustav Lübbe Verlag, Bergisch Gladbach
Aus dem Amerikanischen übersetzt von Benno F. Schnitzler
© 1972 Noah Dietrich und Bob Thomas
Titel der Originalausgabe: Howard, the Amazing Mr. Hughes
Originalverlag: Fawcett Publications Inc., Greenwich, Conn. USA
Schutzumschlag: Arno Häring
Gesamtherstellung: Kleins Druck- und Verlagsanstalt, Lengerich
Alle Rechte vorbehalten. Printed in Germany
ISBN 3-7857-0103-9

Inhaltsverzeichnis

Vorwort des Autors

Im Jahre 1966 schrieb John Keats in seinem Buch *Howard Hughes*:
»Hughes war neunzehn Jahre alt, als er Dietrich zum Chef der
Hughes Tool Company machte, und diese Verbindung bestand zur
gegenseitigen Zufriedenheit für mehr als dreißig Jahre ...

Von allem, was folgte, hieß es, daß dieses Werk zu achtzig Prozent
durch Noah Dietrichs Genie und zu zwanzig Prozent durch Howard
Hughes' Spielerblut zustande gekommen sei, doch wie dem auch
sei, in Wirklichkeit ist das Ganze die Summe seiner Teile. Sowohl
die achtzig Prozent wie auch die zwanzig Prozent – wenn dies wirklich so war – waren gegenseitig absolut notwendig. In Dietrich hatte
der junge Howard genau den Mann gefunden, dem er all seine Angelegenheiten anvertrauen konnte.«

Ich verspreche dem Leser, in diesem Buch nicht zu prahlen. Ich
werde die Vorgänge so wiedergeben, wie ich mich an sie erinnere
und lasse den Leser sein eigenes Urteil finden.

Dennoch werden gewisse Eindrücke entstehen. Howard Hughes
wurde zu einer derartig geheimnisvollen Gestalt, daß es schwierig
ist, zu sagen, was er war und was er ist. Ich gebrauche Vergangenheit und Gegenwart deshalb, weil ich aufrichtig glaube, daß der
Howard Hughes der Vergangenheit ein anderer ist als der heutige
Einsiedler auf den Bahamas.

Niemand außer mir hatte eine so enge Verbindung mit Howard
Hughes während so langer Zeit. Zunächst lernte ich ihn als einen
gewinnenden, wenn auch ziemlich exzentrischen jungen Mann kennen. Während unserer letzten gemeinsamen Jahre sah ich, wie sich
einige dieser Überspanntheiten zu derartigen Schwächen auswuch-
sen, daß er außerstande war, sich gesellschaftlich oder geschäftlich
in irgendeiner Weise zu betätigen.

Hunderte von Büchern, Zeitschriften und Zeitungsartikeln haben
Hughes' Leistung gewürdigt, aus einem Erbe von 600 000 Dollar
ein Milliarden-Dollar-Imperium zu machen. Nur wenig wurde von
den Millionen erzählt, die er nebenbei aus dem Fenster warf. Ich
weiß darüber Bescheid, denn oft genug mußte ich ihm zu Hilfe
eilen, um ihn aus Schwierigkeiten zu retten, in die er sich hineinmanövriert hatte.

Bei einigen dieser Abenteuer, besonders bei seinem Flugboot, wollte
er allerdings keine Hilfe annehmen.

Das war jedoch noch nicht alles: 2 000 000 Dollar auf seiner Welt-
reise, weitere Millionen mit unkommerziellen Flugzeugen, ganz zu
schweigen vom Unterhalt von Starlets, deren Karriere niemals zustande kam.

Hier ist eine Aufstellung seiner größeren Verluste:

Projekt	Verlust	Verlierer
Flugboot	50 000 000 Dollar	Hughes Tool Company
	22 000 000 Dollar	Regierung
RKO	24 000 000 Dollar	Aktionäre
Filmproduktion	10 000 000 Dollar	H. Hughes
Börse	10 000 000 Dollar	H. Hughes
Multicolor	2 000 000 Dollar	H. Hughes
Hughes-Franklin-Theater	2 000 000 Dollar	H. Hughes
Hughes-Dampf-Auto	500 000 Dollar	H. Hughes

Zusammenaddiert ergibt dies einen Verlust von mehr als 100 000 000 Dollar seines eigenen Geldes, dem der Steuerzahler und der Aktionäre.

Während der -zig Jahre hoher Gewinne zahlte die Hughes Tool Company keinen Pfennig an Dividenden.

Howard Hughes besaß kein einziges Büro in seinen Unternehmen, mit Ausnahme der Filmstudios.

Niemals war er Direktor bei TWA oder RKO, obwohl er ihr Schicksal beeinflußte; er nahm an keiner Aufsichtsratssitzung teil.

Er manipulierte Politiker und hat selber kein einziges Mal gewählt.

Er hat sogar kein einziges Mal mein Büro betreten, obwohl ich »Generalbevollmächtigter aller Howard Hughes-Unternehmen war« (Keats).

Warum ich all dies über ihn schreibe? Es gibt persönliche Gründe dafür: Ich möchte meinen Kindern und Enkelkindern einen Bericht über die Rolle geben, die ich in einem farbenfrohen Kapitel der amerikanischen Geschichte gespielt habe. Es gibt noch einen anderen Grund: Ich bin der Meinung, die Öffentlichkeit sollte über Brauch und Mißbrauch großer Vermögen informiert werden.

Und nicht zuletzt hat es Freude gemacht, mir meine zweiunddreißig Jahre mit Howard Hughes ins Gedächtnis zurückzurufen. Ich hege keinen Groll gegen Howard. Meine Jahre mit ihm waren wild, hektisch, zum Verrücktwerden und unberechenbar, aber niemals langweilig. Wäre er nicht gewesen, hätte ich mein Leben vielleicht als Bücherrevisor verbracht oder als Direktor einer unscheinbaren Hypothekengesellschaft. Ich habe das aufregendere Leben vorgezogen.

Bei dieser Geschichte habe ich mit Bob Thomas zusammengearbeitet. James Phelan betrieb vorbereitende Nachforschungen. Beiden bin ich für ihre Mitarbeit dankbar.

1. Die verhängnisvolle Safari

Ich kann nicht genau sagen, wann ich mich entschloß, mich von Howard Hughes zu trennen.

Es war ein bemerkenswertes Leben: dreißig Jahre als der engste Vertraute des reichsten Amerikaners, der ein sagenhaftes Vermögen ansammelte. Ein Mensch von einzigartiger Faszination, doch zum Ende hin ein Ärgernis.

Ich habe ihm Tausende von Diensten geleistet, jeden, auch den ausgefallensten seiner Wünsche erfüllt.

»Noah kann's schaffen«, pflegte er zu sagen. Und Noah schaffte es.

Anfangs waren es simple Dinge, wie zum Beispiel einen Börsentelegraph neben seinem Bett zu installieren.

Später wurden seine Aufträge komplizierter. Einmal handelte es sich um eine Transaktion in Höhe von einer halben Milliarde Dollar.

Diese Dienste wurden mir gut bezahlt. Ich wurde einer der bestbezahlten Geschäftsführer der Vereinigten Staaten. Zu jeder Zeit stand mir eine Privatmaschine einschließlich Pilot und Co-Pilot zur Verfügung, um mich überall hinzubringen, wo ich hin wollte. Ich besaß Büros in Houston, Kansas City, New York, Washington und Los Angeles. Mein Spesenkonto war unbegrenzt.

Das war jedoch nicht genug. Das Leben eines Paschas war kein Gegenwert für die Aufgabe, vierundzwanzig Stunden am Tag einem Mann zur Verfügung zu stehen, der in zunehmendem Maße exzentrisch wurde, dessen ungestüme Entscheidungen – oder Unentschlossenheit – es fast unmöglich machten, ihn vor kolossalen Fehlern zu retten.

Doch ich versuchte es immer wieder. Immer wieder bewies ich, daß es nichts gab, das Howard Hughes wünschte und ich nicht erreichen konnte. Aber am Ende verlangte er das Unmögliche.

Der Anfang vom Ende kam etwa im Januar 1956.

Verträge begannen sich auf meinem Schreibtisch zu häufen. Gewaltige Verträge, und alle unterzeichnet mit »Hughes Tool Company, Howard R. Hughes, Präsident«. Aufträge auf Lieferung von Jetflugzeugen und entsprechenden Instrumenten. Sie kamen von Boeing, Lockheed, Convair, Pratt und Whitney und General Electric. Ich wußte nichts von diesen Aufträgen. Kein Mensch in der gesamten Hughes-Organisation wußte etwas davon.

Es war eine gefahrvolle Zeit in der Geschichte der amerikanischen Flugzeugindustrie. Düsenmaschinen waren dabei, Propellerflugzeuge zu verdrängen. Die Fluggesellschaften kämpften hart um Finanzierung und Lieferung der neuen Maschinen, um im Konkurrenzkampf des Düsenzeitalters bestehen zu können. Alle außer TWA, die von Howard Hughes kontrolliert wurde.

Howard hatte sich zurückgehalten. Während American, United, Eastern und Pan American sowie alle anderen Gesellschaften Aufträge für diese und jene Düsenmaschinen erteilten, benahm Howard sich wie eine Frau, die einen neuen Hut aussucht. Er konnte sich einfach nicht entscheiden.

Jetzt machte er seine Unentschlossenheit wieder gut – und nahm Rache! Aufgestört durch die Manöver der TWA-Konkurrenten, versuchte er hastig, ihren Vorsprung einzuholen. Er verhandelte mit Gesellschaften im ganzen Land. Wie üblich, verhandelte er im Geheimen, ohne irgend jemand in seiner Organisation etwas davon zu sagen. Sogar mir nicht.

Ich addierte die Aufträge und rief Howard an.

»Howard, ich bekomme hier eine Menge Verträge auf den Tisch, die Sie unterzeichnet haben«, sagte ich.

»Yeah, was ist damit?« fragte er.

»Es sind große Aufträge, für Düsenflugzeuge. Sie müssen vom Aufsichtsrat der Toolco genehmigt werden.«

»Das ist kein Problem. Sagen Sie diesen Strohmännern einfach, sie sollten zustimmen.«

»Aber Howard – diese Aufträge belaufen sich auf fünfhundert Millionen Dollar.«

Einen Moment war Stille am anderen Ende der Leitung.

»Sie sind ein verdammter Lügner«, sagte er.

»Passen Sie auf, was Sie sagen, Howard. Ich habe die Aufträge addiert und komme auf vierhundertundsiebenundneunzig Millionen Dollar.«

»Ich glaube Ihnen nicht!«

»Aber ich habe alles hier vor mir in meinem Büro – Stückzahlen, Spezifikationen, Lieferdaten und alles. Ich schicke es Ihnen zu, und Sie können es sich selber ansehen.«

»Sie können mir schicken, was Sie wollen. Ich glaube Ihnen doch nicht!«

Vier Tage vergingen. Inzwischen überdachte ich das Ausmaß seines Handelns. Hier war ein Mann, weder Chef noch Direktor bei TWA. Und dieser Mann verpflichtete die Tool Company, für eine halbe Milliarde Dollar Düsenflugzeuge und Maschinen zu kaufen – in TWAs Interesse – und machte sich keine Sekunde lang Gedanken darüber, wie er die Rechnung bezahlen würde.

Schließlich rief er mich an. Seine Reaktion war typisch Howard Hughes. Unsere vorausgegangene Unterhaltung erwähnte er mit keinem Wort. Alles, was er sagte, war: »Noah, wie wollen wir die vierhundertsiebenundneunzig Millionen Dollar bezahlen?«

Wie üblich, hatte Noah einen Plan zurechtgelegt.

Ich hatte bereits einige Gespräche mit New Yorker Investment-Banken geführt. Sie hatten sich bereiterklärt, bei meinem Plan mitzumachen. Glücklicherweise hatte die Hughes Tool Company einen erstaunlichen Überschuß von hundert Millionen Dollar in bar — Gewinne, die nicht für sofortige Expansionen gebraucht wurden. Ich schlug vor, daß wir mit dieser Summe Vorauszahlungen und erste Raten für die Jets leisten sollten. Dann sollten die New Yorker Banken Schuldverschreibungen in Höhe von 300 000 000 Dollar ausgeben, die als Sicherheit dienen sollten, falls die Gewinne nachlassen würden.

»TWA kann eine derartige Schuldverschreibung nicht allein auf sich nehmen«, sagte ich Howard. »Sie braucht eine Garantie der Hughes Tool Company. Und ohne Börsenumwandlungsvermerk läßt sich das nicht verkaufen.« Das bedeutete, daß die Schuldverschreibungen in TWA-Aktien umgewandelt werden konnten.

Howard antwortete sofort. »Unter gar keinen Umständen! Ich erlaube keinerlei Veränderung meiner Inhaberschaft.«

Howard blieb felsenfest. Er brüstete sich damit, alleiniger Inhaber seines Imperiums zu sein. Er war niemandem verantwortlich.

Ich blieb genauso fest. »Sie haben mich nach einer Lösung gefragt, Howard, und ich habe eine Lösung aufgezeigt. Es ist der einzige Weg, wie wir das Problem lösen können.«

Schließlich stimmte er zu.

Ich begann, den Plan in die Tat umzusetzen. Ich beauftragte Dillon, Read and Company in New York mit der Abwicklung. Details wurden ausgearbeitet, und der Prospekt wurde gedruckt. Da erhielt ich eines Tages einen Anruf eines gewissen Fred Brandi, Präsident von Dillon, Read and Company.

»Noah, wissen Sie, was Hughes getan hat?« fragte er mich.

»Was denn?« fragte ich.

»Er hat mich beauftragt, die Schuldverschreibung zu stoppen.«

»Das hat er getan?« Meine Erbitterung wuchs.

»Ja. Was sollen wir jetzt machen?«

»Stillhalten. Ich will versuchen, einen Ausweg zu finden.«

Sofort rief ich Howard an. Er gab zu, die Ausgabe der Schuldverschreibungen gestoppt zu haben.

»Ich mußte einfach, Noah«, sagte er. »Erstens konnte ich es nicht ertragen, meinen Besitzanspruch möglicherweise verringert zu haben. Und zweitens: nehmen wir an, die Verschreibungen ließen sich nicht verkaufen. Dann würde ich in Wall Street wie ein Idiot dastehen.«

»Was glauben Sie wohl, wie Sie dastehen, wenn Sie die Rechnungen für die Jets nicht bezahlen können?« fragte ich.

Darauf hatte er keine Antwort.

Und zum erstenmal in unserer einunddreißigjährigen Zusammenarbeit hatte ich auch keine. Er wartete auf einen Gegenvorschlag. Ich hatte keinen.

»Howard, ich bin fertig«, sagte ich.

»Ich weiß es, Noah«, sagte er. »Bleiben Sie noch, bis wir dieses Problem gelöst haben.«

»*Sie* lösen es«, sagte ich. »Von jetzt an bestimmen Sie, was geschieht. Vergessen Sie nicht, daß ich am ersten Juli auf Safari gehe.« Im Januar hatte ich ihm gesagt, daß ich mit meinen beiden Söhnen nach Afrika fahren wollte. Jetzt war es Frühling, und ich war entschlossener denn je, nichts dazwischenkommen zu lassen. Es sollte mein zweiter Urlaub in einunddreißig Jahren werden.

»Oh, yeah – die Safari«, sagte Howard. »Wie lange werden Sie fortbleiben?«

»Zwei oder drei Monate«, antwortete ich.

»In Ordnung. Sagen Sie mir Bescheid, bevor Sie abreisen.«

Das tat ich. Seit Januar schickte ich ihm jede Woche eine Notiz, die ihn an meine Abreise am ersten Juli erinnern sollte. Jedesmal, wenn ich mit seiner Sekretärin Nadine Henley sprach, bat ich sie, ihn an meine Safari zu erinnern. Ich war fest entschlossen. Mein ganzes Leben hatte ich von der Jagd in Afrika geträumt und Monate mit der Vorbereitung verbracht. Ich hatte 15 000 Dollar ausgegeben, um drei weiße Jäger anzuheuern, drei Landrover, einen Lastwagen von fünf Tonnen sowie dreißig Eingeborene zu mieten. Außer meinen beiden Söhnen John und Tony sollten mich zwei gute Freunde begleiten – Pat DiCicco und Gary Cooper.

Es war zu erwarten, daß Howard seine alten Tricks versuchen würde. Doch war ich überrascht, daß ich im ersten Teil der Reise Kalifornien mit meinen beiden Söhnen verlassen durfte.

Howard machte seinen ersten Zug, nachdem ich mich in New York im Waldorf einquartiert hatte. Er hatte mehrfach hinterlassen, ihn anzurufen. Ich rief an.

»Um Gottes willen, Noah, Sie können jetzt nicht abreisen!« bat er. »Doch nicht mitten in dieser Jet-Krise!«

»Bei Ihnen gibt es immer irgendeine Art von Krise, Howard«, antwortete ich. »Ich reise nach Afrika.«

»Ich höre, Sie reisen mit Gary Cooper«, sagte Howard und versuchte einen neuen Trick. »Ich verstehe Sie nicht, Noah.«

»Was meinen Sie damit?«

»Nun, wissen Sie denn nicht, daß Cooper schwul ist? Ich verstehe nicht, wie Sie mit ihm verkehren können.«

»Coop schwul? Dieser Cowboy aus Montana ist doch nicht schwul! Fall es Sie beruhigt – Coop fährt nicht mit.«

Howard fuhr fort, mich zum Bleiben zu bewegen. Schließlich sagte ich: »In Ordnung, Howard, nennen Sie mir etwas, das seit meiner Abreise aus Kalifornien passiert ist und Grund genug wäre, hierzubleiben.«

Darauf hatte er nichts zu sagen. Ich wiederholte meinen Vorsatz, abzureisen und legte auf.

Von Howards nächstem Zug erfuhr ich durch einen erbosten Anruf von Pat DiCicco, meinem Jagdgefährten. Pat war ein liebenswürdiger Mann aus Hollywood, der für Howard als Talentsucher gearbeitet hatte. Aber Pat hatte andere Pläne. Er fragte Howard, ob er einen Vertrag über die Großküchenversorgung der Hughes Aircraft Company bekommen könne, und Howard bat mich, mich darum zu kümmern. Das tat ich, und auf diese Weise wurde Pat über Nacht zu einem »Lebensmittel-König«, denn Hughes Aircraft beschäftigte 38 000 Leute.

»Ich kann nicht fahren«, jammerte Pat am Telefon in Kalifornien. »Howard sagt, wenn ich mit dir nach Afrika fahre, verliere ich meinen Großküchenvertrag. Er sagt, wenn ich zurückträte, würdest du wahrscheinlich ebenfalls nicht fahren, denn ich bin ein erfahrener Jäger und du nicht.«

Dies zeigte mir, wie wenig Howard Hughes mich nach einunddreißig Jahren kannte. Ich war zeit meines Lebens Jäger.

»Das ist in Ordnung, Pat«, sagte ich. »Ich kann deine Haltung verstehen. Aber ich fahre trotzdem nach Afrika.«

Der nächste Anruf kam von Greg Bautzer, dem berühmten Rechtsanwalt aus Beverly Hills, einem der wenigen Leute, denen Howard Hughes Vertrauen schenkte.

»Noah, Howard bat mich vor kurzem zu sich nach Hause«, sagte Greg. »Er möchte, daß ich Sie überrede, auf Ihren Urlaub zu verzichten. Ich fragte ihn, wie oft Sie schon Urlaub gemacht hätten. Er sagte: ›Wenn ich mich richtig erinnere, noch überhaupt keinen, außer bei seiner Heirat.‹ Ich glaube, ich habe Ihnen geholfen, Noah. Ich sagte ihm, es sei schon verdammt komisch, wenn ein Mann, der seine Geschäfte führt, nicht bestimmen könne, wann er Urlaub macht und wann nicht.«

Ich bedankte mich bei ihm und wandte mich wieder den Vorbereitungen für unsere Abreise am kommenden Tag zu.

Am Morgen ging das Telefon. Howard war am Apparat. Diesmal war er versöhnlich und voller Verständnis für meine Haltung.

»Ich gebe ja zu, daß Sie ein Anrecht auf Urlaub haben, Noah«, sagte er. »Ich gebe Ihnen sogar sechs Monate – Sie haben es bestimmt verdient. Ich möchte nur, daß Sie sie ein andermal nehmen.«

»Ich werde keineswegs ein andermal sechs Monate nehmen, Ho-

ward«, antwortete ich. »Ich fahre nach Afrika, und zwar jetzt.«
Den ganzen Weg bis zum Idlewild Airport verfolgte er mich. Man rief mich über den Lautsprecher aus – Howard war am Telefon und hatte »einige Probleme in letzter Minute«, bevor ich nach Rom startete. Die Probleme dehnten sich zu einem unendlichen Monolog aus, bis ich seine Taktik durchschaute.
»Eine Minute, bitte, Howard«, sagte ich.
Ich eilte zum TWA-Schalter und fragte nach dem Kapitän der Maschine. Er erkannte mich als Direktor von TWA und als Howard Hughes' Bevollmächtigter.
»Ich werde am Telefon aufgehalten«, sagte ich dem Piloten. »Bitte starten Sie nicht ohne mich.«
Ich kehrte zu Howards abschweifendem Monolog zurück. Endlich, nach zwanzig Minuten, unterbrach ich ihn: »Howard, Sie versuchen offensichtlich, mich die Maschine nach Rom verpassen zu lassen. Aber das wird Ihnen nicht gelingen, denn ich habe befohlen, daß die Maschine wartet, bis ich an Bord gehe. *Und jetzt gehe ich in Urlaub.*«
Er entließ mich, und ich begann meinen ersten richtigen Urlaub in Howard Hughes' Diensten in einunddreißig Jahren.
Es war himmlisch. Während ich Tanganyikas Ebenen nach Antilopen, Löwen und Rhinozerossen durchstreifte, war ich himmelweit entfernt von Howard Hughes, seinen unbezahlten Düsenmaschinen und seinem nicht-fliegenden Flugboot. Kein Telefon, das mich mitten in der Nacht aus dem Schlaf riß und mich mit merkwürdigen Aufträgen durch die Welt hetzte. Keine unlösbaren Probleme, die innerhalb von vierundzwanzig Stunden gelöst werden mußten.
Wenn ich bei meinen beiden Söhnen und den weißen Jägern am Lagerfeuer saß, empfand ich ein seltenes Gefühl von Zufriedenheit. Lange hatte ich dieses Gefühl nicht mehr gespürt. Und ich wollte nicht, daß es aufhörte.

Ich kehrte nach Rom zurück, um die zweite Phase meines langerwarteten Urlaubs zu beginnen. John und Tony fuhren nach Hause, und ich wollte mit meiner Frau Mary, ihrer Mutter und unseren beiden Töchtern Susan und Ruth eine Autotour durch die Britischen Inseln machen. Doch zunächst mußte ich Howard von Rom aus anrufen, wie ich es ihm versprochen hatte. Seine Antwort hätte ich mir denken können.
»Noah, Sie müssen unbedingt sofort zurückkommen«, bedrängte er mich. »Ich brauche Sie.«
»Weshalb?« fragte ich. »Gibt es etwas Neues in der Jet-Finanzierung?«
»Nein«, gab er zu.

»Was ist es dann, was Ihnen am meisten Sorgen macht?«

»Das Flugboot.«

Das Flugboot! Dieses Monster war von Anfang an eine verrückte Idee gewesen. Es hatte Howard Millionen gekostet, weitere 20 000 000 Dollar aus Steuergeldern, aber sein Stolz ließ nicht zu, den Plan aufzugeben. Das Neueste war, daß im Hafen von Long Beach ein Damm brach und der hölzerne Rumpf des Bootes schwer beschädigt wurde. Howard hatte die Stadt auf Zahlung von 12 000 000 Dollar Schadenersatz verklagt.

»Ich habe den Prozeß für fünfhunderttausend Dollar beigelegt«, berichtete Howard.

»Was ist passiert?« fragte ich. »Ich dachte, Sie wollten zwölf Millionen.«

»Ich hatte nicht gewußt, daß ich das Boot für neunhunderttausend reparieren konnte«, antwortete Howard.

»Dann ist der Prozeß also erledigt?«

»Ja.«

»Folglich gibt es keinen Grund für mich, nach Hause zu kommen. Ich rufe Sie von London aus wieder an.«

Als ich von dort aus anrief, war sein Drängen noch inständiger.

»Noah, Sie müssen sofort nach Hause kommen! Es ist etwas geschehen, das nur Sie in Ordnung bringen können.«

Ich seufzte tief und sagte: »In Ordnung«. Mit schwerem Herzen schickte ich den Rest der Familie auf die Reise durch England, wofür ich eigens den Wagen von Amerika hatte kommen lassen. Ich buchte die erste beste TWA-Maschine und begab mich auf die einsame Rückreise nach New York.

Sobald ich im Waldorf einquartiert war, rief ich Nadine an und sagte ihr Bescheid. Dann wartete ich und wartete.

Vier volle Tage lang hörte ich keinen Ton von Howard Hughes. Schließlich rief er an.

»Was ist so dringend, daß ich sofort nach Hause kommen mußte?« fragte ich ihn.

Er berichtete mir von einer Verlegenheit, die typisch für ihn war. Für 30 000 Dollar hatte er sich einen erstklassigen Rechtsanwalt aus Los Angeles genommen, der seinen Prozeß um das Flugboot führen sollte. Dann hatte er noch einen weiteren hervorragenden Rechtsanwalt für den gleichen Prozeß genommen und diesem zehn Prozent der Summe versprochen, die er herausholen würde. Das hieß, daß der zweite Rechtsanwalt 50 000 Dollar erhalten würde. Howard befürchtete nun, daß der erste Rechtsanwalt davon hören und ebenfalls 50 000 Dollar verlangen würde. Howard bat mich, Rechtsanwalt Nummer zwei zu einer Kürzung seines Honorars auf 25 000 Dollar zu bewegen.

Ich kochte. Ich war von meiner Familienreise nach Hause beordert worden, durfte vier Tage im Waldorf herumsitzen, nur um Howard zu helfen, das Honorar eines Rechtsanwalts herunterzuschrauben. Howard regte sich über 25 000 Dollar auf zu einer Zeit, in der Rechnungen von 497 000 000 Dollar für Jetflugzeuge auf ihn zukamen.

Ich konnte gerade noch sagen: »In Ordnung, Howard, ich will sehen, was ich tun kann.«

Ich rief Rechtsanwalt Nummer zwei an und probierte eine List aus.

»Wissen Sie, Howard war von Ihrer Arbeit an diesem Fall sehr beeindruckt«, erzählte ich ihm. »In den Monaten und Jahren, die vor uns liegen, wird eine gewaltige Menge juristischer Arbeit auf uns zukommen. Ich glaube, Sie könnten einen großen Teil davon übernehmen, wenn Sie jetzt Ihre Chance wahrnehmen.«

»Wirklich?« sagte der Rechtsanwalt. »Könnten Sie mir da irgendeinen Hinweis geben?«

»Na ja, ich könnte mir denken, Ihr Honorar von fünfzigtausend Dollar schreckt ihn ein wenig ab.«

»Vielleicht haben Sie recht. Wie wäre es, wenn ich es auf zwölftausendfünfhundert reduziere?«

»Sagen wir fünfzehntausend«, sagte ich.

Howard freute sich wie ein Junge über ein neues Pony. Doch diesmal hatte sein Lob einen bitteren Beigeschmack. Es war ein schmutziger Trick, einem Rechtsanwalt Hoffnungen auf die Vertretung des Howard Hughes-Imperiums zu machen, nur damit Howard ein korrektes Honorar kürzen konnte. Ich konnte nur den Kopf schütteln, wenn ich daran dachte, daß Howards Gesamtunternehmen am Rande eines finanziellen Zusammenbruchs stand und er gleichzeitig seine Zeit damit verbrachte, einen Rechtsanwalt um 35 000 Dollar zu betrügen.

Die Ebenen Tanganyikas waren so weit entfernt wie der Mond. Wieder war ich in die hektische Welt des Howard Hughes hineingezogen worden. Mehr denn je zuvor war ich entschlossen, Schluß zu machen.

2. Hintergrund und erste Bekanntschaft

Während jener hektischen Tage des Jahres 1956 wußte ich, daß mein Leben mit Howard Hughes bald ein Ende haben würde. Zwar leitete ich noch seine Geschäfte, erfüllte seine Aufträge, befriedigte

seine Launen und wetzte die Scharten aus, die er verursachte, doch
ich war nicht mehr mit dem Herzen bei der Sache. Howards para-
doxes und widersprüchliches Benehmen, seine Überspanntheit und
seine Unvernunft waren schlimmer als je zuvor. Ich war jetzt
siebenundsechzig Jahre alt und glaubte, nach einunddreißig Jahren
täglichen und nächtlichen Zusammenarbeitens mit einem derartig
unvernünftigen Mann meine Ruhe verdient zu haben.
Dennoch konnte ich einfach nicht aufhören.
Einmal, weil Howard es nicht zuließ. Er spielte alle Tricks und
seine ganze Raffinesse aus, um meine Pläne, mich ins Privatleben
zurückzuziehen, zu hintertreiben. Doch das einzige, das mich zum
Bleiben hätte bewegen können, wollte er mir nicht gewähren: die
Chance, etwas Geld auf Vermögenszuwachs-Basis zu verdienen, damit ich nicht den größten Teil meines Gehaltes der Regierung in den
Rachen werfen mußte.
Doch es gab noch einen anderen Grund. Nennen Sie es ruhig blinde
Loyalität. Vielleicht war es ein Rest der Faszination, die die queck-
silbrige Persönlichkeit Howard Hughes' auf mich ausübte. Oder
vielleicht war es mein Stolz und die Überzeugung, daß ich immer
noch das Unmögliche für ihn möglich machen konnte.
Was es auch immer war, ich blieb.
Während die letzten Monate an mir vorbeizogen, entsann ich mich
der Umstände, unter denen wir uns kennengelernt hatten. Es begann im November 1925 in Los Angeles. Ich war damals sechsunddreißig Jahre alt und arbeitete als vereidigter Buchprüfer bei
der Firma Haskins und Sells.
Ein Kollege gab mir einen Tip: Ein reicher junger Texaner sei in
der Stadt und suche einen Assistenten für die Geschäftsführung.
»Er wohnt im Ambassador-Hotel«, sagte mein Freund. »Verabrede
dich doch einmal mit ihm.«
Ich folgte seinem Vorschlag. Am nächsten Nachmittag fuhr ich
zum Ambassador, dem neuesten und elegantesten Hotel in Los
Angeles. Ich klopfte an die Tür einer Luxus-Suite. Die Tür öffnete
sich und ich blickte hinauf in das hübsche Gesicht eines jungen
Mannes von neunzehn Jahren.
»Sie sind Noah Dietrich?« fragte er. »Ich bin Howard Hughes.«
Wir gingen hinein, und ich überlegte, ob ich wohl meine Zeit damit
verschwenden sollte, mit einem jungen Mann, der aussah, als sei er
eben erst aus der Schule gekommen, über einen Job zu sprechen.
Er war über ein Meter achtzig groß, gertenschlank und machte in
seinen Golfkniehosen eine sportliche Figur. Er war soeben vom
Golfplatz zurückgekommen und überprüfte gerade seine Ergebnis-
karte.
Wir unterhielten uns. Er erzählte mir, er sei Inhaber der Hughes

Tool Company in Houston, da sein Vater vor einem Jahr gestorben sei. Er habe die anderen Erben ausbezahlt und sei nun Alleininhaber der Firma, die Bohrgeräte für Ölgesellschaften herstellte. Er habe keine Lust, die Gesellschaft zu leiten, da sein wirkliches Interesse in der Filmindustrie liege und er die Absicht habe, den größten Teil seiner Zeit in Kalifornien zu verbringen. Dennoch wolle er die Kontrolle über die Firma behalten.

»Man schickt mir Produktions- und Finanzberichte zu«, sagte er, »aber ich verstehe nichts davon. Deshalb brauche ich jemand, der Geschäftserfahrung hat und mir diese Berichte erklären kann.«

Ich gab ihm einen Überblick über meine Ausbildung und meine Fähigkeiten. Er hörte aufmerksam zu und stellte mit ruhiger, kühler Stimme Fragen. Damals dachte ich, er wolle älter wirken als er war, doch später merkte ich, daß er immer so sprach. Während all der Jahre, die ich ihn kannte, hat er nicht ein einziges Mal die Stimme erhoben.

»Ich brauche jemand mit guter Allgemeinbildung«, fuhr der junge Mann fort. »Jemand, der sich zu helfen weiß und Probleme lösen kann. Sehen Sie, ich möchte mich in verschiedenartigen Projekten betätigen. Können Sie mir erklären, wie ein Kriegsschiff die Schußweite zu seinem Ziel berechnet?«

Seine Frage überraschte mich. Doch grub ich in meinen mathematischen Kenntnissen nach und gab ihm folgende Antwort:

»Das ist einfach eine Sache der Dreiecksberechnung. Auf dem Kriegsschiff sind zwei Punkte, deren Entfernung von einander genau bekannt ist. Das ist die Basis des Dreiecks. Eine Visierlinie von beiden Punkten ergibt die Basiswinkel. Die Entfernung zum Zielpunkt wird nach der Formel für die Berechnung der Höhe eines gleichschenkligen Dreiecks berechnet, wenn Basis und Basiswinkel bekannt sind.«

Meine Antwort schien ihn zufriedenzustellen. Die nächste Frage lautete: »Erklären Sie mir das Prinzip des Verbrennungsmotors.«

Kurz zuvor hatte ich mit einer Autohandelsgesellschaft zu tun gehabt, so daß der Verbrennungsmotor keine Geheimnisse für mich enthielt. Ich erläuterte ihm die Arbeitsweise, und bald waren wir in eine lebhafte Debatte über die Vor- und Nachteile der Kurbelwelle vertieft.

Die Schulstunde war zu Ende, ich kehrte an meine Arbeit zurück und überlegte, ob ich wohl noch einmal von dem jungen Mann hören würde. So war es. Zwei Tage später erhielt ich einen Anruf mit der Bitte, ins Ambassador-Hotel zu kommen. Wieder folgte eine Befragung durch den ernsthaften jungen Mann.

Unsere zweite Sitzung endete ohne eine Entscheidung von seiner Seite. Ich verlor das Interesse an diesem offenbar unentschlossenen

20

Menschen. Eine andere Chance hatte sich mir geboten. Ich konnte Ford-Generalvertreter in Phoenix werden, wenn ich ein Darlehen finanzieren könnte. Ich sah dabei keine Schwierigkeiten und machte Pläne, meine Frau und meine beiden Töchter nach Phoenix überzusiedeln.

Wieder trat Howard Hughes in mein Leben.

Er sandte einen Boten zu mir nach Hause. »Mr. Hughes würde gerne noch eine Frage an Sie richten«, sagte der Mann.

»Sagen Sie Mr. Hughes, ich hätte kein Interesse mehr«, gab ich zur Antwort. »Ich habe inzwischen andere Pläne.«

»Bitte – nur eine einzige Frage«, drängte der Mann.

»In Ordnung. Was ist es?«

»Mr. Hughes möchte gerne wissen, wie Sie bei der Prüfung zum vereidigten Buchprüfer abgeschnitten haben.«

Dies schien mir eine idiotische Frage zu sein, und ich machte keinen Hehl aus meiner Auffassung. »Sagen Sie Mr. Hughes, bei dieser Prüfung gebe es keinerlei Noten. Entweder besteht man oder man fällt durch. Warum in aller Welt will er das eigentlich wissen?«

»Nun, es scheint, als sei sein Fabrikmanager in seiner Klasse in West Point Zweitbester gewesen. Das scheint ihn zu beeindrukken.«

Ich schickte den Mann wieder fort. Nach einer halben Stunde kam er mit der Nachricht zurück: »Mr. Hughes möchte Sie sprechen.«

Ich machte meine dritte Reise zum Ambassador-Hotel, und diesmal stellte er mich an. Gehalt: 10 000 Dollar pro Jahr.

»Was soll ich machen?« fragte er. »Soll ich Ihnen ein Jahresgehalt im voraus zahlen?«

Dieser Mangel an elementarem kaufmännischen Grundwissen erstaunte mich. »Die meisten Ihrer Leute werden wöchentlich bezahlt – Direktoren wahrscheinlich vierzehntäglich. Sagen Sie den Herren in Ihrer Fabrik einfach, sie sollten mich auf die Gehaltsliste für Direktoren setzen.«

Das war der Anfang. Es war Thanksgiving Day 1925.

Als ich mir jetzt, nach einunddreißig Jahren der Arbeit für Howard Hughes, diesen Anfang ins Gedächtnis zurückrief, konnte ich Andeutungen jener Charaktereigenschaften bemerken, die mich faszinieren sollten, aber auch jener, die mich ärgern würden.

Er hatte einen bohrenden Verstand, Fertigkeit mit mechanischen Dingen und eine außergewöhnliche Art, mit Menschen umzugehen. Er war ehrgeizig und willens, zu neuen Ufern vorzustoßen und voller Ideen, wenn sie auch ein wenig nebulös waren.

Doch entwickelte er einen Sinn für Geheimnistuerei, der mir unvernünftig vorkam. Er hatte nur wenig Respekt vor anderen Menschen; das läßt sich schon daran erkennen, daß er mich am Thanksgiving Day aus meiner Familie herausriß. Belanglosen Dingen widmete er eine ungewöhnliche Aufmerksamkeit. Wie ein verwöhntes Kind bestand er darauf, das zu bekommen, was man ihm verweigerte.

Vor allem aber konnte er keine Entscheidungen treffen.

Wenn ich die ersten sechsunddreißig Jahre meines Lebens betrachte, so scheint es mir, als sei alles, meine Herkunft, meine Jugend, meine Erziehung und meine Berufserfahrung nur eine Vorbereitung für die Laufbahn gewesen, die ich bei Howard Hughes einschlug.

Für diesen Job brauchte ich Findigkeit, Ausdauer, die Fähigkeit, mit Menschen umzugehen, eine weitgestreute Kenntnis der Geschäftswelt – und die Konstitution eines Stiers.

Die Familie meines Vaters stammte aus Darmstadt. Sie war sehr religiös und widersetzte sich der Regierung, die bestimmte, daß alle jungen Männer für drei Jahre eingezogen wurden, sobald sie einundzwanzig Jahre alt geworden waren. Als mein Vater in dieses Alter kam, entschloß sich die Familie, das Land zu verlassen, um der Einziehung zu entgehen. Wie viele Europäer in der Mitte des neunzehnten Jahrhunderts richteten sie ihr Augenmerk auf Amerika. Doch die Vereinigten Staaten waren mitten im Bürgerkrieg, und ihr Plan wurde vereitelt. Aber der Krieg ging zu Ende, und im Jahre 1865 segelte die Familie Dietrich von Hamburg aus in die Neue Welt.

Es war eine furchtbare Reise. Ihr Schiff hatte keinerlei eigene Antriebskraft und geriet in eine tagelange Windstille. Lebensmittel und Wasser gingen zu Ende. Ein Mitglied der Familie wurde verletzt und starb, weil man ihm nicht helfen konnte. Endlich, nach sechs Wochen, kam Land in Sicht. Mühsam kämpfte sich das Schiff in den Hafen von New York.

Ich habe keine Ahnung, warum meine Eltern einen so biblischen Namen für mich auswählten. Meine beiden älteren Brüder hießen Otto und Wilhelm, wie die deutschen Kronprinzen. Ich blieb auf Noah sitzen und wurde wegen dieses Namens während meiner ganzen Schulzeit gehänselt.

Das Leben einer Pfarrersfamilie zu jener Zeit war reichlich frugal. Mein Vater bekam die bedeutende Stellung als Pfarrer in Madison; sein Monatsgehalt betrug 65 Dollar. Man stellte ihm ein Pfarrhaus zur Verfügung, doch es mußte eingerichtet und für eine neunköpfige Familie der Lebensunterhalt herbeigeschafft werden. Ab und zu überschüttete uns die Kirchengemeinde mit einer Flut von Lebensmitteln, doch zwischendurch war unser Tisch ziemlich dürftig bestückt.

Wir lernten auszukommen. Fünfundsechzig Dollar im Monat erlaubten keinerlei Extravaganzen, und wir mußten eigene Ideen entwickeln, wenn wir uns amüsieren wollten. Ich liebte es, Ball zu spielen, doch meine Eltern konnten mir keinen Baseball kaufen. Deshalb sammelte ich alle Schnüre, die ich erwischen konnte. Als Gummiersatz für das Innenstück wickelte ich die Schnüre um einen Stein, bis er das Format eines Baseballs gewonnen hatte. Dann bat ich eine meiner Schwestern, mir aus einem Stück alten Leders eine Hülle zu nähen.

Auch lernte ich zu kämpfen. Als Pfarrerssohn war das auch unbedingt notwendig. Immerzu war man Außenseiter, immerzu mußte man sich durchsetzen. Alle zwei Jahre wurde ich in eine neue Umgebung versetzt, wenn mein Vater eine andere Stelle bekam – von Batavia nach Jefferson, nach Prairie du Sac und Fond du Lac, von Madison nach Chicago und Zion, Illinois. Jedesmal stand ich einer neuen Meute gegenüber. Jedesmal mußte ich mich mit meinen Fäusten durchkämpfen.

Natürlich waren wir eine religiöse Familie, überaus religiös sogar. Die Sonntagszeitung durfte an Sonntagen nicht ins Haus. Kartenspiel war verboten. Bibellesungen und Tischgebete waren unser tägliches Brot.

Das freudlose Leben war nichts für mich. Ich spielte lieber an der frischen Luft oder streifte durch die Wälder in der Nähe unseres Wohnortes. Überall gab es Seen, ein Paradies für Jäger und Fischer. Mein Bruder und ich zogen mit Stock und Leine, Angelwürmern und gebogenen Nadeln los und kamen zum Abendessen mit zwanzig Barschen zurück. Wir kannten nichts Köstlicheres als diesen frisch gefangenen Fisch.

In der Schule war ich gut, besonders in Mathematik. Ich brachte mir alle möglichen Rechentricks bei; niemand konnte eine Aufgabe schneller lösen als ich. Einer unserer Lehrer hatte die Angewohnheit, am Ende jeder Rechenstunde zehn große Zahlen vorzulesen. Wer sie als erster addiert hatte, stand auf. Immer war es Noah Dietrich. Während er die Zahlen nannte, addierte ich bereits die letzten Ziffern. Wenn dann alle Zahlen vorgelesen waren, hatte ich bereits eine Reihe Vorsprung gewonnen.

Mein Zeugnis zeigte stets nur »Sehr gut«, mit Ausnahme der Musik.

Ich brachte keinen richtigen Ton heraus. Eines Tages bemerkte unsere Musiklehrerin, daß ich nicht mitsang. Der Chor mußte aufhören, und sie sagte: »Los, Noah, jetzt singst du allein vor.«

Ich war so nervös, daß ich keinen Ton herausbrachte. Sie schickte mich nach Hause. Das war der einzige »dunkle Punkt« während meiner ganzen Schulzeit.

Als ich im Jahre 1906 die Janesville High School verließ, hätte ich gerne die University of Wisconsin besucht. Doch es sollte anders kommen. Mein Vater war pensioniert worden, und meine beiden älteren Brüder hatten das Haus verlassen. So mußte ich mir eine Stellung suchen, um die Familie zu unterstützen.

Im Jahre 1910 heiratete ich eine junge Dame aus Greenville, Mississippi. Zusammen zogen wir nach Maxwell, New Mexico, wo mir die Stelle eines Bankkassierers angeboten worden war. Es war eine Grenzstadt mit ungepflasterten Straßen und einer Einwohnerschaft von sechzig Amerikanern und hundertfünfundzwanzig Mexikanern. Ich verdiente hundert Dollar im Monat, zahlte 50 Dollar für Wohnung und Unterhalt und behielt 50 Dollar übrig. Ich schaffte mir Pferd und Sattel an und ritt abwechselnd mit meiner Frau darauf.

Nach sechs Monaten in New Mexico zog ich weiter westwärts in die aufstrebende Stadt Los Angeles. Ich wurde Rechnungsprüfer für die Los Angeles Suburban Land Company, ein Syndikat, dem unter anderem General Harrison Gray Otis, Inhaber der Los Angeles Times, sowie sein Schwager Harry Chandler angehörten. Sie hatten zwei riesige Ranches im San Fernando Valley gekauft – 50 000 Morgen zu je 50 Dollar – die sich von Lankershim (jetzt North Hollywood) bis Calabasas erstreckten. Sie verkauften die Talsohle für 350 Dollar pro Morgen an Zuckerrüben-Bauern und Bohnenzüchter. Die Hänge am Südrand des Tales ließen sich allerdings nicht verkaufen, und so wurden die Syndikatsmitglieder gezwungen, Landstücke von 500 Morgen Größe zu 50 Dollar je Morgen zu erwerben. Jetzt ist dies einer der wertvollsten Bezirke von ganz Los Angeles.

Als das Syndikat sich auflöste, wurde ich Rechnungsprüfer bei der Janass Investment-Gesellschaft, die Wohngrundstücke im San Gabriel-Valley für 350 Dollar pro Morgen verkaufte und mit der Bebauung Westwoods begonnen hatte.

Im Jahre 1917 wurde ich stellvertretender Rechnungsprüfer der E. L. Doheny Öl-Gesellschaften und bezog ein Büro im Equitable Building in New York. Das war eine verantwortungsvolle Stellung für einen Mann von achtundzwanzig Jahren, ich hatte siebzig Leute unter mir. Doch meiner Frau gefiel der Osten des Landes nicht, und sie ging mit unseren beiden Töchtern nach Kalifornien zurück. Ich folgte nach.

Meine nächste Stellung war bei Haskins und Sells, vereidigten Buchprüfern. Ich wurde mir darüber klar, daß ich in diesem Beruf nur vorwärtskommen konnte, wenn ich ein Diplom als vereidigter Buchprüfer hatte. Deshalb verzichtete ich 1923 für drei Monate auf jedes Vergnügen und büffelte für die dreitägige Prüfung vor dem Staatlichen Büro für Rechnungswesen. Ich bekam Unterlagen früherer Examen in die Hand, studierte sie und legte die Prüfung ohne Schwierigkeiten ab.

Danach war ich fünf Jahre lang Buchprüfer bei einem Automobil-Generalvertreter für drei Staaten, und diese Stellung führte zu der Möglichkeit, Fordvertreter in Phoenix zu werden. Doch dieser Plan wurde von einem dürren jungen Mann aus Texas vereitelt.

Es war für beide von uns ein Glückstreffer. Das folgende Jahr war eine Katastrophe für Fordhändler. Die Entwicklungsabteilung machte einen Fehler, und die T-Modelle wurden mit Rahmen und Chassis ausgeliefert, die nicht zusammenpaßten. Dies führte zu einer sechsmonatigen Verzögerung bei der Auslieferung.

Wie sahen die ersten neunzehn Jahre im Leben des Howard Hughes aus?

Man muß diese Jahre im Detail betrachten, um klar zu erkennen, welch einzigartiger Charakter er war. Einiges davon findet man in den oft wiederholten Geschichten über seine Kindheit. Doch diese Geschichten haben auf dem Weg von einem Biograph zum nächsten ihren Glanz verloren. Obwohl ich Howard erst kennenlernte, als er bereits ein junger Mann war, erwähnte er während unserer langen gemeinsamen Zeit doch manches aus seiner Jugend. Im Folgenden will ich einiges von diesen Dingen sowie die bekannten Tatsachen über die Hughes-Familie erwähnen.

Howard Hughes sen. habe ich nie gekannt. Er starb ein Jahr bevor ich für seinen Sohn zu arbeiten begann. Nach allem, was Howard jr. sowie Freunde und Geschäftspartner des Alten mir erzählten, waren Vater und Sohn ziemlich gleich geartet.

Beide besaßen Fähigkeiten auf mechanischem Gebiet. Beide waren Spekulanten, waren launisch und eitel. Beide waren teilweise taub, und beide besaßen sie eine Schwäche für schöne Frauen.

»Big Howard«, wie man ihn in Houston nannte (sein über ein Meter achtzig großer Sohn wurde »Little Howard« oder »Sonny« genannt), wurde 1869 in Lancaster, Missouri, als Sohn einer amerikanischen Familie geboren. Sein Vater war Rechtsanwalt, und sein Sohn sollte diesen Beruf ebenfalls ergreifen. Er graduierte in Harvard und machte sein juristisches Examen an der Iowa State University.

Doch Hughes sen. war von der verstaubten Welt der Urteile und Klagepunkte wenig angetan. Als bei Spindletop in Texas gewaltige Ölvorkommen entdeckt wurden, verließ er seine Anwaltspraxis in Keokuk und zog nach Süden. Er betätigte sich als Pachtspezialist, der für große Ölgesellschaften Mietverträge abschloß, möglichst dicht bei fündigen Quellen. Einige der gepachteten Grundstücke wurden fündig, andere nicht.

Während seiner »fetten Jahre« heiratete er Allene Gano, eine dunkelhaarige Schönheit, Tochter einer Richters aus Dallas. Sie machten eine verschwenderische Hochzeitsreise nach Europa und kehrten erst zurück, als sein Geld nach einigen Monaten zu Ende war. Howard Robard Hughes jr. wurde Weihnachten 1905 geboren, als die Familie in einem bescheidenen Mietshaus in Nummer 1402 Crawford Street, Houston, lebte. Das Glück des Howard Hughes sen. war zur Zeit ein wenig rückläufig; doch bald würde es zu ungeahnter Höhe aufsteigen.

Der alte Hughes betrieb weiterhin sein Pachtgeschäft, mit mehr oder weniger Erfolg. Vom Vorturm aus beobachtete er die Bohrungen und grübelte über den Bohrkopf nach, der nur eine Schabekante hatte, die sich in das Gestein fraß, bis sie stumpf und unbrauchbar wurde.

»Es muß eine bessere Möglichkeit geben«, murmelte er vor sich hin. »Warum läßt man nicht mehrere Schabekanten hinab? Außerdem kann man schneller schleifen als schaben.«

Und damit hatte er eine Idee geboren, die so revolutionär war wie die Dampfkraft oder die Glühbirne. Ich bin fest davon überzeugt, daß es weder Flugzeuge noch Automobile geben würde, wenn Hughes' Erfindung nicht gewesen wäre.

Big Howard entwickelte die Idee eines Bohrkopfes mit zunächst zwei, später dann drei kegelförmigen Vorrichtungen, die mit frei beweglichen Zähnen versehen waren. Sein Partner, ein Texaner namens Walter B. Sharp, zeigte sich beeindruckt. Zusammen arbeiteten sie mit einem Ingenieur an der Verbesserung der Erfindung. Sie ließen sie 1908 patentieren und gründeten die Sharp-Hughes Tool Company, um kegelförmige Bohrköpfe in Serie herzustellen.

Die Bohrgesellschaften kamen in Scharen. Die Nachricht hatte sich herumgesprochen, daß es jetzt einen Bohrkopf gab, der Felsen wie Käse schneiden konnte, und der Bedarf war enorm. Doch klugerweise weigerten sich Sharp und Hughes, ihr Produkt zu verkaufen. Statt dessen vermieteten sie die Bohrköpfe. Diese Entscheidung brachte die Millionen, mit denen Little Howard in Zukunft spielen würde.

Sharp starb im Jahre 1917, und Big Howard kaufte den Anteil seiner Familie für 325 000 Dollar. Angesichts des späteren Reichtums der Hughes Tool Company klingt dies wie das beste Geschäft der gesamten Finanzgeschichte. Doch das Unternehmen segelte nicht immer auf rosa Wolken. Als ich die Gesellschaft 1946 übernahm, fand ich in den Tresoren Darlehen in Höhe von jeweils

25 000 Dollar von Shell, Humble Oil und der Texas Company. Big Howard hatte Geld gebraucht, um die Gehälter zahlen zu können.

Little Howard verlebte zwar eine begüterte, doch einsame Kindheit in Houston. Er bastelte gern, und zusammen mit seinem Freund Dudley Sharp, dem Sohn des väterlichen Partners, baute er sich ein Amateurradio zusammen. Howard wollte ein Motorrad haben, doch war er noch zu jung dazu. So überredete er den Ingenieur seines Vaters, Matt Boehm, dazu, ihm beim Einbau eines batteriegespeisten Motors an seinem Fahrrad zu helfen. Nachts hockte Howard in seinem Schlafzimmer und übte auf seinen Saxophonen.

In der Hoffnung, ihn auf Harvard vorzubereiten, schickte ihn sein Vater zur Fessenden-Schule nach West Newton, Massachusetts. Doch der lebhafte Junge war in der formellen Atmosphäre Neu-Englands scheu und unglücklich. Im Jahre 1921 kam er auf die Thatcher School in Ojai, Kalifornien.

Ein verhängnisvoller Schritt. Ojai lag knapp fünfzig Meilen von Hollywood entfernt. Und Hollywood war der Tummelplatz seines Onkels Rupert Hughes, eines Romanciers, der sich aufs Drehbuchschreiben spezialisiert hatte.

Rupert Hughes hatte Mitleid mit seinem einsamen Neffen und schickte ihm an Wochenenden einen Wagen, der ihn in die Stadt brachte.

Howard begann, sich für junge Damen zu interessieren. Das war einer der Gründe seines Vergnügens, wenn Onkel Rupert ihn zu Filmaufnahmen am Wochenende mitnahm. Howard war von den Vollblutschönheiten in den Studios fasziniert. Und auch das Filmemachen selber fesselte ihn außerordentlich.

Wie ein Schüler saß er dabei und hielt ein zehn-Cent-Notizbuch auf den Knien. Während er den Regisseur bei der Arbeit beobachtete, machte er sich in seiner kleinen sorgfältigen Schrift Notizen. Das meiste davon waren Dinge, die er besser zu können glaubte als der Regisseur. (Später, bei meiner ersten Reise mit ihm nach Houston, verlor er das Notizbuch beim Golfspiel. Er war außer sich. »Sie müssen es finden, Noah«, beschwor er mich. Ich gab tausend Dollar für Inserate aus, aber niemand meldete sich, der die Belohnung verlangte.)

Big Howard besuchte ebenfalls die Filmstudios.

Öl war das große Geschäft in Kalifornien, und die Hughes Tool Company eröffnete ein Büro in Los Angeles. Der Präsident der Gesellschaft besuchte häufig Kalifornien, um die Arbeit zu überwachen und seinen Sohn zu besuchen. Er besuchte auch seinen Bruder Rupert, der alle berühmten Stars von Hollywood kannte.

Einen Star, die hübsche Eleanor Boardman, stellte er seinem Bruder vor, und es entspann sich eine Romanze.

Im Jahre 1922 erkrankte Allene Hughes. Am Vorabend vor dem Abtransport ins Krankenhaus, wo sie operiert werden sollte, schrieb sie ihrem Gatten einen Brief. Diesen Brief fand ich später in einem Safe der Familie, den ich für Howard nach Kalifornien schaffen und ausräumen mußte.

Mrs. Hughes schrieb ihrem Gatten, sie wisse von seiner Liaison mit Eleanor Boardman, doch verzeihe sie ihm. Sie spürte ihren bevorstehenden Tod und wünschte, daß der Familienwohnsitz ihrer Schwester gegeben werde. Die Hälfte ihres Anteils an der Hughes Tool Company vermachte sie ihrer Familie, die andere Hälfte erhielt ihr Sohn.

Howards Mutter starb auf dem Operationstisch.

Im Jahre 1924 erlitt Big Howard während einer Konferenz eine Herzattacke und starb. Der junge Howard begrub seinen Vater, dann begab er sich mit seinem Freund Dudley Sharp und dessen Mutter nach Europa. Nach ihrer Rückkehr ging Dudley zur Cornell University. Howards Verwandte drängten ihn, Dudley's Beispiel zu folgen und sich ebenfalls bei einer Universität zu immatrikulieren, doch er wollte nichts davon hören.

Howard fing an, seine berühmte Unabhängigkeit zu demonstrieren. Nach vielem Hin und Her überredete er seine Verwandten, ihm ihre Anteile an der Hughes Tool Company zu verkaufen. Der Preis für die totale Inhaberschaft war 325 000 Dollar, wiederum ein monumentales Geschäft. Mit achtzehn Jahren hatte er sich bereits vor Gericht als Erwachsener im Sinne des Gesetzes bestätigen lassen für den Fall, daß irgendeiner seiner Verwandten die Firma übernehmen wollte.

Die Verwandtschaft drängte ihn immer noch, ein College zu besuchen. »Du wirst es niemals zu etwas bringen, wenn du nicht eine ordentliche Ausbildung bekommst«, hieß es.

»Ich werde ihnen beweisen, daß ich Verantwortung übernehmen kann«, schwor er. »Ich werde heiraten.«

Doch wer kam dafür in Frage? Wieder erkennen wir seine kühle Berechnung. Er betrachtete alle hübschen Mädchen Houstons, die er kennengelernt hatte. Welche war die hübscheste? Er entschied, daß dies auf Ella Rice zutraf, eine attraktive dunkelhaarige Schönheit der angesehenen Familie Rice – wenn auch nicht gerade vom begüterten Teil dieser Familie.

Wie warb man am besten um sie?

Sein Plan könnte den merkwürdigen Filmen entstammen, deren Werdegang er in Hollywood beobachtete. Er simulierte eine Erkrankung und ließ den Arzt mit folgenden Worten bei Ella anrufen: »Howard liegt im Sterben und ruft beschwörend nach ›Ella‹. Am besten kommen Sie sofort zu ihm!«

Ella eilte an sein Krankenbett. Howard erlebte eine wundersame Genesung, und in drei Wochen waren sie ein Hochzeitspaar.

Sobald er Hughes Tool Company komplett in seinem Besitz hatte, verlor er jedes Interesse daran – ein typisches Verhalten während all der Jahre mit ihm. Doch es gab einen Grund dafür. Hughes Tool Company war das Werk seines Vaters – eines lebenslustigen, extrovertierten Mannes, der seinen Sohn nach seinem Willen formte.

»Hughes Tool Company ist der Erfolg meines Vaters und wird es immer bleiben«, sagte er zu mir. Deshalb interessierte ihn die Firma lediglich als Geldquelle. Niemals zeigte er auch nur das geringste Interesse an ihrer Arbeit. Alles, was er mich je darüber fragte, war: »Wieviel Geld macht sie? Wieviel Geld bringt sie im kommenden Jahr?«

Filme waren sein großes Interesse. Bald nach seiner Heirat packten er und seine junge Frau ihre Siebensachen und zogen über New York nach Hollywood. Niemals wieder ließ Howard sich in Houston nieder.

3. Das Fünf-Millionen-Dollar-Spielzeug

Als ich am Thanksgiving Day für den neunzehnjährigen Howard Hughes zu arbeiten begann, ahnte ich nichts von den Anforderungen, die er an mich stellen würde. Während meines bisherigen Berufslebens hatte ich unter Direktoren gearbeitet, die ihre Geschäfte nach konventionellen Methoden abwickelten. Nicht so Howard. Seine Geschäftsmethoden waren ein Spiegel seines Lebens: impulsiv, unorthodox, widersprüchlich und ungeordnet.

Er und seine Frau lebten in einer Suite des Ambassador-Hotels und hatten ein Doppelschlafzimmer. Er mietete den Raum daneben, den ich als Büro benutzen sollte. Dort sollte ich mehr Zeit verbringen als in meinem Haus in Hollywood.

Während unserer ersten Unterhaltung warnte ich Howard, ich würde weder als sein Sekretär noch als sein Chauffeur fungieren. Dennoch fuhr ich ihn manchmal, aus folgendem Grund.

Howard war fasziniert von den Millionenbeträgen, die man an der Börse gewinnen konnte. Das sprach seinen Spielerinstinkt an. Seine Vormittage verbrachte er in einem Maklerbüro im Ambassador-Hotel und studierte die Zahlen auf der Kurstafel.

Doch befriedigte ihn dies keineswegs. Die Kurstafel zeigte nur die größeren Notierungen. Er wollte die Daten des Marktes so erfahren, wie sie über den Ticker kamen.

Folglich holte ich ihn jeden Morgen um sechs Uhr im Hotel ab und fuhr ihn ins Büro eines Börsenmaklers in New York, wo wir gegen sieben gerade rechtzeitig eintrafen, um die ersten Berichte der New Yorker Börse zu erhalten. Das ging ein paar Wochen so, bis Howard es leid war. Früh morgens beobachtete er die Notierungen, spielte nachmittags Golf und besuchte am Abend in Hollywood Parties und Gesellschaften mit Ella. Seine Ausdauer erlahmte.

»Noah, ich möchte einen Börsentelegraph neben dem Bett haben«, sagte er. »Dann brauche ich um sieben Uhr nur wach zu werden und kann die Börse ohne all diese Mühe beobachten.«

»Einen Börsentelegraph neben Ihrem Bett?« fragte ich.

»Ja, genau – und zwar sofort. Lassen Sie alles stehen und liegen, und machen Sie sich an die Arbeit.«

Das war typisch für Tausende von Aufträgen, die ich in den kommenden Jahren für ihn erledigte. Das Schema war stets das gleiche. Howard wollte etwas haben, und zwar sofort. Noah, beschaffen Sie mir das. Egal, wie teuer es war, egal, wieviel Mühe es mir machte. Ich widersprach nur selten. Howard war nicht an logischen Diskussionen interessiert und ließ keine Entschuldigung gelten. Er erwartete von mir das Unmögliche. Und ich schaffte es.

Paul Williams war der Western Union-Manager in Los Angeles. Wir waren beide Mitglieder des Rotary Clubs, und ich berichtete ihm vom Wunsch meines Chefs.

»Tut mir leid, Noah«, sagte er. »Jenseits der Figueroa Street können wir keine Börseneinrichtungen installieren. Aber ich will dir etwas sagen – wir werden an der Seventh Street entlang eine Leitung nach Hollywood legen. Sie führt genau am Ambassador vorbei.«

»Wann wird das sein?« fragte ich.

»In achtzehn Monaten«, sagte er.

Zu spät für mich. Howard wünschte es jetzt. Mein Problem war, wie man eine Western Union-Leitung fünf Kilometer jenseits der Figueros Street ins Ambassador-Hotel und Howards Schlafzimmer bekommen konnte. Am nächsten Tag fuhr ich über die Seventh Street zum Hotel. Zufällig bemerkte ich, daß die Leitungsmasten für die Oberleitungsbusse ungenutzte Insulatoren hatten.

Ich rief den Direktor der Los Angeles Street Railway Company an und erläuterte ihm die Notwendigkeit, eine private Leitung von der Figueroa Street ins Ambassador zu bekommen.

»Sehr simpel«, sagte er. Sie brauchen nur der Joint Pole Line

Association beizutreten*. Dann können Sie Ihre Leitung für fünfundzwanzig Cents pro Jahr und Insulator verlegen lassen.«

Das war die Lösung! Innerhalb einer Woche hatte ich eine Leitung von der Figueroa Street ins Ambassador-Hotel. Dann besuchte ich Paul Williams und berichtete ihm von meinem Plan.

»Höchst ungewöhnlich«, maulte er. »Ich kann nicht zulassen, daß Börsennotierungen der Western Union über eine private Leitung gehen. Das ist gegen die Vorschriften.«

Er gehörte zu den Menschen, die sich genau an die Vorschriften hielten. Doch Howard Hughes interessierte sich nicht für Vorschriften. Er wollte nur Ergebnisse. Ich mußte mir etwas anderes überlegen.

Die Leitung von der Figueroa Street zum Hotel war installiert. Jetzt brauchte ich nur noch einen Anschluß. Ich mietete ein Büro auf der Sixth Street, gegenüber dem Gebäude der Pacific Mutual. Dann bat ich Williams, in dem Büro einen Telegraph anschließen zu lassen. Jetzt war alles in Ordnung und entsprach den Vorschriften.

Am nächsten Tag tippte der Telegraph eifrig die neuesten Notierungen der Anaconda Copper und A.T. & T. in einem leeren Büro. Inzwischen saß Howard fünf Kilometer entfernt in seiner Hotel-Suite und wartete auf meine Ergebnisse.

Jetzt wurde eine Leitung vom Büro zu den Oberleitungsmasten gezogen, von denen der Draht ins Hotel führte. Ich engagierte einen Freund mit elektrotechnischen Kenntnissen und weihte ihn in meinen Plan ein.

»Ganz einfach«, sagte er. »Ich baue einen Widerstand ein, trenne den Telegraph ab und baue ihn im Schlafzimmer deines Chefs wieder auf. Du bleibst mit der Glaskuppel hier. Ich rufe dich an, so bald ich fertig bin.«

Er tat seine Arbeit und verschwand. Ich saß auf dem Fußboden, wartete auf seinen Anruf und freute mich, daß ich den Wunsch meines neuen Chefs erfüllt hatte.

Es klopfte an der Bürotür. Ich öffnete und erblickte zwei Arbeiter der Western Union. Einer von ihnen erklärte mir: »Wir haben eine rote Warnlampe auf der Kontrolltafel, die besagt, daß Ihr Telegraph nicht funktioniert.«

Er blickte über meine Schulter in den leeren Raum. »Sagen Sie — wo ist Ihr Telegraph überhaupt?«

Ich überlegte blitzschnell. »Nun«, sagte ich, »mein Freund und ich machten Unsinn und stießen ihn um. Jetzt hat er ihn weggebracht, um ihn reparieren zu lassen.«

---

* etwa: Vereinigung der Benutzer von Gemeinschaftsleitungen (A. d. Ü.).

Er sah mich befremdet an. »Das war nicht nötig«, sagte er. »Wir reparieren die Telegraphen kostenlos. Egal, was damit passiert ist.«

»Ich bin froh, daß ich das weiß«, antwortete ich. »Sobald ich von ihm höre, sage ich Ihnen Bescheid.«

»Okay«, sagte der Mann von Western Union, warf noch einen Blick in das leere Büro und zog mit seinem Begleiter ab.

Sofort rief ich das Ambassador-Hotel an und verlangte Howards Suite. Ich wußte, daß Howard beim Golfspiel war. Mein Freund nahm den Hörer ab, und ich sagte: »Bring sofort den Telegraph zurück!«

»Wieso?« schimpfte er. »Ich war gerade dabei, das Ding im Schlafzimmer zu installieren.«

»Frag nicht lange, sondern bring es sofort zurück. Ich erkläre dir alles, wenn du hier bist.«

Als er kam, berichtete ich ihm alles. »Verdammt!« sagte er. »Ich muß die Leitungen verwechselt haben, als ich den Widerstand einbaute.«

Es gab keinen Ausweg, als Western Union anzurufen und sie zu bitten, den Telegraph wieder anzuschließen. Der gleiche Mechaniker wie vorhin kam. Er inspizierte den Telegraph und sagte: »Der Maschine fehlt nichts.«

»Prima«, sagte ich. »Ich bin froh, daß wir nichts zerbrochen haben«.

Kopfschüttelnd zog der Mechaniker ab. Ich blieb allein mit dem Telegraphen, der eifrig die Schlußnotierungen der New Yorker Börse tickte. Das verdammte Ding war nutzlos, denn es stand fünf Kilometer von der Stelle entfernt, an der mein Chef es haben wollte.

Je mehr ich darüber nachdachte, desto wütender wurde ich. Schließlich schnappte ich meinen Hut und marschierte spornstreichs ins Western Union-Büro. Drohend baute ich mich vor Paul Williams Schreibtisch auf.

»Hör zu«, begann ich, »ich werde diese Börsenleitung ins Ambassador-Hotel bekommen und lasse mich auf nichts mehr ein. Ich habe genug Arbeit damit gehabt, meine private Leitung vom Hotel bis zu dem Punkt zu ziehen, bis zu dem ihr gehen könnt. Wenn ich euren Service jetzt nicht bekomme, gehe ich auf der Stelle zur Railroad Commission und veranstalte ein Riesentheater über deine Arbeit. Und wenn das nichts nutzt, gehe ich vor Gericht und verklage dich!«

Railroad Commission – das waren die magischen Worte. Diese Stelle war die staatliche kalifornische Verwaltung öffentlicher Einrichtungen. Weder Western Union noch irgendeine andere öffentliche Einrichtung legte Wert darauf, vor die Railroad Commission zitiert zu werden.

»Reg dich nicht auf, Noah«, sagte Paul Williams. »Wenn es so verdammt wichtig für dich ist, kannst du deinen Telegraph ins Ambassador bekommen. Wir schließen ihn an.«

Am nächsten Morgen war Howard Hughes in der Lage, vom Bett aus das Auf und Ab der Kurse zu beobachten. Doch äußerte er etwa seinen Dank?

Nein, zum Teufel. Nie fand er ein Wort des Dankes. Nicht einmal die Frage, wie ich es geschafft hatte. Er nahm ganz einfach an, daß man seine Wünsche erfüllte.

Es war ein teures Spielzeug. Während der kommenden Jahre verlor er 5 000 000 Dollar an der Börse.

4. Texas, Steuern und Saxophone

»Fahren Sie mit mir nach Houston!«

Es war mehr ein Befehl als eine Einladung. Howard wollte nach Texas zurückkehren und all seine Angelegenheiten in jenem Staat ordnen, in dem er sein Geld verdiente. »Ich habe die Absicht, nach Kalifornien zu gehen und Filme zu machen«, kündigte er an.

Natürlich mußte die Reise für Weihnachten geplant werden.

Ich hatte keine andere Wahl, als mitzufahren. Doch ich muß zugeben, daß die Chance mich reizte. Nach fünfzehn Jahren der Zahlenspielerei und Zusammenarbeit mit langweiligen Geschäftsleuten war es eine Wohltat, mit einem Mann zu arbeiten, der in kein etabliertes Muster paßte und dessen Wünsche eine stete Herausforderung an meine Fähigkeiten waren.

Also ab nach Houston – Howard und Ella Hughes, meine Frau, meine beiden Töchter und ich. Ella war froh, wieder in Texas zu sein, Howard bei weitem nicht. Er stattete der Tool Company einen Höflichkeitsbesuch ab, stellte fest, daß alles funktionierte – und verbrachte die Zeit beim Golfspiel, dem Umbau seines Hauses, der Bastelei an seinem Amateurradio und bei seinen Saxophonen.

Während des Winters blieben wir in Houston. Der folgende März brachte meine erste wirklich wichtige finanzielle Aufgabe: die Einkommensteuererklärungen für Howard und die Tool Company.

Im Jahre 1925 war die Einkommensteuer wesentlich einfacher als heutzutage. Doch auch damals war Howards Steuererklärung eine beachtenswerte Herausforderung. Der Grund dafür lag in seinen chaotischen Finanzverhältnissen.

Da dies der Anfang meiner Zusammenarbeit mit Howard war, machte ich noch einen gravierenden Fehler: ich präsentierte ihm zwei verschiedene Möglichkeiten.

Später erkannte ich, daß es klug war, solche Fehler in Zukunft zu vermeiden. Doch ich war neu bei der Sache und wußte noch nicht, daß er sich buchstäblich nicht entscheiden konnte, welche von zwei ziemlich gleichwertigen Möglichkeiten man wählen sollte.

Die Frage war, ob man seine Steuererklärung in Texas einreichen sollte, wo er lange Jahre gelebt hatte, oder in Kalifornien, wo er eine Zeitlang gelebt hatte und sich niederlassen wollte. Gesetzlich hätte er in jedem der beiden Staaten seinen Wohnsitz haben können. Ich studierte beide Möglichkeiten und kam zu dem Schluß, daß es günstiger war, in Texas einzureichen. Der Grund war einfach – Texas hatte Vorschriften, die für Ehepaare günstiger waren als in Kalifornien, wo ein derartiges Gesetz erst im Jahre 1936 erlassen wurde.

Howard erhielt jährlich 50 000 Dollar von der Hughes Tool Company sowie im Jahre 1925 eine Dividende von 75 000 Dollar. Wenn er in Texas einreichte, konnten er und seine Frau das Einkommen teilen und blieben so in einer günstigeren Steuerklasse. Die Steuer war nicht hoch im Jahre 1926, doch konnte er immerhin 5000 Dollar sparen, wenn er in Texas einreichte.

»Was soll es sein – Texas oder Kalifornien?« fragte ich.

Er überlegte, machte Ausflüchte, wand sich – er konnte sich einfach nicht entschließen. Meine Argumente für Texas schienen keinerlei Eindruck auf ihn zu machen. Offenbar vermutete er versteckte Geheimnisse, die für Kalifornien sprachen.

Als der letzte Termin, der 15. März, näherkam, wuchs meine Verzweiflung. Ich bereitete zwei Steuererklärungen vor – eine für Texas und eine für Kalifornien. Ich glaubte, er würde sich früh genug entscheiden, um die ausgesuchte noch einzureichen.

Doch er traf keine Entscheidung. Der 15. März war da, doch keine Entscheidung von Howard Hughes.

»Howard, ich muß es jetzt wissen«, bedrängte ich ihn. »Auf verspätetes Einreichen stehen 25 Prozent des Betrages als Strafe.«

»Ich weiß, ich weiß«, sagte er. »Ich überlege immer noch.«

Er überlegte immer noch, als die Mitternacht, die letzte Grenze, herankam. Schließlich schrieb ich zwei Schecks aus, einen für Texas und einen für Kalifornien und begab mich ins Büro des Houstoner Steuerbeamten. Um elf Uhr dreißig rief ich Howard an.

»Ich habe mich noch nicht entschieden«, sagte er. »Rufen Sie mich in zehn Minuten zurück.«

Das tat ich. Er brauchte weitere zehn Minuten. Um elf Uhr fünfzig rief ich nochmals an. Fünf Minuten lang diskutierten wir am

Telefon, bis ich sagte: »In fünf Minuten müssen Sie die 25prozentige Strafe zahlen. Sie *müssen* sich jetzt entscheiden!«

»In Ordnung«, sagte er zögernd. »Reichen Sie in Kalifornien ein.«

Ich stieß einen tiefen Seufzer aus und eilte zur Kasse, wo ich die Steuererklärung für Kalifornien abgab. Dann kehrte ich nach Hause zurück und schlief seit vielen Nächten zum erstenmal tief und fest.

Um sieben Uhr war mein Schlaf zu Ende. Howard war am Apparat. Sofort erkannte ich seine quengelnde Stimme.

»Noah, diese Steuererklärung hat mich kein Auge zutun lassen«, sagte er. »Ich habe mit meinem Anwalt gesprochen, und wir sind zu der Überzeugung gelangt, daß es falsch war, Ihren Vorschlag beiseite zu schieben. Ich möchte, daß Sie die Erklärung zurückziehen und statt dessen in Texas einreichen.«

Ich traute meinen Ohren nicht. »Howard, man kann eine Steuererklärung nicht zurückziehen, wenn man sie einmal abgegeben hat«, protestierte ich.

»Versuchen Sie es«, sagte er und legte auf.

Ich konnte nur noch den Kopf schütteln. Nein, es war kein böser Traum, Howard hatte wirklich verlangt, seine Steuererklärung zurückzuziehen. Folglich erhob ich mich und beschloß, den Versuch zu unternehmen.

Als erstes ging ich zum Steuerbüro in Houston. Ich erzählte dem Beamten, ich hätte einen furchtbaren Fehler gemacht und müßte die Steuererklärung meines Chefs neu schreiben. Er war voller Verständnis.

»Aber alle Steuererklärungen sind bereits nach Austin unterwegs«, sagte er.

Ich nahm den nächsten Zug nach Austin. Während der Fahrt plante ich mein Vorgehen.

»Ich bin neu in dieser Stellung und habe einen furchtbaren Fehler gemacht«, sagte ich zum Steuerbeamten. »Wenn ich die Erklärung nicht zurückbekomme, verliere ich meinen Job. Ich habe Frau und zwei kleine Kinder!«

Um meiner Bitte Nachdruck zu verleihen, zeigte ich ihm die texanische Erklärung und den unterschriebenen Scheck. Zum Glück war der Beamte voller Verständnis für meine Lage.

»Wir wollen sehen, ob wir ihn finden können«, sagte er, rief seinen Verwalter und befahl, den Umschlag zu suchen. Man fand ihn, ich tauschte die Erklärungen aus und bedankte mich überschwenglich.

Sobald ich im Hotel war, rief ich Howard an und berichtete ihm von meinem Triumph.

»Noah«, sagte er, »ich habe darüber nachgedacht. Vielleicht war es doch nicht richtig, in Texas einzureichen. Ich möchte, daß Sie zurückgehen und das kalifornische Formular statt dessen einreichen.«

Nur mit äußerster Mühe hielt ich mich davon ab, das Telefon quer durch mein Hotelzimmer zu feuern. Ich riß mich zusammen und erläuterte ihm, es sei absolut unmöglich, einen Vorwand für ein nochmaliges Austauschen der Papiere zu erfinden, mit dem ich die Steuerbeamten überzeugen könnte.

»In Ordnung«, maulte er. »Kommen Sie nach Houston zurück.«

Howard setzte seine ziellosen Aktivitäten in Houston für ein paar Wochen fort. Er baute sein Haus um, obwohl er nicht die Absicht hatte, darin zu wohnen. Er schaffte einen Berg von Radiozubehör an, um den er sich dann nicht mehr kümmerte. Eines jedoch wollte er mit nach Kalifornien nehmen: seinen Saxophonschrank.

Er hatte über ein Dutzend Saxophone angeschafft und behandelte sie liebevoll. Und zwar in einem solchen Maße, daß er bereits in seiner Jugend einen Spezialschrank anfertigen ließ, ein gewaltiges Möbel aus Walnuß. Howard entwarf es eigenhändig und ließ es durch einen Schreiner im Haus zusammenbauen. Es bestand aus zwei Teilen, einem Unterteil und einem Oberteil.

Als Howard beschloß, den Schrank nach Kalifornien zu verschiffen, machte er eine ernüchternde Entdeckung: beide Teile paßten weder durch die Türen noch durch die Fenster.

Howard brütete über dem Problem. Schließlich sagte ich: »Entweder reißen Sie eine Wand nieder oder der Schrank muß geteilt werden.«

Seine Entscheidung kam überraschend schnell. »Wir zerschneiden den Schrank in der Mitte.«

Dies geschah, und das Saxophonkabinett reiste in vier Teilen nach Kalifornien. Howard folgte kurz darauf.

In Los Angeles wurde der Schrank wieder zusammengesetzt. Der Schnitt durch die Mitte schien Howard nicht zu stören. Er spielte weiterhin Saxophon, bis er – wie bei all seinen Hobbies – das Interesse daran verlor. Die Saxophone rosteten und schließlich wurden sie zusammen mit dem viergeteilten Schrank auf einer Auktion verkauft.

Irgendwo in Los Angeles besitzt irgend jemand ein merkwürdiges vierteiliges Saxophonkabinett. Wenn der Besitzer diese Zeilen liest, wird er erfahren, was es damit auf sich hatte und wem es einst gehört hat.

Während meiner frühen Jahre mit Howard gewöhnte ich mich daran, zahlreiche persönliche Probleme für den exzentrischen jungen

Mann zu erledigen. Eines davon hatte seinen Anfang früh im Jahre 1925, noch vor seiner Heirat mit Ella und bevor ich zu ihm stieß. Howards romantische Ader war in voller Blüte, und er lernte eine Menge junger charmanter Damen kennen, die noch zu haben waren. Außerdem lernte er einen jungen Mann kennen, der als Fahrer bei der Polizei arbeitete und den wir Bruce Davis nennen wollen, was nicht sein richtiger Name war.

Davis leistete Howard kleine Dienste, besonders das Hin- und Herfahren junger Damen zum Ambassador-Hotel, wo Howard wohnte. Eines Nachts brachte Davis eine junge Dame während eines schweren Gewitters nach Hause. Auf der Kreuzung First Street und Beverly geriet sein Wagen ins Schleudern und rammte einen Laternenmast. Als die Polizei kam, war die junge Dame tot. Sie war lediglich mit einem Pelzmantel bekleidet.

Davis hatte genug Verstand, seine Freunde bei der Polizei davon abzuhalten, den jungen texanischen Lebemann in die Sache hineinzuziehen. Howard war dankbar und sagte ihm: »Bruce, wenn ich je etwas für Sie tun kann, sagen Sie mir Bescheid.«

Der junge Mann erhielt eine Strafe auf Bewährung. Das hätte das Ende der ganzen Affäre sein können. Leider betrank er sich eines Abends und verprügelte seine Frau. Er wurde verhaftet und landete im Gefängnis.

Davis bat Howard um Hilfe. Inzwischen hatte ich bei Howard angefangen. Er beauftragte mich: »Noah, ich möchte, daß Sie ihn da rausholen.«

»Howard, dafür müssen Sie ihm eine Anstellung garantieren«, erklärte ich ihm.

»Das ist mir egal. Holen Sie ihn da raus.«

Ich besorgte Davis einen Job, und er wurde freigelassen. Sein Einfluß auf den reichen Texaner stieg ihm zu Kopf, und er begann, von Zeit zu Zeit Forderungen über tausend Dollar »für seine dringenden Bedürfnisse« zu stellen.

Eines Tages sagte Howard: »Noah, Davis verlangt fünftausend Dollar von mir. Was soll ich tun?«

Ich antwortete: »Das ist Erpressung. Wenn Sie anfangen, ihm Geld zu geben, wird er vor nichts mehr zurückschrecken. Ich denke, Sie sollten mit ihm reden, bevor er zu weit geht.«

»Übernehmen Sie das, Noah.«

Noah übernahm es. Ich ließ Davis zu mir kommen und sagte mit ernster Stimme: »Was Sie mit Mr. Hughes vorhaben, ist nichts Geringeres als Erpressung. Dafür können Sie ins Gefängnis wandern, und dann bleiben Sie drin. Sie machen den Eindruck eines netten jungen Mannes – wo leben Ihre Eltern?«

»In Kansas«, antwortete er. »Sie haben eine Farm dort.«

»Warum gehen Sie nicht dorthin zurück und helfen ihnen? Ich will sehen, was ich für Sie tun kann. Ich gebe Ihnen Geld, damit Sie sich einen Raupentraktor kaufen können, und den können Sie dann an andere Farmer vermieten.«

Er kehrte auf die Farm zurück, kaufte einen Traktor und kam offenbar wieder auf die Füße. Howard hörte nichts mehr von ihm.

5. Filme

Als Howard Hughes im April 1926 nach Kalifornien zurückkam, stürzte er sich kopfüber ins Filmgeschäft. Während der nächsten dreißig Jahre besuchte er die Hughes Tool Company nur einmal.

Howard war entschlossen, ein berühmter Filmproduzent zu werden. Er hatte bereits einen Versuch hinter sich, bevor ich ihn kennenlernte. Im Jahre 1925 war Howard noch sehr jung und sehr leicht zu beeindrucken. Eine der Gestalten Hollywoods, die sich dem reichen jungen Texaner anschlossen, war Ralph Graves, ein Schauspieler. Graves wollte Direktor werden und überredete Howard, ihm einen Film zu finanzieren. Der Film hieß »Swell Hogan« und wurde eine Pleite.

»Ich hab' eine großartige Story und kann es mit 50 000 schaffen«, begeisterte er Howard. Und Howard machte mit.

Doch die Story war nicht großartig – sie war miserabel. Und Graves schaffte es auch nicht mit 50 000, er brauchte beinahe zweimal soviel. Als Howard den Filmgesellschaften das Ergebnis vorführte, um einen Verleih zu finden, rümpften die Bosse die Nase.

»Das stinkt«, sagten sie.

»Swell Hogan« wurde niemals aufgeführt. Er verschwand in den Tresoren der Hughes-Familie.

Sie mögen denken, dies sei eine ernüchternde Erfahrung für den jungen Howard gewesen, die ihn veranlaßte, das Filmemachen besser den Experten zu überlassen. Doch daran dachte er keineswegs. Fehler verdrängte er ins Unterbewußtsein. Darüberhinaus bedrängten ihn seine Verwandten, allen voran sein Onkel Rupert, sein Erbe doch nicht mit derartig närrischen Abenteuern durchzubringen. Das war das Schlimmste, was sie tun konnten. Mehr denn je war er entschlossen, es ihnen zu beweisen.

Bei seinem nächsten Film hatte er mehr Glück.

Diesmal zog er kompetente Helfer heran. Sein Direktor wurde Marshall (Mickey) Neilan, der auf eine Rekordkette erfolgreicher Filme zurückblicken konnte. Die Story war eine intellektuelle Komödie mit dem Titel »Everybody's Acting«. Und die Besetzung war erstklassig: Louise Dresser, Ford Sterling, Betty Bronson, Henry B. Walthall, Raymond Hitchcock und Lawrence Gray. Howard stellte Neilan 150 000 Dollar für den Film zur Verfügung, und diesmal wurde es ein Erfolg.

»Everybody's Acting« holte einen bescheidenen Gewinn heraus und ermutigte Howard, seine Filmgeschäfte weiter zu verfolgen. Als sein Finanzberater war ich nicht gerade begeistert. Aufgrund meiner Schulung in strenger Kostenrechnung erschienen mir die Gewinnaussichten der Filmindustrie nicht besonders großartig. Man konnte gewaltige Summen ausgeben, die niemals wieder hereinkamen.

Doch Howard war absolut davon begeistert und ließ sich nicht umstimmen. Nicht durch seine Familie und gewiß nicht durch mich.

Sein nächster Film war noch erfolgreicher. Durch seinen Rechtsanwalt lernte er John Considine kennen, einen jungen Produzenten und Sohn des Gründers der Sullivan and Considine Varieté-Kette. Durch Considine lernte Howard Lewis Milestone kennen, einen gebürtigen Russen mit ungewöhnlichen Talenten.

Milestone produzierte »Two Arabian Knights«, eine hübsche Geschichte über zwei amerikanische Kriegsgefangene des Ersten Weltkrieges, die den Deutschen entkamen und auf Umwegen in Arabien die Freiheit wiederfanden. Stars waren Louis Wolheim, ein glänzender junger Schauspieler mit dem Gesicht eines Mopses, und William Boyd, der später als Hopalong Cassidy berühmt wurde.

»Two Arabian Knights« war ein glänzender Erfolg, der Milestone den Academy Award 1927–1928 für seine Leistung als Regisseur einbrachte. Bei den ersten Oscar-Feierlichkeiten teilte er sich mit Frank Borzage in diese Ehre. Dies war das einzige Mal, daß ein Hughes-Film auch nur in die Nähe eines Oscars kam.

Milestone machte noch einen anderen Film für Howard, »The Racket«. Wolheim, Marie Prevost und Thomas Meighan spielten die Hauptrollen in diesem Film, der auf der Faszination basierte, die für die Öffentlichkeit von Gangstern ausging.

Zwei Erfolge hintereinander untermauerten Howards Glauben an seine Fähigkeiten als Filmproduzent. Ein wenig zuviel, könnte man sagen.

»Ich kann genauso gut wie die anderen Burschen produzieren«, sagte er.

Ein sicherer Weg ins Unglück. Solange Howard mit guten Direktoren wie Lewis Milestone arbeitete und diesen Leuten die Entfaltung ihrer schöpferischen Fähigkeiten ermöglichte, ging alles gut. Doch sobald er selber die Aufsicht über die Arbeit übernahm, begab er sich in echte Schwierigkeiten.

Als Filmregisseur war er höchst ungeeignet. Die notwendigen Qualitäten eines Regisseurs beinhalten Fähigkeiten der verschiedensten Art, wie zum Beispiel Sympathie für menschliche Probleme, Einfühlungsvermögen, das Einhalten eines Zeitplans und ganz besonders die Fähigkeit, blitzschnelle Entscheidungen zu treffen, hundertmal am Tag.

Howard besaß nichts davon. Doch das focht ihn nicht an.

Howards nächster Versuch war ein Mordsding: »Hell's Angels«.

Howard hatte den Plan, einen Film zu drehen, der auch sein zweites Hobby, das Fliegen, ins Bild brachte. Er kaufte eine Story über zwei Fliegerasse des Ersten Weltkrieges, die beide um das gleiche Mädchen der englischen Gesellschaft warben. Diese Dreiecksgeschichte spielte vor einem Hintergrund des Luftkrieges, einschließlich einer Zeppelin-Attacke auf London. Howard holte sich einen Regisseur, der ideale Voraussetzungen mitbrachte. Das war Luther Reed, der bei der New York Herald Luftfahrt-Experte gewesen war, bevor er sich der Filmerei zuwandte. Ben Lyon und James Hall spielten die beiden Helden und Greta Nissen, eine sinnliche Norwegerin, wurde ihr umworbener Schatz.

Von Anfang an wußte ich, daß »Hell's Angels« ein schwerer Fall sein würde. Howard rechnete mit einer Million Dollar für den Film, für damalige Zeiten eine gewaltige Summe. Doch an der Art, wie er das Geld ausgab, wußte ich, daß er damit nicht auskommen würde. Er kaufte alte Flugzeuge im Dutzend und ließ sie auf Flugplätzen im ganzen Land umbauen. Er brauchte eine Unmenge Flieger und Tausende von Statisten für Schlachtszenen.

Ich versuchte, ihm Zügel anzulegen. Doch 1927, als die Arbeit an diesem Film begann, kannte ich Howards Arbeitsweise noch nicht gut genug und tat meistens, was er von mir verlangte. Meine Aufgabe war es, ihm das Geld zu beschaffen, das er in »Hell's Angels« hineinpumpte. Und da der Coolidge Öl-Boom in voller Fahrt war, erwirtschaftete die Hughes Tool Company gewaltige Gewinne.

Howard und sein Regisseur kamen von Anfang an nicht miteinander aus. Howard bestand darauf, er wisse, wie Luftkämpfe zu filmen seien; Luther Reed hatte andere Vorstellungen. Als er sich beiseite geschoben fühlte, während Howard die Anweisungen gab, hängte er seinen Job an den Nagel.

»Ich übernehme ab sofort als Regisseur«, kündigte Howard an. »Ich behalte zwar einen Regisseur hier, aber die Entscheidungen fälle ich.«

Er suchte sich James Whale aus, einen Engländer, der später »Journey's End« und »Frankenstein« drehte. Er war neu in Hollywood und damit zufrieden, dabeizustehen und zuzusehen, während Howard die meiste Arbeit tat.

Eines Tages, als ich den Drehort der »Hell's Angels« besuchte, wurde ich Zeuge ihrer chaotischen Zusammenarbeit. Man drehte gerade die Szene, in der der Zeppelin versucht, nach dem Angriff auf London nach Deutschland zu flüchten. Laut Drehbuch mußte der Zeppelin an Höhe verlieren und allen Ballast über Bord werfen, um den britischen Jägern zu entkommen. Besatzungsmitglieder waren bereit, sich »fürs Vaterland« in den sicheren Tod zu stürzen.

Die riesige Bühne im Metropolitan Studio (jetzt General Service) platzte durch das gewaltige Zeppelin-Modell aus den Nähten. Große Windmaschinen bliesen Rauch ab, der vorbeiziehende Wolken darstellen sollte. Die Gondel hing über dem Bühnenboden und Howard hatte befohlen, unter der Luke achtzehn Matratzen auszubreiten. Dreißig Männer sprangen nacheinander auf diese Matratzen.

Wieder und wieder ließ Howard diese Szene drehen. Ich stand dabei und traute meinen Augen nicht, als er es auf über hundert Aufnahmen derselben Szene brachte.

»Mein Gott, Jimmy«, sagte ich zu Whale, »ist das nicht langsam lächerlich? Was zum Teufel hat er eigentlich vor?«

»Ich will verdammt sein, wenn ich das weiß«, sagte der Regisseur. »Von dem Kamerawinkel könnte man die besten und die schlechtesten seiner Aufnahmen nehmen, und noch nicht einmal ein Fachmann könnte den Unterschied merken.«

Doch Howard ließ die Zeppelinmannschaft wieder und wieder »fürs Vaterland« springen.

Der Nachschub seiner Luftwaffe hätte für einen Krieg auf dem Balkan ausgereicht. Howard kaufte Fokkers, DeHavillands, Sopwiths, Nieuports und jeden anderen Flugzeugtyp, den er erwischen konnte. Er betrieb das Filmen wie eine militärische Operation. Leider spielte die Natur nicht mit.

Howard schickte zwei Fliegerstaffeln in die Luft, um Kämpfe zwischen deutschen und britischen Jägern zu simulieren. Doch die Maschinen fanden keine Wolken vor, und Howard wollte nur drehen, wenn ordentliche Wolken da waren. Einmal sandte er eine Mannschaft nach Oakland, um einige Flugszenen zu drehen. Die Männer und ihre Maschinen blieben ein halbes Jahr dort, bevor man Wolken fand, die den richtigen filmischen Effekt hergaben.

Für eine Szene, die einen Gotha-Bomber vorschrieb, mietete Howard eine zweimotorige Sikorsky-Maschine von Roscoe Turner, dem berühmten Rennpiloten. Die Maschine wurde verkleidet, bis sie einem deutschen Bomber ähnelte, und ein Pilot war für 5000 Dollar bereit, den Trick zu fliegen, den Howard wünschte.

Er sollte die Maschine auf die höchste Höhe fliegen, die sie zuließ, sie absacken lassen und im Sturzflug zur Erde zurückbringen. Wenn er sie nicht mehr abfangen konnte, sollte er mit dem Fallschirm abspringen.

Doch es gab ein Problem bei dem Trick. Die Maschine sollte im Heck Rauch entwickeln, und es gab keine Möglichkeit, den Rauch von der Kanzel aus abzulassen. Einer der Arbeiter war bereit, mitzufliegen und die Rauchbomben abzulassen. Auch er bekam einen Fallschirm und erhielt die gleiche Anweisung wie der Pilot: aussteigen, wenn sich die Maschine nicht fangen ließ.

Die beiden Männer flogen in Roscoe Turners Maschine los und erreichten die größte Höhe. Die Maschine kippte nach vorne und raste in Spiralen zur Erde. Ein Fallschirm öffnete sich – der Pilot hatte entschieden, die Maschine aufzugeben.

Ängstlich suchten die Filmer den Himmel nach dem zweiten Schirm ab, doch nichts war zu sehen. Die Maschine trudelte weiter hinab, fing sich und landete in einem Obstgarten. Um den Tod des jungen Mannes gab es eine Untersuchung. Vielleicht war er beim Abtrudeln ohnmächtig geworden, oder er dachte, der Pilot würde die Maschine wieder in die Gewalt bekommen. Jedenfalls erfuhr niemand den Grund, warum er nicht abgesprungen war.

Ein anderer Pilot überführte eine einmotorige Sopwith nach Oakland. Mitten im Flug war sein Treibstoff zu Ende, und er mußte auf einem Acker landen. Nach dem Auftanken startete er wieder, doch kam er nicht über die Baumwipfel hinaus. Er machte eine Bruchlandung und verunglückte tödlich.

Einer der Piloten der »Hell's Angels« war ein alterprobter Trickflieger, der das Land mit seinen Kunststücken in Erstaunen versetzt hatte. Eines Tages stieg er mit einer Maschine auf, um sich vor dem Personal zu brüsten. Sein Trick war, im Sturzflug herunterzukommen und sich erst im allerletzten Augenblick, bevor er auf der Erde aufschlug, wieder abzufangen. An diesem Tag fing er sich nicht mehr rechtzeitig ab.

Das vierte Unglück bei diesem Film traf einen Piloten, der eine der alten Maschinen vom Grand Central Airport in Glendale zum Mines Field in Inglewood bringen sollte. Beim Start verhedderte sich das Flugzeug in den Oberleitungen, und der Pilot erlitt fürchterliche Verbrennungen.

Howard besuchte den Mann im Krankenhaus. Falls ihn der Unfall erschüttert hatte, ließ er sich jedenfalls nichts anmerken. Er murmelte ein paar tröstende Worte, doch sehr phlegmatisch, wie bei allem, was er tat. Ungefähr achtzehn Stunden nach dem Unfall starb der Pilot.

Während der Herstellung der »Hell's Angels« erlebte die Filmindustrie ihre größte Revolution. Bis zum 6. Oktober 1927 waren die Filme stumm, der Dialog wurde dem Publikum schriftlich vermittelt. Doch an diesem bemerkenswerten Tag führten Warner Brothers den gesprochenen Dialog und Gesang ein, und zwar im »Jazz Singer« mit Al Jolson.

Die Industrie war in arger Verwirrung. Einige Spitzenleute, darunter Irving Thalberg und Charles Chaplin, behaupteten, Tonfilme seien eine vorübergehende Spielerei, andere behaupteten, der Tonfilm sei der Film der Zukunft. Howard Hughes überschlug sich, die stummen »Hell's Angels« abzuschließen.

Mitten bei der Arbeit traf er seine Entscheidung: »Das Ding muß Ton haben. Ich fange nochmals von vorne an.«

Mir sank das Herz, als ich die Nachricht bekam. Er hatte bereits mehr als 2 000 000 Dollar ausgegeben, und ich war nicht sicher, ob die Hughes Tool Company weiterhin genug Gewinn abwerfen würde, um ein neues Filmabenteuer zu finanzieren.

Doch es war nicht so schlimm, wie es zunächst ausgesehen hatte. Die meisten Luftkämpfe konnten gerettet werden, indem Toneffekte eingeblendet wurden. Einige der Dialoge wurden nachträglich synchronisiert und ein paar andere Szenen neugedreht.

Doch Greta Nissen war nicht mehr tragbar. Es war unmöglich, sie in den neugedrehten Szenen wie eine feine englische Dame reden zu lassen. Sie hatte den ausgeprägten Akzent eines norwegischen Mädchens.

Howard suchte nach Ersatz. Joe Engel fand ihn. Joe Engel war Präsident der Metro Pictures gewesen, bis diese in MGM aufging, ihn fallen ließ und zum Pförtner bei einem der Studios machte. Howard hatte Joe als eine Art Geschäftsführer für sein Filmunternehmen gewonnen. Es war Joe Engels Idee, Greta Nissen durch Jean Harlow zu ersetzen, die für Hal Roach in Laurel- und Hardy-Komödien aufgetreten war. Howard stimmte zu, und Jean Harlow wurde für 125 Dollar pro Woche engagiert.

Die meisten der Harlow-Szenen wurden von Howard geleitet, einschließlich der berühmten Boudoir-Szene. Er fuhr fort, weiter an den »Hell's Angels« herumzuarbeiten und bestand darauf, die Luftkampf-Szenen zu perfektionieren. Trotz all der Ausgaben für die Kämpfe blieb ein großer Prozentsatz der Szenen recht mäßig.

Die Studioarbeiter gewöhnten sich an Howards Arbeitstempo. Den größten Teil des Tages verbrachten sie mit Kartenspielen, manchmal den ganzen Tag, manchmal mehrere Tage hintereinander. Doch sobald Howard im Wagen aufs Gelände kam, erwachte Studio 5 zum Leben. Die Mannschaft ließ die Karten fallen und stürzte sich in die Arbeit. Modellflugzeuge schwebten an Seilen durch die Luft, eine Windmaschine produzierte heftig Wolken. Sobald Howard das Studio betrat, befand sich die Luftszenerie des

Ersten Weltkrieges in vollem Gange. Höflich betrachtete er, was vorging und zog sich in eine Ecke zurück, um ein Buch zu lesen, während die Handwerker arbeiteten.

Unweigerlich war er am nächsten Tag unzufrieden damit und befahl den Arbeitern »Versucht's noch einmal«.

Wochenlang füllten Filmabfälle zehn Tonnen auf dem Müllplatz der Metropolitan, und alles stammte von »Hell's Angels«.

Zu guter Letzt drehte Howard einen Rekord von 820 000 Meter Film ab. Der endgültige Streifen schaffte auf der Leinwand ungefähr 5000 Meter.

Der Film brauchte drei Jahre bis zur Vollendung. Gesamtkosten: 3 500 000 Dollar.

Während der langen Zeit, die Howard auf die Herstellung der »Hell's Angels« verwandte, hielt er den Film stark unter Verschluß. Warner Brothers drehten ebenfalls einen Fliegerfilm aus dem Ersten Weltkrieg, mit Richard Barthelmess und Douglas Fairbanks jr. und Howard Hawks als Regisseur. Zwischen Howard Hughes und Warner Brothers entwickelte sich ein Konkurrenzkampf um die Trickpiloten. Durch die Äußerungen der Piloten kam Howard zu der Auffassung, daß »Dawn Patrol« ein Abklatsch der »Hell's Angels« wurde.

Howard war entschlossen, Warner Brothers beim Diebstahl zu erwischen. Er beauftragte seinen Drehbuchschreiber Joe Marsh und den zweiten Regisseur Reggie Callow, ihm das Drehbuch der »Dawn Patrol« zu beschaffen.

Die beiden kannten ein Mädchen, das bei Warner Brothers in der Drehbuchabteilung arbeitete. Sie führten sie aus, gingen ihr um den Mund und rückten endlich mit ihrem Plan heraus. Sie boten ihr 500 Dollar für eine Kopie des Drehbuches der »Dawn Patrol«. Sie bestellte die beiden für den folgenden Abend in ihr Apartment. Sie erschienen, gaben ihr die 500 Dollar und nahmen das Drehbuch in Empfang. Und dann traten zwei Kriminalbeamte hinter einer Tür hervor.

Howard rief mich spät abends noch an.

»Noah, Joe Marsh und Reggie Callow sind im Gefängnis«, sagte er.

»Weshalb, um Himmels willen?«

Er erklärte es mir und fügte hinzu: »Reggie kann mir den Buckel hinunter rutschen, aber ich will Joe Marsh freihaben.«

Glücklicherweise hatte ich einen Freund, der ein hochgestellter Richter war. Ich brachte ihn dazu, sein Bett zu verlassen und sofort mit den Verhandlungen zu beginnen. Um 5 Uhr morgens wurden Callow und Marsh ohne Kaution entlassen. Ihr Fall wurde niemals verfolgt.

Lange Zeit fürchtete ich, Howard würde »Hell's Angels« niemals fertigbekommen. Endlich, im Frühjahr 1930, deutete er an, die Uraufführung könne stattfinden und mietete zwei Theater in New York für die Premiere. Eine halbe Million Dollar wurden für Werbung und Ankündigungen ausgegeben.

Der Tag kam, an dem Howard mit zwei Exemplaren des fertigen Films nach New York reisen sollte. Er hatte einen Zug gebucht, der ihn genau zur Zeit der Aufführung nach New York bringen sollte. Wenn er nicht pünktlich ankam, würde es keine Premiere geben.

Genau diesen Tag wählte Howard für eine Konferenz über Finanzfragen. Die Sitzung dauerte und dauerte, und in regelmäßigen Abständen erinnerte ich ihn daran, daß es Zeit würde, sich zum South Pacific-Bahnhof zu begeben, um den Zug zu erwischen.

»Keine Sorge«, sagte er. »Zuerst möchte ich diese Dinge hier vom Tisch haben.«

Howard hatte keinerlei Zeitgefühl, und schließlich sagte ich ihm: »Howard, wenn Sie jetzt nicht gehen, gibt es keine Premiere in New York. Der Zug geht in genau fünfzehn Minuten.«

»Jesus Christ!« rief er aus. »Jetzt aber los!«

Wir sausten zum Parkplatz des Studios, und Howard wollte sich ans Steuer seines brandneuen Viereinhalbtausend-Dollar-Packards setzen.

»Ich bin zu nervös zum Fahren, Noah«, sagte er. »Sie müssen fahren. Und wenn Sie mich rechtzeitig zum Bahnhof bringen, schenke ich Ihnen den Wagen.«

Ich glitt hinters Steuer und jagte den Motor hoch. Es schien unmöglich. Der South Pacific-Bahnhof lag fünfzehn Kilometer entfernt, fünfzehn Kilometer Stadtverkehr. Damals gab's noch keine Schnellstraßen.

Doch eines der vielen Dinge, die Howard nicht wußte, war die Tatsache, daß ich eine Zeitlang halbprofessionelle Autorennen gefahren war. Ich inhalierte den fabrikneuen Geruch des Packard und blickte auf die glänzende Motorhaube. Ich war entschlossen, Howard rechtzeitig zum Bahnhof zu bringen.

Das war ein Rennen! Ich schoß durch Tankstellen, ich überholte die Straßenbahn auf der linken Seite, raste quer über eine Kreuzung, wo ein Polizist versuchte, mich zu stoppen. Als eine Stauung mich aufhielt, brachte ich zwei Räder auf den Gehsteig und passierte sie in der Gosse.

Howard sprach kein Wort während der Fahrt. Er stemmte beide Füße auf den Boden und blickte starr geradeaus. Sicher glaubte er, seine letzte Autofahrt zu erleben.

Eine Minute vor Abfahrt des Zuges erreichten wir den Bahnhof.

Er packte die Filmdosen und raste auf die Bahnsteige zu.
»Er gehört Ihnen, Noah!« schrie er zurück.

6. Eine Studie des Paradoxen

Während meiner frühen Jahre mit Howard Hughes lernte ich das
Schema seines Verhaltens und Benehmens kennen – Verhaltens-
weisen, die er während seines ganzen Lebens beibehielt. Zuerst
erschien mir sein exzentrisches Gehabe amüsant, da es das Bild
dieses einzigartigen Mannes abrundete. Doch in den folgenden
Jahren mußte ich beobachten, daß diese Überspanntheiten schlimmer wurden und ihn letzten Endes lähmten.
Howard war ein paradoxer Mensch.
Er besaß großen Mut; man braucht sich nur seine Leistungen als
Pilot ins Gedächtnis zurückzurufen, um dies zu belegen.
Dennoch hatte er entsetzliche Angst davor, ausgeraubt zu werden.
Aus diesem Grund trug er nie einen Pfennig Geld bei sich, und
es gibt zahlreiche Anekdoten, wie er Taxifahrer mit IOU's* be-
zahlte und sich von Freunden Geld lieh, um telefonieren zu können. Howard unterstützte diese Anekdoten nach Kräften.
»Verdammt noch mal, Noah«, pflegte er zu sagen, »in diesem Land
gibt es Leute, die einen sofort umlegen, wenn sie glauben, man
hätte fünfhundert Dollar in der Tasche. Jeder soll wissen, daß ich
keinen Pfennig bei mir trage.«
Ein anderes Paradox: Howard hatte große Angst vor Entführung.
Gleichzeitig wünschte er nicht, daß sich jemand auf seine Kosten
bereicherte, und er gab mir folgende Instruktionen: »Wenn sie
mich jemals schnappen, Noah, bezahlen Sie keinen Pfennig Löse-
geld. Falls Sie Briefe von mir bekommen, in denen ich um Zahlung
bitte, ignorieren Sie sie. Sie wissen, daß ich so was nur unter
Druck schreibe. Geben Sie diesen Verbrechern keinen verdammten
Penny.«
»Aber stellen Sie sich vor«, protestierte ich, »Sie sind fest davon
überzeugt, daß man Sie umbringt, wenn das Geld nicht bezahlt
wird.«
Er ließ sich dieses Argument durch den Kopf gehen. Dann sagte
er: »In diesem Fall schreibe ich den Brief und schreibe ›PDQ‹ unter
meine Unterschrift. Das soll bedeuten: ›Pay Damn Quick‹«.
Howard war ein Mensch, der es fertigbrachte, Millionenwerte in

---

* »IOU« = I owe you – ich schulde Ihnen. Eine Art privaten Schuldscheins (A. d. Ü.).

Flugzeugen irgendwo verrotten zu lassen, weil er sich nicht zum Verkauf entschließen konnte. Gleichzeitig legte er keinerlei Wert auf persönliche Dinge.

Eines Tages verkaufte er sein Haus und beauftragte mich, alles darin Befindliche zu versteigern.

»Alles?« fragte ich.

»Alles«, sagte er.

»Aber was ist mit dem Tafelsilber, Howard?« fragte ich. »Es trägt Ihr Monogramm und sollte in der Familie bleiben.«

»Ich will es nicht haben«, antwortete er.

»Warum geben Sie es nicht Ihren Verwandten in Houston? Sie wünschen bestimmt, daß das Silber in der Familie bleibt.«

»Versteigern Sie *alles*«, wiederholte er.

Auf eigene Faust unterrichtete ich seine Verwandten in Houston, die auch zur Auktion nach Kalifornien kamen. Doch die Gebote waren ihnen zu hoch, und das Silber kam in andere Hände.

Er war ein Mann von großem Reichtum, mit dem er viel Gutes hätte tun können. Doch tat er nichts derartiges. Er verschenkte keinen Pfennig und lieh auch guten Freunden nichts. Wenn er etwas ausgab, mußte es etwas einbringen: die Zuneigung eines Mädchens, einen geschäftlichen Vorteil oder politischen Einfluß.

Der Wall Street-Skandal vom Oktober 1929 kam während der Dreharbeiten für »Hell's Angels«. Ben Lyon brauchte dringend Geld, um seine Kursverluste abzudecken. Er sprach mit Howard Hughes, mit dem er gut befreundet war und dessen Produzent er war.

»Nein, ich verleihe kein Geld«, bekam er zur Antwort.

Howards Mißtrauen stammte aus einer Erfahrung, die er im Anfang seiner Arbeit in Hollywood gemacht hatte. Er spielte jeden Nachmittag Golf, an jedem Tag der Woche, und zwar auf Plätzen wie Bel-Air, Wilshire und Lakeside. Als Partner wählte er stets Meisterspieler wie den Amateur-Champion George von Elm oder Ozzie Carlton, der die Texas-Meisterschaft hielt. Fast immer gewann Howards Team, denn er selber war ein ausgezeichneter Spieler.

Jeden Nachmittag schlossen er und seine Partner Wetten ab. Nicht Tausende, aber immerhin Hunderte von Dollars.

Es summierte sich. Nach ein paar Monaten schuldeten drei prominente Golfspieler aus Los Angeles Howard zwischen 5000 und 15 000 Dollar. Sie weigerten sich zu zahlen.

»Die Hundesöhne wollen nicht zahlen!« beklagte er sich. Das war ihm völlig unverständlich, und nie mehr ließ er sich in eine Lage manövrieren, daß man ihm Geld auf persönlicher Basis schuldete. Es sei denn, er hätte spezielle Vorteile davon.

Howard rauchte nicht. Er mochte auch keine Raucher in seiner Umgebung, obwohl er nie ein direktes Verbot aussprach. Mir machte es nichts aus, denn ich rauchte ebenfalls nicht. Seine Partner fanden seine Abneigung gegen Zigarettenrauch rasch heraus – auf seinem Schreibtisch stand nie ein Aschenbecher – und waren klug genug, in seiner Anwesenheit nicht zu rauchen.

Einmal erlaubte er einem anderen Produzenten, seinen privaten Projektionsraum zu benutzen. Doch er warnte ihn: »Aber ich wünsche nicht, daß darin geraucht wird.«

Er trank kaum Alkohol.

Manchmal, wenn er mit seinen Freunden aus Hollywood umherreiste, drängte man ihn, ein wenig geschmuggelten Alkohol zu trinken. Er nahm ein paar kleine Schlucke, doch nie mehr. Er hat es nie gelernt, richtig zu trinken.

Eines Tages kaufte er einen Vorrat an Alkohol und sagte: »Noah, kommen Sie doch abends nach der Arbeit bei mir vorbei, wir probieren etwas davon.«

Also kam ich abends ein paarmal zu ihm nach Hause, und wir tranken ein paar Gläser. Wir unterhielten uns. Ich merkte rasch, daß er versuchte, sich zu einem »Gentleman-Drinker« zu erziehen. Ich ließ die Sache jedoch einschlafen. Ich verbrachte so wenig Zeit bei meiner Familie, daß ich keine Lust verspürte, auch noch die Abende mit meinem Chef zu verbringen, der lernen wollte, wie man Alkohol trinkt. Außerdem war ich der Auffassung, daß allzuviel Vertraulichkeit nur Geringschätzung hervorruft. Ich war entschlossen, meine Beziehungen zu Howard Hughes auf rein geschäftlicher Ebene zu belassen.

Howard duldete keine Trinker unter seinen Angestellten. Falls irgend jemand ihn in betrunkenem Zustand anrief, konnte er sicher sein, am nächsten Tag gefeuert zu werden.

»Ich kann niemand gebrauchen, der den Mund nicht halten kann«, sagte er. »So ein Kerl betrinkt sich und verbreitet alle meine Geheimnisse in der ganzen Stadt.«

Geheimnisse, Geheimnisse, Geheimnisse. Sein Drang zur Geheimnistuerei entwickelte sich zu einer Zwangsvorstellung.

Howard trieb keinen Sport außer Golf und Scheibenschießen. Nie sah ich ihn mit einem Tennisschläger, nie ritt er, und nie ging er auf Jagd oder Fischfang.

An Musik fand er kaum Gefallen. Nachdem er das Saxophon-Spiel aufgegeben hatte, interessierte er sich nur noch für Musik als Hintergrund für seine Filme.

Er las fast nie zum Vergnügen. Seine Lektüre bestand aus Romanen und Kurzgeschichten, die eventuell als Story für seine Filmpläne dienen konnten.

Sein Wortschatz war begrenzt. Da er sich seiner fehlenden Bildung bewußt war, wählte er seine Worte sorgfältig. Er sprach mit hoher, näselnder Stimme, die man auch am Telefon sofort erkannte. Obwohl er in Houston aufgewachsen war, hatte er nicht die Spur eines texanischen Akzents.

Er schrieb auch keine Briefe, höchstens Notizen für seine Angestellten, die er jedoch nie unterschrieb. Keine Briefe.

»Ich will nichts schreiben, womit sie mich später festnageln können«, erklärte er mir.

Ein einziges Mal hörte ich, wie er einen Brief diktierte. Das war im Zug nach Houston, als wir zum erstenmal dorthin fuhren. Er hatte auf Golfplätzen in Los Angeles gespielt und das kurzgeschorene Gras der Grünflächen bewundert. Jetzt verfaßte er einen Brief an die beiden Clubs in Houston, deren Mitglied er war und beriet sie, wie sie ihre eigenen Plätze und Grünflächen verbessern konnten. Doch die Briefe wurden niemals abgeschickt.

Howard blieb stets ruhig im Gespräch, doch pflegte er sein Mißfallen an irgend jemand auszudrücken, indem er ihn als »diesen Bastard« oder »diesen Hundesohn« bezeichnete. Seine bevorzugte Mißfallensäußerung lautete »dieser Scheißkerl«. Als ich ihn zum erstenmal so reden hörte, war ich amüsiert. Zum letztenmal hatte ich dieses Wort in der Schule gehört.

Später fand ich heraus, daß jemand, der von Howard als »Scheißkerl« bezeichnet wurde, bei ihm keine Chancen mehr hatte.

Howard liebte schmutzige Witze. Ich hörte zwar nie, daß er einen solchen Witz erzählte, doch hörte er gerne zu, wenn sie erzählt wurden. Er antwortete mit brüllendem, unflätigem Gelächter.

Während unserer langjährigen Zusammenarbeit habe ich ihn nur einen einzigen Witz erzählen hören. Es war ganz im Anfang und der Witz lautete folgendermaßen:

»Ein Mann besuchte eine sehr elegante englische Party. Er war alt und benutzte ein Hörrohr, um sich unterhalten zu können. Die Gastgeberin stellte ihn einer Dame vor und sagte: ›Dies ist Mrs. Hefflefinger‹.

›Was haben Sie gesagt?‹ fragte der alte Herr.

›Ich sagte, dies ist Mrs. Hefflefinger‹, antwortete die Gastgeberin.

›Ich kann Sie nicht verstehen‹, sagte der alte Herr.

›Dies ist Mrs. Hefflefinger!‹ brüllte die Gastgeberin.

›Ich verstehe es nicht‹, sagte der Herr. ›Es hört sich an, als sagten Sie Hefflefinger‹.«

Howard glaubte, dieser Witz sei zum Totlachen. Es war merkwürdig, daß er diesen Witz brachte, denn über seine eigene Taubheit machte er niemals Scherze. In Wirklichkeit war er darin sehr empfindlich.

Es lag offenbar in der Familie, denn sein Vater und sein Großvater waren ebenfalls taub. Die Ärzte erzählten ihm, es habe irgend etwas mit der Verdickung der Knochen zu tun, und es gebe keine Möglichkeit, es durch eine Operation zu ändern. Howard erwähnte seine Taubheit nur selten anderen gegenüber; seine Mitarbeiter gewöhnten sich an, in seiner Gegenwart lauter zu sprechen.

Ich hatte immer den Verdacht, daß Howard aus diesem Grund soviel telefonierte. Es ersparte ihm Peinlichkeiten. Er konnte einen Verstärker ans Telefon anschließen, so daß er keine Schwierigkeiten bei der Unterhaltung hatte. In späteren Jahren wurde er stets von einem Techniker mit zwei Koffern begleitet, welche Telefonverstärker enthielten, die jederzeit montiert werden konnten, falls Howard telefonieren wollte.

Bei mehreren Gelegenheiten erstand ich Hörgeräte für ihn, die er jedoch nie benutzte. Aus Eitelkeit.

Bei seinen Häusern hatte er meistens einen Swimmingpool, in dem er jedoch niemals schwamm.

Auch spielte er niemals Karten. Er würfelte ein wenig. In Houston geriet er einmal in die Gesellschaft professioneller Spieler und verlor im Rice-Hotel 2 800 Dollar beim Würfelspiel. Er ärgerte sich darüber und kehrte am folgenden Abend in Begleitung eines Mannes ins Hotel zurück, der im Ruf stand, einer der besten Würfelspieler Houstons zu sein. Wieder verlor Howard. Ich glaube, dies war ihm eine Lehre.

Sein Äußeres? Als ich ihn zuerst traf, kleidete er sich nicht so ausgefallen wie in späteren Jahren. Er trug maßgeschneiderte Anzüge, die er sich für 200 und 250 Dollar pro Stück in Europa anfertigen ließ. Meistens bestellte er zwanzig oder mehr auf einmal.

Später wurde ihm klar, daß er mit seiner Kleidung niemand beeindrucken konnte. Damals begann er, Kordanzüge und einfache Hemden zu tragen. Früher hatte er teure Schuhe getragen, die er eigens anfertigen ließ. Einmal bestellte er dreißig Paar in verschiedenen Ausführungen bei einem berühmten englischen Schuhmacher, trug sie jedoch nie, da sie ihm angeblich nicht paßten. Sie kosteten 35 Dollar pro Paar. Howard schickte sie zurück und erhielt 10 Dollar pro Paar als Rückzahlung. Die berühmten Turnschuhe kamen später, als er unter einer Fußinfektion litt. Er nahm zwar häufig Fußbäder, konnte die Entzündung jedoch nicht zum Abklingen bringen.

Nur seine engsten Mitarbeiter konnten es sich leisten, Bemerkungen über seine Kleidung zu machen. Eines Tages erschien er in nachlässiger Aufmachung in den Studios. Pat DiCicco witzelte: »Jesus, Howard, können Sie sich bei all Ihrem Geld nicht ordentlich anziehen? Sie sehen aus, als hätten Sie unter einer Brücke geschlafen.«

Howard lächelte nicht. »In Ordnung, Pat«, antwortete er. »Sie spielen den Lackaffen. Ich mache die Arbeit.«

Geschenke machte er nur, wenn er eine Gegenleistung erwartete. Ich erinnere mich seines Besuches bei Brooks, Juwelier in Los Angeles, bei dem er ein halbes Dutzend Armbanduhren zu 500 Dollar erstand. Er verschenkte sie an Leute im Filmgeschäft, doch immer unter dem Aspekt, daß seine Großzügigkeit sich auszahlte.

Als er Ella heiratete, überhäufte er sie keineswegs mit Geschenken. Sie hatte Konten bei den besseren Geschäften, warum sollte er sich also die Mühe machen?

Dennoch verschenkte er Diamanten und Pelze an Filmschönheiten, doch auch hier erwartete er eine Gegenleistung.

Eine Liste von Weihnachtsgeschenken für seine Mitarbeiter besaß er nicht. Falls jemand von uns ein Geschenk erhielt, geschah es in höchst ungewöhnlicher Weise. Zum Beispiel besaß er ein Zeiss-Teleskop mit sieben Linsen, das er auf seiner Europareise mit Dudley Sharp für 2 500 Dollar gekauft hatte. Ich glaube nicht, daß er je einen Blick hindurch geworfen hat. Eines Tages bemerkte er, daß ich es betrachtete, und sagte: »Ich will es nicht haben – nehmen Sie es.« Außerdem gab er mir ein Miniaturfernglas, das er im Ausland gekauft hatte.

Als Ella ihn verließ, warf er verschiedene Dinge aus dem Haus, darunter einen englischen Lederkoffer im Wert von 350 Dollar, den Ella ihm geschenkt hatte, ein prächtiges Stück und ideal für die Reise.

»Hier – möchten Sie einen Koffer haben?« sagte er. Ich benutzte diesen Koffer viele Jahre lang, bis er schließlich abgesetzt wurde.

Seine Eßgewohnheiten waren erstaunlich.

Während all der Jahre mit ihm bestellte er immer nur das gleiche Gericht: New York Steak, halb durchgebraten, Salat und Erbsen.

Das ist alles. Steak, Salat, Erbsen. Vorzugsweise kleine Erbsen. Meistens schob er die größeren beiseite und aß nur die kleinen. Als Dessert nahm er Vanille-Eis und Plätzchen.

Er war sehr empfindlich in bezug auf seine Frühstückseier. Sie mußten genauso zubereitet werden, wie Lily, die Köchin seiner Eltern in Houston, sie zubereitet hatte. Er bestand darauf.

Bald nachdem ich für ihn arbeitete, regte er sich darüber auf, wie ihm im Ambassador-Hotel die Frühstückseier zubereitet wurden. Nachdem er der Küche mehrmals Anweisungen gegeben hatte, ließ er den Chefkoch kommen. Der Koch brachte einen tragbaren Herd, Eier, Milch und eine Bratpfanne. Sodann demonstrierte

Howard, wie die Eier anzurühren waren. Milch wurde in die angewärmte Pfanne gegeben – nicht zu heiß, um die Milch nicht zu verbrennen – dann wurden die Eier aufgeschlagen und angerührt.

Howard ließ gesellschaftlichen Schliff vermissen. Manchmal mußte ich ihn darauf hinweisen, daß es sich nicht gehörte, die Frühstückspampelmuse bis zum letzten Tropfen auszuquetschen.

Ob andere Leute hungrig waren, interessierte ihn nicht. Auf unserer ersten Reise nach Houston lernte ich Lily kennen, die Köchin der Familie. Sie war eine großartige schwarze Köchin, die gut für Howard sorgte – stets hatte sie Plätzchen und Milch bereit, wenn er nachmittags vom Golfplatz zurückkam. Lily kümmerte sich auch um die Gäste. Howard und ich arbeiteten oft abends bei ihm zu Hause. Lily bereitete das Abendessen und neckte Howard: »Wollen Sie diesen netten Herrn nicht zum Abendessen einladen?«

»Oh yeah, aber sicher«, antwortete Howard zerstreut. »Bleiben Sie doch zum Abendessen.«

Als Lily nicht mehr für ihn sorgen konnte, gewöhnte er sich an unregelmäßiges Essen. Er vertiefte sich derartig in seine Filmarbeit, daß er tagelang im Projektionsraum blieb und kaum etwas zu sich nahm. Wenn er herauskam, verschlang er drei Steaks.

Vielleicht aufgrund seines unregelmäßigen Essens litt er dauernd unter Verstopfung. Er blieb ungewöhnlich lange auf der Toilette und hatte stets eine Menge Bücher und Zeitschriften dort, um während des Wartens nach Filmstoffen zu suchen. Stets war er auf der Suche nach Gegenmitteln und lange Zeit nahm er sogenannte »Syllasamen«, die den Körper unverdaut wieder verließen.

Er entwickelte eine krankhafte Angst vor Bazillen. Der Grund war, daß beide Eltern früh gestorben waren, in ihren fünfziger Jahren. Die Aussicht auf einen frühen Tod verfolgte ihn. Er traf ungewöhnliche Vorsichtsmaßnahmen gegen Ansteckung.

Wieder ein Paradox. Er riskierte sein Leben bei Flugzeugkunststücken, doch vor Bazillen hatte er furchtbare Angst.

Zunächst war sein Verhalten nicht ungewöhnlich. Er mied Leute mit Erkältungen, gurgelte oft und befragte seinen Arzt. Manchmal jedoch schien er die Gefahr einer Ansteckung überhaupt nicht zu bemerken. Eines Tages besuchte er eine Musikhandlung, um Saxophone auszuprobieren. Während er spielte, bemerkte er einen Jazzmusiker. »Versuchen Sie dies mal«, schlug er vor. Nachdem der Mann auf dem Instrument gespielt hatte, nahm Howard es wieder an sich. Er wischte das Mundstück mit dem Taschentuch ab und spielte auf dem gleichen Instrument weiter.

In seinem späteren Leben nahm ihn seine Bazillenangst völlig gefangen. Er gab niemand die Hand und ließ kaum jemand in seine

Nähe. Die Angst vor einer Ansteckung wurde zu einer Zwangsvorstellung.

7. Das Hughes-Dampfauto

Wie die meisten jungen Leute, war Howard Hughes von Autos
fasziniert. Wie nur wenige von ihnen konnte er es sich leisten,
seinen Wünschen nachzugeben. Und das tat er.
Als ich zuerst mit Howard zusammentraf, besaß er vier bemerkenswerte Automobile. Auf der Hochzeitsreise kaufte er in New
York zwei Rolls Royce, für sich und für sie. Er bekam eine Sport-
ausführung, sie eine Limousine. Beide wurden per Eisenbahn nach
Kalifornien verfrachtet.
Früher, in Houston, begeisterte er sich an Dampfautos. Mit Vorliebe fuhr er Rennen in Houstons Straßen und fand heraus, daß
das Dampfauto jedem anderen Automobil bei einem Beschleuni-
gungsrennen (Drag Race) überlegen war, weil es bei einem stehen-
den Start genausoviel Kraft entwickelte wie bei voller Geschwindigkeit.
Folglich kaufte Howard zwei Dampfautos – einen Stanley und
einen Doble. Beide wurden nach Kalifornien verschifft. Er besaß
auch einen Cadillac, doch der blieb in Houston zurück.
Wie einige der heutigen Ökologen war Howard im Jahre 1926
davon überzeugt, daß Dampfwagen das Auto der Zukunft seien.
Es machte nichts, daß sie viel Zeit brauchten, um genügend Dampf
zu bereiten, oder daß sie alle sechzig oder siebzig Meilen eine neue
Wasserfüllung brauchten. Howard war sicher, daß diese Nachteile
abgestellt werden konnten.
So setzte er sich das Ziel, ein neues revolutionierendes Auto zu
entwerfen und herzustellen, das Hughes Dampf-Auto.
Wo fing man an?
Howard beschloß, dem Zentrum der wissenschaftlichen Arbeit, dem
California Institute of Technology in Pasadena, einen Besuch ab-
zustatten. Er ging direkt zum Präsidenten, Dr. Robert Millikan,
dem berühmten Physiker, der ein paar Jahre zuvor den Nobel-
preis für Physik erhalten hatte.
»Ich möchte ein Dampfauto bauen, das allgemeinen Anforderungen genügt«, erläuterte Howard. »Ich brauche Hilfe von Ingenieuren, von Männern, die etwas von Dampftechnik verstehen und sie
bei einem funktionstüchtigen Auto anwenden können.«
Dr. Millikan dachte über das Problem dieses jungen aufstrebenden

Texaners nach und verwies ihn an zwei Absolventen des Instituts, Howard Lewis und Bruce Burns.

Howard nahm mit den beiden Ingenieuren Verbindung auf. Sie waren bereit, für ihn zu arbeiten, besonders, als er das hübsche Honorar erwähnte, das er ihnen zahlen wollte. Er erläuterte seine Vorstellungen: »Ich will ein Dampfauto, das in zwanzig Sekunden fahrbereit ist, aus dem Stand. Bei den beiden Modellen, die ich jetzt habe, muß ich zwischen zwei und fünf Minuten warten, bis sie genug Dampf entwickelt haben, um fahren zu können. Wenn in meiner Garage ein Feuer ausbricht, bekomme ich sie vielleicht nicht einmal schnell genug heraus.«

»Noch etwas – ich will eine Maschine, die für die Strecke Los Angeles–San Francisco nur eine einzige Wasserfüllung benötigt.«

Es war eine große Aufgabe – ein Dampfauto, das fast so schnell fahrbereit war wie ein Benzinmotor, und eine Strecke von sechshundert Kilometern ohne erneute Wasseraufnahme zurücklegen konnte. Die beiden Caltech-Absolventen waren bereit, an die Arbeit zu gehen, und Howard richtete ihnen eine Werkstatt auf der Romaine Street ein, nahe dem Sunset Strip.

Howard blieb weiterhin bei der Filmarbeit und widmete den beiden Ingenieuren auf der Romaine Street nur wenig Aufmerksamkeit. Meine Aufgabe war es, dafür zu sorgen, daß die Gewinne der Hughes Tool Company weiterflossen, um Howards Filmerei und sein Dampfauto zu finanzieren.

Burns und Lewis begannen mit dem Kauf eines französischen Wagens mit röhrenförmigem Rahmen und Einzel-Radaufhängung. Sie bauten den Motor aus, entfernten alles bis auf das Chassis und benutzten die Röhre für den Hughes-Dampfmotor.

Das ganze Unternehmen machte mir einen trügerischen Eindruck, und ich versuchte, Howard dies klarzumachen.

»Eigentlich ist es nur ein Hobby«, gab er zu.

»Wieviel Wagen könnten Sie pro Jahr produzieren?« fragte ich.

»Ich glaube nicht, daß wir mehr als fünfundzwanzig oder fünfzig davon schaffen können.«

»Und was würden die kosten?«

»Irgendwas zwischen fünfundzwanzig- und dreißigtausend Dollar.«

»Wer kann sich denn schon ein solches Auto leisten?«

»Oh, ich glaube, einige meiner Sportsfreunde würden schon gerne eins besitzen.«

»Und falls nicht?«

»Na ja«, sagte er, »dann habe ich wenigstens jedes Jahr ein hübsches neues Auto.«

Bei dieser Art von Logik konnte man nicht argumentieren. So

fuhr ich fort, die Gewinne der Hughes Tool Company für den Dampfwagen auszugeben. Dies ging so drei Jahre lang und die Rechnung summierte sich auf 550 000 Dollar.

Howard besuchte die Werkstatt nur selten. Ich konnte sein Desinteresse an diesem teuren Projekt nicht verstehen. Später wurde mir klar, daß er auf Projekte, die er selber begonnen hatte, nur auf zweierlei Art reagieren konnte: entweder kümmerte er sich nicht um die Arbeit und ließ die Fachleute ungestört arbeiten, oder er schaltete sich ein und brachte oft genug alles durcheinander.

In diesem Fall kümmerte er sich nicht um die Sache.

In der Zwischenzeit verliebte er sich in ein anderes Auto. Es war ein Rolls-Royce-Tourenwagen, den ein Händler anbot. Howard bestand darauf, diesen Wagen zu kaufen; nicht nur als sein privates Spielzeug, sondern auch weil er glaubte, das Chassis sei geradezu ideal für den Hughes-Dampfwagen.

Sein Interesse an dem Rolls-Sportwagen, den er auf der Hochzeitsreise gekauft hatte, war längst eingeschlafen. Er versuchte, ihn für den Tourenwagen in Zahlung zu geben. Doch der Händler wollte die Summe nicht zahlen, die Howard verlangte, und nahm den Wagen in Kommission. Falls ein Kunde bereit war, Howards Preis zu zahlen, konnte der Kauf abgeschlossen werden.

Howard war selig, doch ich schöpfte Verdacht. Wir hatten für den Tourenwagen bezahlt, aber der Händler stellte keinen Verkaufsbrief aus.

Ich besuchte den Ausstellungsraum des Händlers und erhielt geschickte Ausflüchte. Er führte mich nicht in den Raum hinein. Auf seinem Schreibtisch bemerkte ich Korrespondenz mit einer Bank. Ich verließ ihn, begab mich zu jener Bank und erläuterte meine Besorgnis.

»Eigentlich dürfte ich Ihnen nichts sagen«, meinte der Bankier, »aber der Händler hat ein Darlehen von 7000 Dollar auf den Wagen aufgenommen.«

Ich kehrte zum Händler zurück und konfrontierte ihn mit den Tatsachen. Er gab alles zu. Howard erhielt unbeschränkte Eignerschaft über den Wagen. Doch jetzt hatte der Händler den Sportwagen in der Hand, der nirgendwo zu sehen war.

Es war meine Aufgabe, die Interessen meines Chefs zu wahren. Ich befragte einige Garagen in der Nähe der Stadt. Schließlich entdeckte ich den Wagen in der Pacific Mutual-Garage in Los Angeles. Schnell schickte ich zwei Mechaniker hin, die das Steuerrad mit Schloß und Kette sichern sollten, damit niemand den Wagen entfernen konnte.

Doch als ich bei der Garage eintraf, um den Sportwagen in Empfang zu nehmen, war er verschwunden. Der Händler war vor mir eingetroffen und hatte den Leuten der Garage genug Angst eingejagt, bis sie die Kette durchfeilten und ihn davonfahren ließen.

Ich kehrte in mein Büro zurück und überlegte meinen nächsten Schritt. Ein Telefonanruf löste mein Problem.

Eine Stimme fragte: »Sind Sie Howard Hughes' Beauftragter?«

»Ja.«

»Nun, ich habe eine Schlüsselkette mit seinem Namen gefunden.«

Ich fand heraus, wo er war und sagte: »Bleiben Sie, wo Sie sind! Ich bin mit 50 Dollar Belohnung unterwegs zu Ihnen.«

Ich sauste zum Hollywood Boulevard, nahm die Schlüssel in Empfang und zahlte die Belohnung aus. Dann begann ich in konzentrischen Kreisen die Stadt abzusuchen und probierte jede Garage und jede Einfahrt, bis ich den Sportwagen gefunden hatte. Ich schob den Schlüssel ins Zündschloß und fuhr damit ab.

Wieder eine Aufgabe gelöst. Howard hatte seinen Sportwagen von dem betrügerischen Händler zurück. Und er war im Besitz des Tourenwagens, der dem Hughes-Dampfauto Ruhm und Ehre einbringen sollte.

Ah, ja, das Dampfauto.

Die beiden Caltech-Absolventen bastelten weiterhin in der Romaine Street. Schließlich kündigten sie an: Es ist soweit!

Es war eine der wenigen Gelegenheiten, bei denen ich Howard echte Vorfreude anmerkte. Zusammen gingen wir zu Romaine Street und wurden von Lewis und Burns vor das fertige Automobil geführt. Es war wirklich sehr hübsch. Das war auch nur recht so, schließlich hatte seine Entwicklung eine halbe Million Dollar gekostet.

Das Dampfauto war ein fünfsitziger offener Tourenwagen, tiefliegend und viel attraktiver als der große Stanley-Wagen. Neugierig umkreiste Howard das Auto und befragte die beiden Ingenieure über seine Leistung.

»Es schafft sechshundert Kilometer mit einer Wasserfüllung und startet beinahe ebenso rasch wie ein Benzinmotor.«

»Großartig!« sagte er. »Wie in aller Welt haben Sie das nur geschafft?«

Sie erklärten, es hinge mit der Wasserverdampfung zusammen. Der Wagen bestand aus einem einzigen Netz von Radiatoren.

»Sie meinen, der ganze Wagen besteht aus Kühlern, einschließlich der Türen?« fragte Howard.

Burns und Lewis nickten.

Howard überlegte einen Moment. »Angenommen, ich werde während der Fahrt von einem anderen Wagen breitseits gerammt?« fragte er. »Was passiert dann?«

Er konnte ihnen keine Antwort entlocken und dachte logisch weiter. »Ich kann mich zu Tode verbrühen, nicht wahr?«
»Das ist möglich«, mußten die Ingenieure zugeben.
Ohne zu zögern, sagte Howard: »Nehmen Sie es auseinander, nehmen Sie Schneidbrenner, und schneiden Sie es in Stücke.«
Er verließ die Werkstatt, und ich folgte ihm.
»Noah, passen Sie auf, daß sie es in Stücke schneiden«, sagte er. »In *kleine* Stücke.«

8. Howard und seine fliegenden Maschinen

Howard lernte im Jahre 1925 Fliegen, als er sein Debut als Filmproduzent mit dem unaufführbaren »Swell Hogan« gab. Sein Lehrer war ein Pilot namens J. B. Alexander. Er unterrichtete Howard in einer Waco-Maschine. Howards erste eigene Maschine war ebenfalls eine Waco.
Als ich ihn kennenlernte, war er immer noch flugbegeistert und hatte die Absicht, eine Fairchild-Maschine zu kaufen. Zu der Zeit fand in Mines Field bei Inglewood (jetzt Los Angeles International Airport) eine Flugschau statt, und ich fuhr hin, um mir die Vorführungen anzusehen. Vier Armeeflugzeuge vollführten aufsehenerregende Kunststücke, darunter das Überfliegen der Tribüne in einer Höhe von etwa 15 Metern – in Rückenlage. Einer dieser Piloten sollte bald berühmt werden: Charles A. Lindbergh.
Das deutsche Fliegeraß, Ernst Udet, nahm an der Show teil und faszinierte das Publikum durch sein Kunststück, mit einem Haken an der Flügelspitze Taschentücher im Flug aufzugreifen.
Das Flugzeug, das mich am meisten beeindruckte, war eine Boeing P-4. Es war eine kleine Maschine mit einem großen Motor. Sie beteiligte sich an einem Rennen von der Rollbahn bis zu einem Zielflugzeug, das in 3 000 Meter Höhe schwebte und zurück. Diese kleine Boeing ließ alle anderen Rennmaschinen hinter sich.
Als ich von der Luftfahrtschau zurückkehrte, sagte ich Howard: »Wenn ich Ihr Geld hätte, würde ich mir diese Boeing P-4 zulegen. Das ist eine hübsche Maschine.«
Howard lachte über die Idee, doch ein paar Monate später kaufte er sich tatsächlich eine Boeing P-4.
Natürlich gefiel ihm die Maschine nicht so, wie sie war. Er ließ sie nach Clover Field schaffen, um sie bei Douglas Aircraft umbauen zu lassen. Die P-4 war eine zweisitzige Maschine, die für hohe Geschwindigkeiten gebaut war, doch Howard wünschte Umbauten

zur größeren Sicherheit. Er ließ die Flügel abnehmen und umbauen und lederbezogene Gummipolster im Cockpit anbringen.

Auf seinem täglichen Weg zum Golfplatz fuhr er bei Douglas vorbei, um die Änderungsarbeiten zu inspizieren. »Nein, das ist nicht richtig«, hieß es von Zeit zu Zeit. »Nehmen Sie das weg, und machen Sie es anders.«

Die Mitglieder der Douglas-Mannschaft waren fast am Ende ihrer Kunst angelangt, als Howard endlich zustimmte. Dann bekam er die Rechnung. Sie lautete über 75 000 Dollar. Die Maschine selber hatte nur 45 000 Dollar gekostet.

»Um Gottes Willen!« rief Howard aus. »Das ist doch unsinnig. Ich werde nicht bezahlen. Kümmern Sie sich drum, Noah!«

Ich verhandelte mit der Geschäftsleitung von Douglas, doch sie wollten keinen Pfennig heruntergehen. Ich mußte mit einem Ergebnis nach Hause kommen und begab mich mit meinem Anliegen zum höchsten Chef, Donald Douglas.

Die Gesellschaft regte sich über die Andeutung auf, die Rechnung sei überhöht. Der Chef ließ sich die Arbeitspapiere bringen, und ich mußte zugeben, daß die Rechnung in Ordnung zu sein schien. Ich informierte Howard Hughes darüber.

»Douglas versucht, mich übers Ohr zu hauen«, antwortete er. »Derartig maßlose Forderungen werde ich nicht bezahlen!«

Ich ging zu Douglas zurück und brachte ihn dazu, eine kleine Veränderung vorzunehmen. Doch Howard war nicht zufrieden. Die Verhandlungen zogen sich über sechs Monate hin, bis es Douglas schließlich zuviel wurde.

»Dietrich, gehen Sie mit dieser Rechnung zu Mr. Hughes, und bestellen Sie ihm, er könne seinen Scheck über jede Summe ausstellen, die er wolle. Meinetwegen fünf Dollar, fünftausend Dollar oder irgendeinen anderen Betrag – ich zeichne ihn ab. Und bestellen Sie ihm, ich hätte nicht die Absicht, jemals wieder ein Geschäft mit ihm zu machen.«

Ich berichtete Howard über diese Wendung, und Howard war entzückt.

»Gute Arbeit, Noah«, sagte er. Er stellte einen Scheck über 15 000 Dollar aus, ein hübscher Unterschied gegen 75 000 Dollar. Ich brachte Douglas diesen Scheck, und er akzeptierte ihn. Trotz allem machte er weiterhin Geschäfte mit Howard Hughes.

Dies ist ein weiteres Paradox bei Howard Hughes: während er viel Geld ausgab, um die P-4 zu einem sicheren Flugzeug zu machen, riskierte er in anderen Maschinen Kopf und Kragen.

Obwohl er immer noch die Waco hatte, wollte er gerne eine andere Maschine ausprobieren. Eines Tages telefonierte er mit Paul Mantz, dem Trickflieger.

»Ich muß nach Santa Barbara fliegen«, sagt Howard. »Was haben Sie im Augenblick da?«

»Ich habe eine Stearman da«, antwortete Mantz, »aber sie hat seit dreißig Tagen den Boden nicht mehr verlassen.«

»Das macht nichts. Machen Sie sie startklar, ich bin auf dem Weg zu Ihnen.«

So flog Howard mit dieser Maschine zweifelhaften Zustandes nach Santa Barbara, um einen Golfkameraden abzuholen. Auf dem Rückweg, erzählte er, ging ihm der Treibstoff aus. Er machte eine Notlandung, und der Zufall wollte es, daß er genau auf dem Golfkurs des Bel Air Country Clubs landete, wo er auch spielen wollte. Die Clubverwaltung regte sich sehr auf und beschlagnahmte die Maschine.

»Kümmern Sie sich um die Sache, Noah«, sagte er. Ich kümmerte mich drum – im Betrag von tausend Dollar.

Es gab Gelegenheiten, bei denen Howards »Luftsprünge« nicht so glimpflich verliefen. Während der Dreharbeiten an den »Hell's Angels« wollte er eine außergewöhnliche Szene mit einigen Thomas Morse Scouts drehen.

Diese ungewöhnlichen Maschinen wurden in San Diego gebaut und gegen Ende des Ersten Weltkrieges eingesetzt. Das Ungewöhnliche daran war der Sternmotor, der mit dem Propeller verbunden war und sich mit ihm drehte.

Howards Fluglehrer J. B. Alexander hatte neun dieser Maschinen für den Film aufgetrieben. Howard wollte eine Szene drehen, in der die Maschinen in etwa achtzig bis hundert Meter Höhe die Kamera passierten, eine Linkskurve zogen und zurückkamen, immer innerhalb der Brennweite der Kamera.

Die Trickflieger der »Hell's Angels« zählten zu den besten des Landes, doch diesen Trick wollten sie nicht ausführen.

»Es läßt sich nicht machen«, erklärte einer von ihnen. »Wenn Sie diese Maschine in eine Linkskurve ziehen, rutscht sie Ihnen ein paar hundert Meter ab, todsicher. Bei tausend Meter Höhe können wir das schaffen, aber nicht bei hundert.«

»Lächerlich«, sagte Howard. »Sie können mir doch nicht erzählen, daß Sie das Abrutschen nicht auffangen können.«

»Unmöglich, Howard.«

»Ich werde es Ihnen beweisen«, sagte Howard. »Welches ist die beste Maschine?«

Unsere Überredungskünste reichten nicht aus, ihn davon abzuhalten, den Trick zu versuchen.

Es passierte genau das, was die Flieger vorausgesagt hatten. Howard ging in die Linkskurve, die Maschine schoß unaufhaltsam zu Boden und ging in einer Staubwolke zu Bruch.

Die ganze Mannschaft rannte zum Unglücksort und zog Howard bewußtlos aus den Trümmern. Ein Krankenwagen sauste von Mines Field zum Inglewood Hospital. Ich eilte ebenfalls dorthin, doch er erkannte mich nicht.

Nach vier Tagen wurde er zum St. Vincent-Hospital in Los Angeles überführt. Eine Operation schien unumgänglich, um sein schwer verletztes Gesicht zu reparieren. Als er aus dem Operationssaal gefahren wurde, sprach ich mit den Ärzten.

»Wir machten einen Einschnitt und nähten ihn gleich wieder zu«, erzählte mir einer von ihnen. »Wir können nichts machen. Der Backenknochen ist so zerschlagen, daß nichts übrig ist, in dem man Nagel oder Faden anbringen könnte. Es muß eben so bleiben.«

Howard wurde wieder gesund, doch sein Gesicht war nicht mehr dasselbe. Wo einst der Backenknochen gewesen war, war jetzt eine Einbuchtung. Die Verletzung verursachte ihm in späteren Jahren viel Schmerzen.

Die Bruchlandung mit der TM Scout war das erste von drei ernsten Flugzeugunglücken, die er mitmachte. Sie blieben körperlich und seelisch nicht ohne Wirkung auf ihn und ich glaube, daß sie viel dazu beitrugen, seine seltsame Persönlichkeit zu formen.

9. Die goldene Gans

»Meine erstes Ziel ist es, der beste Golfspieler der Welt zu werden. Zweitens, der beste Flieger zu werden und drittens der berühmteste Filmproduzent der Welt. Und dann will ich, daß Sie mich zum reichsten Mann der Welt machen.«

Dies sagte mir Howard in einem Moment der Offenheit. Er war erst Anfang zwanzig, nichts schien ihm unmöglich zu sein. Und tatsächlich erreichte er die Erfüllung von drei dieser vier Wünsche. Die Golfkrone entging ihm. Er war ein hervorragender Spieler und hätte bei Meisterschaftsspielen gute Chancen gehabt. Der Höhepunkt seiner Golfkarriere kam beim Del Monte-Tournier in den späten zwanziger Jahren. Er lag gut im Rennen, doch dann brachte er sich durch allerhand groben Unfug um seine Chancen.

Am Abend vor der Tourniereröffnung feierte Howard seinen Triumph im Clubhaus. Die Stimmung war hervorragend, und die Männer begannen Geschicklichkeitsspiele, wie es oft geschieht, wenn sie ein paar Glas getrunken haben. Die Gesellschaft saß vor einem lodernden Feuer und irgend jemand schlug vor, rückwärts darüber zu springen, um auf dem Kaminsims zu landen.

Howard war sicher, er könne dies wegen seiner Größe schaffen. Er stellte sich vor das Feuer, sprang und knallte mit beiden Ellbogen gegen den Sims. Der Schmerz war so groß, daß er an dem Tournier nicht teilnehmen konnte.

Er spielte zwar weiterhin Golf nach diesem Unfall, gab aber die Hoffnung auf, der beste Golfspieler der Welt zu werden.

Doch sein Ziel, der berühmteste Filmproduzent zu werden, hat er erreicht. Nicht aufgrund seiner Filme. Die wurden von der Kritik zerrissen und kosteten ihn im Laufe der Jahre 10 000 000 Dollar.

Doch niemand, der Filme produzierte, war berühmter als er. Dies lag hauptsächlich an seinem sagenhaften Ruhm auf anderen Gebieten als der Filmerei.

Und was ist mit dem Ziel, der reichste Mann der Welt zu werden? Er schaffte es; einige Autoritäten behaupten, Noah Dietrich sei dafür verantwortlich. Ich will es nicht abstreiten.

Der Schlüssel zu seinem Reichtum lag, wie jeder weiß, in der Hughes Tool Company. Damit fing alles an. Doch die Gesellschaft war nicht einfach eine Geldmaschine, die unbegrenzten Gewinn erwirtschaftete. Sie hatte gute und schlechte Jahre. Obwohl sie in den ersten Jahren beinahe eine Monopolstellung innehatte, wurde sie sehr schlecht geführt und war weit davon entfernt, den Gewinn zu bringen, zu dem sie fähig war.

Als Howard die Hughes Tool Company erbte, wurde ihr Nettowert aus Steuergründen auf 660 000 Dollar geschätzt. Etwa ein Jahr später kaufte er den Viertelanteil seiner Verwandten für 325 000 Dollar auf; folglich konnte man den Marktwert der gesamten Investition auf etwa 1 300 000 Dollar schätzen.

Am Anfang meiner Arbeit für Howard hatte ich nur wenig mit der Gesellschaft zu tun, außer, daß ich die jährlichen Steuererklärungen bearbeitete. Als die Zeit verging, widmete ich ihr auf Howards Geheiß mehr und mehr Aufmerksamkeit. Er verlangte ein immer größeres Einkommen, um sich stärker seinen Interessen widmen zu können: Filme, Flugzeuge, Frauen. Teure Hobbies.

Meine erste Bekanntschaft mit Hughes Tool machte ich am Anfang des Jahres 1926, als ich mit Howard nach Houston kam. Ich war schockiert, wie ich die Fabrik vorfand. Der Fußboden war die blanke Erde. Es gab kein Fließband. Die Einzelteile wurden mit Schubkarren von einer Arbeitsstelle zur anderen gekarrt. Alles war ein einziger Mist.

Es gab nur wenig, was ich zur Verbesserung der Tool Company beitragen konnte, solange ich nicht Mitglied des Managements war. Doch innerhalb eines oder zweier Jahre wurde es Howard klar, daß ich Führungsqualitäten besaß. Er übertrug mir mehr Verantwortung. Ihm war alles recht, was ich tat, um den Gewinn der Toolco zu steigern.

Eins der Dinge, die mich verwirrten, war die Vielzahl der Modelle. Ich fand heraus, daß wir beinahe tausend verschiedene Bohrkopf-Formate und -Größen herstellten.

Dies kam mir, einem Rationalisierungsexperten, idiotisch vor. Die Bohrköpfe lagen zwischen fünf und sechzig cm Durchmesser, mit einem neuen Modell für jede Achtel-Veränderung. Es gab verschiedene Muster, verschiedene Zähne.

»Wieso produzieren wir so viele verschiedene Bohrköpfe?« fragte ich einen der Direktoren.

»Wir müssen«, sagte er mir. »Jeder Bohrmeister will einen anderen Bohrkopf haben. Die Burschen sind abergläubisch, wissen Sie, und meinen, ihre ganz besonderen Bohrköpfe brächten ihnen Glück.«

Ich entschied, daß Aberglaube keinen Platz im Geschäft verdient habe. Mit Hilfe der Regierung, die Standardmaße einführen wollte, brachte ich die Geschäftsführung dazu, auf dreihundert Modelle herunterzugehen.

Trotz dieser Ersparnis produzierte Hughes Tool keineswegs den Gewinn, den sie erbringen konnte. Dies ersah ich leicht aus den Kontoauszügen, die wir von unserem größten Konkurrenten, der Reed Roller Bit Company, regelmäßig erhielten.

Wieso erhielt die Hughes Tool Company Kontoauszüge ihres Erzrivalen? Das ist eine interessante Geschichte.

Der alte Howard Hughes beschäftigte einen hervorragenden Ingenieur namens Clarence Reed. Wie viele Angestellte auch des jüngeren Howards Hughes war er wegen der fehlenden Gewinnbeteiligung verärgert und beschloß, die Hughes Tool Company zu verlassen, um sich mit einer eigenen Bohrkopf-Produktion selbständig zu machen.

Big Howard verklagte die Reed Roller Bit Company wegen Patentverletzung. Die Klage wurde von der Caddo Rock Bit Company erhoben, einer Hughes-Tochter, die Eigentümerin der Patente war.

Reed gab zu, er habe Konstruktionsunterlagen von Hughes Tool mitgenommen, als er die Firma verließ, doch behauptete er, dies nur getan zu haben, um eben *keine* Hughes-Patente zu verletzen.

Der Richter urteilte anders. Caddo erhielt eine Entschädigung in Höhe von 500 000 Dollar, die der junge Howard in seine Filmgesellschaft, Caddo Productions, steckte, als sein Vater gestorben war. Hughes Tool erhielt außerdem eine fünfzehnprozentige Gewinnbeteiligung an den Gesamtverkäufen der Reed Company.

Diese Entscheidung war eine Wohltat für Hughes Tool. Dies war nicht nur eine feste Einkommensquelle ohne irgendwelche Unkosten, es verschaffte ihr auch einen Einblick in die Finanzlage ihres größten Konkurrenten.

Ich hielt die Reed-Berichte scharf im Auge. In den frühen dreißiger Jahren holte Reed auf und überholte Hughes schließlich sogar. Ich war verblüfft. Hughes besaß auf seinem Gebiet ein echtes Monopol, dennoch wurde die Firma von einem Konkurrenten überholt, der unter einem fünfzehnprozentigen Nachteil litt.

»Howard, mir gefällt das nicht«, sagte ich, als ich den jüngsten Reed-Auszug sah. »Irgend etwas ist faul bei Toolco.«

Howard schaffte es, einen Augenblick lang nicht an seine Filme zu denken. »Gut, Noah«, sagte er. »Vielleicht haben Sie recht. Fahren Sie nach Houston, und schauen Sie sich die Sache einmal an.«

Diesmal fuhr ich in anderer Eigenschaft nach Houston. Ich war nicht mehr Howards Assistent, sondern sein persönlicher Bevollmächtigter. Howard blieb weiterhin Präsident der Hughes Tool Company, obwohl er wenig oder nichts tat, um diese Position auszufüllen.

Als ich in Houston ankam, spürte ich, daß die Firmenleitung Ressentiments gegen ihren Playboy-Präsidenten hegte, der nichts für die Gesellschaft tat, sondern lediglich ihr Vermögen durch verrückte Spielereien verschleuderte. Ich hielt mich bei meiner Untersuchung sehr zurück, stellte auf freundliche Art eine Menge Fragen und enthielt mich jeden Kommentars.

Bald hatte ich heraus, warum Reed besser im Rennen lag. Sie machten einen besseren Bohrkopf als wir.

»Wieso läuft der Reed-Bohrkopf besser als der unsere?« fragte ich den Produktionsleiter.

»Nun, sie haben ein neues Modell entwickelt«, erklärte er. »Es kombiniert Kegelrollenlager mit Kugellagern, und die Bohrmeister halten es für besser als unser Modell. Doch das ist nur eine Laune. Auf die Dauer wird der Reed-Bohrkopf nicht durchkommen.«

»Die Bohrmeister nehmen es allerdings an. Sie kaufen waggonweise und lassen unser Modell links liegen. Wieso glauben Sie, das Reed-Modell würde nicht lange auf dem Markt bleiben?«

»Weil wir ebenfals mit Kugellagern experimentiert haben. Sie halten einfach keinen Druck aus. Sie brechen zusammen. Wir haben die härtesten Lager ausprobiert, die wir bekommen konnten. Unter Hitze und Druck wurden die Lager zermalmt. Es ist, als ob man versuche, einen Eierquirl in kalter Molasse zu bewegen.«

»Haben Sie Klagen darüber gehört, daß Reeds Bohrköpfe zusammengebrochen sind?«

»Nein«, gab er zu. »Doch ich bin sicher, daß es so kommt.«

»Offenbar machen sie irgend etwas besser als wir. Wir kaufen einen Reed-Bohrkopf und finden den Grund heraus.«

Wir beschafften uns einen Bohrkopf der Firma Reed und öffneten ihn, um zu sehen, wie er von innen aussah. Die Lösung war überraschend simpel. Statt der härtesten Kugellager installierte Reed solche, die fast so weich waren wie Blei. Unter extremem Druck verloren die Lager zwar ihre Form, doch wurden sie nicht zermalmt, sondern rollten und rollten.

So wurde der Hughes'sche Bohrkopf mit verformbaren Lagern ausgestattet, und die Tool Company war wieder in der Lage, mit Reed zu konkurrieren.

Bevor ich Houston verließ, wurde ich mit einer Angelegenheit konfrontiert, die alle Anzeichen einer Palastrevolution zeigte.

R. C. Kuldell, der Fabrikdirektor, trat als Sprecher auf und hatte offenbar die Zustimmung aller übrigen leitenden Angestellten.

»Wir haben unsere ganze Kraft in die Gesellschaft gesteckt, und ich denke, wir haben ein Anrecht auf eine gewisse Berücksichtigung«, sagte Kuldell. »Howard hat keinerlei Beitrag zu der Firma geleistet, er ist nur am Filmgeschäft interessiert. Ein Verschwender, der das Geld aus der Firma zieht und es in Hollywood mit vollen Händen ausgibt.«

Er präsentierte mir einen Vorschlag, den er sowohl für Howard wie für die Direktoren als großzügig hinstellte. Sie wollten ihm 10 000 000 Dollar in Vorzugsaktien geben als Preis für sein gesamtes Aktienpaket, weiter sollte er fünf Prozent pro Jahr erhalten. Die Direktoren sollten Eigentümer und Geschäftsführer werden.

»Auf diese Art bekommt Howard ein jährliches Einkommen von 500 000 Dollar«, argumentierte Kuldell. »Soviel macht Toolco wenigstens zur Zeit, wobei ich meine Zweifel habe, ob die Firma jemals mehr erreichen kann.«

Ich hörte respektvoll zu und sagte, ich wolle Howard den Vorschlag überbringen.

Den meisten Leuten wäre dies wie eine hübsche Idee vorgekommen. Howard hatte ein fürstliches Einkommen von einer halben Million Dollar pro Jahr sicher. »Mehr, als er überhaupt ausgeben kann«, sagte Kuldell und zeigte damit, wie schlecht er seinen Chef kannte.

In Los Angeles legte ich Howard den Plan vor. Ohne auch nur eine Sekunde zu zögern, schob er den Vorschlag beiseite.

»Die Kerle machen wohl Witze«, sagte er. »Hughes Tool wird bei weitem mehr schaffen als eine halbe Million pro Jahr. Die glauben wohl, ich hätte den Verstand verloren.«

»Aber Howard«, fuhr ich fort, »auch wenn Sie von dem Vorschlag nichts halten, sollten Sie doch über den Grund nachdenken, der dahintersteckt. Die Leute in Houston sind sehr unruhig. Sie meinen, sie müßten nur arbeiten, aber Sie hätten den Vorteil.«

Howard überlegte sich alles und kam mit folgender Lösung heraus: »Sagen Sie ihnen, sie sollen sich abregen. Bei meinem Tod wird die Firma in eine Stiftung umgewandelt. Neun Treuhänder werden eingesetzt, jeder einzelne Fabrikdirektor wird miteingeschlossen. Sie bekommen ein lebenslanges Gehalt von einhunderttausend pro Jahr. Und Sie, Noah, setze ich als Vorsitzenden ein. Mit zweihunderttausend pro Jahr.«

Ich gab dieses Ergebnis nach Houston weiter, und die Direktoren waren selbstverständlich begeistert. Ich auch. Aber das war, bevor mir klar wurde, daß Howard überhaupt nicht die Absicht hatte, eine Treuhänderschaft einzurichten.

Die Direktoren der Hughes Tool Company merkten es schließlich auch. Doch ihre Unzufriedenheit wurde durch einen vorher bekanntgegebenen Plan aufgefangen, der sie mit 15 Prozent an den Gewinnen der Tool Company beteiligte. Und die Gewinne begannen jäh zu steigen – bis auf 3 000 000 Dollar im Jahre 1930.

Es gab genug für alle – vorläufig wenigstens.

10. Goodbye, Ella

Das Überraschende an Howards und Ella Rice's Ehe war, daß sie überhaupt so lange dauerte.

Sie waren von 1925 bis 1929 verheiratet, doch gaben sie sich zum Ende hin keine richtige Mühe mehr. Ich fand es heraus – sehr zu meinem Leidwesen.

Zunächst wohnten sie im Ambassador-Hotel. Dann verbrachten sie 1926 ein paar Monate in ihrem Haus in 3921 Yoakum Street in Houston. Sie zogen wieder ins Ambassador, und dann entschied Howard, er wolle ein Haus mieten. Er gab mir den Auftrag, ein geeignetes Haus ausfindig zu machen.

Ich durchkämmte den Wilshire-Distrikt in Los Angeles und fand auch ein Haus, das ich für Howard und Ella geeignet fand. Es war ein großes zweistöckiges Haus, unmittelbar neben dem Wilshire Country Club, wo Howard oft Golf spielte. Auch lag es günstig zu den Filmstudios. Das Haus war voll eingerichtet.

»Ich nehme es«, sagte Howard, nachdem er es inspiziert hatte. Ich fand die Miete unverschämt hoch, doch Howard bestand darauf. Nachdem er ein paar Monate darin gelebt hatte, wollte er es kaufen.

Ich begann Verhandlungen mit der Witwe, der das Haus gehörte. Sie verlangte 150 000 Dollar für das Haus und 35 000 Dollar für die Einrichtung. Ich hielt das für hoch und sagte dies auch zu Howard.

»Ich glaube, ich kann sie herunterhandeln«, sagte ich.

»Kaufen Sie es zu ihrem Preis«, sagte er. »Ich will das Haus haben, und zwar sofort.«

So kam Howard zu dem einzigen Haus, das er jemals kaufte. Es war typisch für ihn, zu sagen: »Und zwar sofort.« Bei geschäftlichen Verhandlungen zog er die Gespräche derartig in die Länge, bis die Gegenseite es nicht mehr aushielt und Howard bekam, was er haben wollte. Doch wenn er persönlich etwas wollte, hatte er keine Geduld, lange zu verhandeln. Und zwar sofort. Das Ergebnis dieser Ungeduld war, daß die Witwe einen großartigen Fischzug machte. Als Howard das Haus viele Jahre später wieder verkaufte, erbrachte es lediglich 60 000 Dollar.

Muirfield-Haus war nicht gerade ein glückliches Haus.

Die Ehe mit Ella war genau das, was sie schien: eine Ehe aus Bequemlichkeit, mit der Howard seinen Verwandten beweisen wollte, daß er Verantwortung übernehmen konnte. Er entwickelte keine der Eigenschaften, die man bei einem jung verheirateten Mann üblicherweise voraussetzt. Ella war ein hübsches und wohlerzogenes Mädchen, doch ihr fehlten die Eigenschaften, die Howard in einer Ehe suchte; sie war weit entfernt von den lebenslustigen sinnesfrohen Schauspielerinnen, mit denen sein Name in Verbindung gebracht wurde.

Ella und Howard hatten im Muirfield-Haus getrennte Schlafzimmer; ihre Ehe schien ohne Leidenschaft zu verlaufen. Er war immerzu mit Flugzeugen, Dampfmaschinen, Filmen und seinem Golf beschäftigt. Nur selten sah man sie zusammen auf einer Gesellschaft oder bei einer Premiere.

Nie hörte ich von Howard, daß er sich Kinder wünschte, weder während seiner Ehe mit Ella noch später. Er machte sich offenbar keine Gedanken darüber, für einen Erben zu sorgen.

Ella, die oft allein war, suchte sich ihre eigenen Zerstreuungen. Durch die eleganten Geschäfte, in denen sie einkaufte, machte sie die Bekanntschaft verschiedener Mitglieder der Gesellschaft in Pasadena. Sie bemühte sich, Howard zum Besuch ihrer Parties zu bewegen, doch er lehnte ab.

Ella hatte immer noch die Absicht, aus ihrer Ehe das Beste zu machen. Sie wagte ein gesellschaftliches Experiment: Sie lud einige ihrer Freunde aus Pasadena zu einer Abendgesellschaft ein und eine Anzahl von Howards Filmfreunden.

Während der ganzen vorherigen Woche erinnerte Ella ihn an diesen Abend: »Bitte denk an die Party am Samstag abend, Howard. Cocktails um sieben, Dinner um acht.«

Ella widmete sich mit exzellentem Geschmack den Vorbereitungen. Persönlich suchte sie die Blumen und Dekorationen aus, stellte das Menü zusammen und erläuterte der Dienerschaft, wie man aufzutragen habe. Als Howard am Samstagmorgen ins Studio fuhr, erinnerte sie ihn nochmals: »Cocktails um sieben, Dinner um acht.«

Kurz nach sieben trafen die ersten Gäste ein. Es war eine merkwürdige Gesellschaft. Die Gesellschaftslöwen kamen in ihren Pierce Arrows und Rolls Royces, in Samt und Seide. Die Filmmeute rollte in Duesenbergs und Hispano Suizas heran, die Männer in Sportanzügen und die Frauen in federbesetzten Halspelzen. Jede Gruppe hielt eisern zusammen, schlürfte Martinis und betrachtete die andere Gruppe mit Argwohn.

Ella war verzweifelt. Nicht nur benahmen sich ihre Gäste wie Öl und Wasser, auch war keine Spur von Howard zu sehen.

Um acht Uhr dreißig warnte der Koch Ella, daß das Menü ruiniert sei, wenn sich die Gäste nicht zum Essen niedersetzten. Ella bat zu Tisch, und die beiden Gruppen begaben sich in den Speisesalon. Jedermann bemühte sich diskreterweise, Howards Abwesenheit nicht zu erwähnen.

Um neun Uhr kam Howard ins Haus. Er hatte einen zerknitterten Cordanzug an und ein schmutziges weißes Hemd.

»Viel Arbeit im Studio«, verkündete er und setzte sich ans Kopfende der Tafel. »Ich bin hungrig.«

Er aß wie ein Wolf, dann schob er seinen Teller von sich. »Entschuldigen Sie mich«, sagte er und verschwand nach oben.

Das war Ellas letzter Versuch, Howards Freunde und ihre eigenen zusammenzubringen. »Wissen Sie, Mr. Dietrich«, sagte sie, »ich hab's versucht. Ich hab es wirklich versucht.«

Kurz darauf sagte Howard, Ella verlasse Houston für einen längeren Besuch. Er beauftragte mich, für monatliche Überweisungen auf eine Houstoner Bank zu sorgen.

Zwei Wochen später wurde Howard schwer krank. Die Ärzte stellten Gehirnhautentzündung fest. Er wurde so schwach, daß sie an seiner Genesung zweifelten.

»Hat er nahe Verwandte?« fragte mich einer der Ärzte.

»Seine Frau«, antwortete ich. »Sie lebt in Texas.«

»Vielleicht wäre es angebracht, nach ihr zu schicken«, sagte der Arzt. »Ich weiß nicht, ob er durchkommt.«

Ich versuchte, Ella anzurufen, doch sie hatte Houston verlassen. Sie war nach New York gereist, wo sie ihre Schwester Lottie treffen wollte, die mit W. S. Farish verheiratet war, dem Aufsichtsratvorsitzenden der Standard Oil of New Jersey. Ella plante mit dem Ehepaar Farish eine Europareise.

»Howard ist schwer erkrankt«, sagte ich ihr. »Ich glaube, es wäre gut, wenn Sie sofort nach Hause kämen.« Sie zögerte, doch dann stimmte sie zu.

Ich holte Ella und ihre Schwester in Los Angeles ab und fuhr sie zum Muirfield-Haus. Bevor wir eintraten, fragte Mrs. Farish: »Glauben Sie, wir könnten das Haus ohne Gefahr betreten?«

Ihre Frage kam mir merkwürdig vor. Ich versicherte ihr, daß Howards Krankheit nichts anderes sei als Gehirnhautentzündung und daß keinerlei Ansteckungsgefahr bestehe. Ella ging hinein, und es gab eine sehr zurückhaltende Begrüßung zwischen ihr und Howard. Sehr zurückhaltend.

Ich erfuhr erst später, was eigentlich vor sich ging. Ella blieb ein paar Wochen, bis Howard auf dem Weg der Besserung war. Dann reiste sie mit ihrer Schwester nach Europa ab.

Als sie weg waren, gab Howard mir einen Auftrag. »Ich möchte wissen, welcher Hundesohn Ella hierhergebeten hat, ohne mein Wissen und ohne meine Zustimmung. Lassen Sie alles stehen und liegen, bis Sie das herausgefunden haben.«

Seine Wut überraschte mich. »Wieso, Howard, ich war es, der sie hergebeten hat. Sie waren todkrank. Wieso war es falsch?«

Dann berichtete er mir die Wahrheit: Als Ella zum erstenmal abreiste, beschlossen sie, sich zu trennen. Nur sie beide wußten davon, sonst niemand. Lottie wurde eingeweiht. Jetzt verstand ich den Sinn ihrer Frage: »Glauben Sie, wir könnten das Haus ohne Gefahr betreten?«

Es ging – aber um Haaresbreite. Zu der Zeit, als Ella das Haus durch den Vordereingang betrat, verließ eine hübsche Filmschauspielerin das Haus durch den Hinterausgang. Sie hatte Howard während seiner Krankheit beigestanden. Als Ella weg war, kam die Schauspielerin wieder zurück. Während der Jahre hatte Howard eine ganze Reihe solcher berühmter »Hausfreunde«.

Ich bedauerte meinen Fauxpas, doch gleichzeitig ärgerte ich mich. »Wie konnte ich wissen, daß Sie und Ella sich getrennt hatten? Sie waren schwer krank, also rief ich Ihre Frau zu Ihnen. Wenn Sie mich bei derartigen Dingen nicht ins Vertrauen ziehen, haben Sie sich selber die Konsequenzen zuzuschreiben.«

»Okay, Noah«, sagte Howard, »regen Sie sich nicht auf. Die Sache ist erledigt.«

Ella ließ sich in Houston von Howard scheiden, und Howard zahlte ihr eine großzügige Abfindung: 1 250 000 Dollar, zahlbar in fünf Jahresraten zu je 250 000 Dollar. Sie verheiratete sich glücklich und gründete eine Familie. Ab und zu sah ich sie bei gesellschaftlichen Veranstaltungen in Houston und wir sprachen herzlich miteinander. Howard Hughes erwähnte sie mit keinem Wort mehr.

11. Hallo, Billie

Die nächste Frau, die in Howards Leben eine wichtige Rolle spielte, war Billie Dove.

Welch eine Schönheit! Kein Wunder, daß Howard sein Herz an sie verlor.

Billie mochte ihn ebenfalls. »Ich habe solch mütterliche Gefühle für Howard«, sagte sie mir. »Ich möchte im Alter für ihn sorgen.«

Dazu kam es allerdings nicht. Doch eine Zeitlang erlebten sie eine glühende Romanze. Und für Howard eine teure obendrein.

Billie Dove, geborene Lillian Bohney, faszinierte mit sechzehn Jahren ganz New York als Girl in der Follies-Truppe. Ihre makellose Schönheit brachte ihr Filmangebote, und im Jahre 1929 machte sie ihr Debüt in »Polly of the Follies« mit Constance Talmadge. Bald war sie eine Spitzenschauspielerin und spielte mit Douglas Fairbanks in »The Black Pirate«.

Als Howard sie kennenlernte, war sie ein bedeutender Star. Er verliebte sich in sie. Dies war seine erste richtige Liebesaffäre, und er stürzte sich kopfüber hinein.

Howards angeborene Gewinnsucht gewann die Oberhand. Er bestand darauf, ihre Filmkarriere zu managen. Sie hatte gerade einen Vertrag mit First National beendet, und Howard verpflichtete sie für fünf Filme zu jeweils 85 000 Dollar Honorar. Unglücklicherweise traf dies mit dem Ende ihrer Karriere zusammen, denn der Tonfilm war entwickelt worden, und Billie hatte weder die Stimme noch die schauspielerische Qualifikation, um jetzt noch mithalten zu können. Doch Howard ließ sich davon nicht beeindrucken. Seine Verliebtheit verhinderte jeden klaren Gedanken über ihre Wirkung als Kassenmagnet.

Billie Dove und Howard wurden unzertrennlich. Zusammen besuchten sie Parties, sie flogen zusammen in Howards Flugzeugen und segelten zusammen auf seiner Yacht.

Die See war ein neues Interessengebiet für Howard. Zum erstenmal erfuhr ich davon, als er mich anrief und sagte: »Ich möchte, daß Sie mir eine Yacht aussuchen. Ein Modell, das dreißig oder mehr Knoten schafft und bequeme Kabinen hat.«

Das war ein neuartiger Auftrag für mich, doch ich war inzwischen auf alles vorbereitet. Ich fuhr zum Hafen San Pedro und befragte einige Schiffsmakler nach einer schnellen, gut eingerichteten Yacht. Sie hatten nichts anzubieten. Doch dann machte einer der Makler einen Vorschlag: »Hilda«, ein Boot von etwa 50 m Länge, das eine achtzehnköpfige Mannschaft benötigte.

Howard warf einen Blick auf »Hilda« und meinte: »Das wird ausreichen.«

Ich schlug vor, die Yacht ein paarmal zu testen, um herauszufinden, ob sie ihm wirklich zusagte. Er stimmte zu und fuhr an drei aufeinanderfolgenden Wochenenden hinaus, mit Billie Dove als einzigem Gast.

Am Freitag vor dem vierten Wochenende rief Howard mich an und sagte, er wolle »Hilda« ein viertes Mal ausprobieren. Ich rief Mrs. Hilda Boldt aus Santa Barbara an, die Witwe eines Stahlmagnaten, der die Yacht nach ihr benannt hatte.

»Ich denke, Mr. Hughes hat nun genug Probefahrten gemacht«, sagte sie. »Ich möchte jetzt wissen, ob er das Boot kaufen will oder nicht.«

Ich fragte nach dem Preis. Zunächst hatte sie 450 000 Dollar verlangt, war jetzt jedoch bereit, auf 350 000 Dollar hinunterzugehen.

Howard wartete auf meine Antwort. Ich berichtete ihm, was Mrs. Boldt gesagt hatte. »Wenn wir noch etwas warten, können wir wahrscheinlich für 275 000 Dollar kaufen«, sagte ich.

»Aber ich will die Yacht an diesem Wochenende haben«, antwortete Howard. »Ich habe Billie bereits zum Segeln eingeladen.«

»Howard, Mrs. Boldt will keine weiteren Probefahrten mehr zulassen. Wenn Sie kaufen möchten, schlage ich vor, eine oder zwei Wochen auszusetzen, bis sie mit dem Preis heruntergeht. Sie haßt das Boot und will es loswerden.«

»Nein«, sagte Howard. »Ich will es an diesem Wochenende haben, Noah. Kaufen Sie.«

Mittlerweile war es Freitagnachmittag geworden, und die Banken waren geschlossen. So rief ich Houston an und ließ den Betrag telegraphisch durch die Hughes Tool Company überweisen, damit Howard am Wochenende mit Billie Dove segeln konnte.

Als Eigentümer der »Hilda« machte er noch ein paar Wochenend-Segelpartien mit Billie und auch ein paar kurze Reisen damit. Doch eine richtige Kreuzfahrt unternahm er nicht. Er benutzte die Yacht hauptsächlich als ein schwimmendes Hotel im Hafen.

Howard fuhr mit »Hilda« niemals zum Angeln auf See, er angelte überhaupt nie. Doch pflegte er Seemöwen mit der Flinte zu schießen.

Wenn Seemöwen sich in der Takelage niederließen, feuerte er mit Schrotschüssen auf sie. »Ich will nicht, daß die Viecher mein Boot bescheißen«, sagte er. Es war das einzige Mal, daß er überhaupt jagte.

Ein paar Wochen nach dem Kauf der »Hilda« rief er mich in großer Aufregung an. Er hatte eine Uhr verloren. Das schien mir nicht besonders wichtig zu sein, denn er trug nur selten eine Uhr – in späteren Jahren wollte er nicht einmal eine in der Nähe haben.

Doch es war eine besondere Uhr – eine diamantenbesetzte Taschenuhr, die Billie ihm geschenkt hatte.

»Jesus, ich sitz in der Klemme«, sagte er. »Billie fragt fortwährend, wo die Uhr ist und warum ich sie niemals trage. Sie müssen sie wiederfinden, Noah.«

»Ich will es versuchen, Howard«, antwortete ich. »Wissen Sie, wo sie zuletzt war?«

»Ja, ich erinnere mich, daß ich sie zum letzten Mal auf dem Boot gesehen habe.«

Ich fuhr zum Liegeplatz der Yacht und ließ Kapitän und Mannschaft auf dem Oberdeck antreten.

»Meine Herren«, sagte ich, »Mr. Hughes hat seine Uhr verloren. Es ist eine ganz besondere Uhr, und er will sie sofort zurückhaben. Wenn jemand von Ihnen etwas über diese Uhr weiß, schlage ich vor, daß er bis morgen mittag mit der Information herausrückt. Falls nicht, wird die gesamte Mannschaft entlassen.«

Das wird Erfolg haben, dachte ich. Die Leute hatten einen ruhigen Job. Sie arbeiteten für eine reiche Landratte, die nur selten in See stach. Wie erwartet, erhielt ich am kommenden Morgen einen Anruf des Kapitäns.

»Vor etwa einer Woche habe ich einen Seemann namens Axelson an die Luft gesetzt«, sagte er. »Heute morgen erzählte mir einer der Männer, daß er beobachtete, wie Axelson die Uhr in der Kabine an sich nahm und sie bei sich hatte, als er das Schiff verließ.«

»Haben Sie eine Ahnung, wohin Axelson gegangen ist?« fragte ich.

»Die Leute sagen, er treibt sich noch im Hafen herum und sucht ein neues Schiff.«

»Danke, Captain. Sagen Sie der Mannschaft, wenn der Tip in Ordnung ist, brauchen sie sich um ihren Job keine Sorgen zu machen.«

Ich zeigte den Diebstahl bei der Polizei an und gab ihnen Axelsons Beschreibung. Nach ein paar Tagen hatten sie sowohl Axelson wie auch die Uhr in der Hand. Er hatte sie für hundert Dollar versetzt. Billie Dove hatte 3500 Dollar dafür bezahlt.

Nichts regte Howard so auf wie ein Diebstahl seiner persönlichen Dinge. Er begab sich zur Polizei und unterzeichnete die Anzeige gegen den unglücklichen Axelson.

Als die Verhandlung heranrückte, bemerkte ich, daß Howard zusehends nervöser wurde. »Was glauben Sie, Noah, wieviel Gefängnis der Bursche bekommt?« fragte er mich.

»Der Richter meint, bis zu sieben Jahren«, antwortete ich.

Howard dachte nach. »Das gefällt mir nicht«, sagte er. »Stellen Sie sich vor, was passieren könnte. Nach ein paar Jahren wird der Kerl auf Bewährung entlassen, kommt hierher und erschießt mich durchs Fenster. Sagen Sie dem Richter, er soll ihn freilassen.«

»Aber Howard!« protestierte ich.

»Machen Sie schon«, beharrte er. »»Und sorgen Sie dafür, daß dem Kerl klar wird, daß ich es abgelehnt habe, gegen ihn auszusagen.«

Ich fuhr also los und wiederholte Howards Wunsch vor dem Richter, Buron Fitts. Es war ein simpler Fall, und Fitts war böse, daß ihm eine klare Verurteilung weggeschnappt wurde. Doch wenn Howard sich weigerte, auszusagen, konnte es keine Verhandlung geben.

Ich besuchte Axelson, als man ihn freiließ, und machte ihm klar, daß der Mann, den er bestohlen habe, in Wirklichkeit sein Wohltäter sei. Axelson machte einen reumütigen Eindruck. Ich kaufte ihm einen neuen Anzug, eine Fahrkarte nach New York und gab ihm zweihundert Dollar.

Ende der Geschichte?

Nicht ganz. Was tat der undankbare Bastard? Er stieg in San Bernardino aus, fuhr nach Los Angeles zurück und zeigte Howard wegen unberechtigter Festnahme an. Ich mußte drei verschiedene Rechtsanwälte davon abbringen, den Fall zu übernehmen, bevor Axelson schließlich aufgab und die Stadt verließ.

Es gab nur eine kleine Schwierigkeit bei Howards Romanze mit Billie Dove: Sie war verheiratet.

Sein Name war Irvin Willat, Direktor bei First National, wo Billie unter Vertrag gewesen war. Sie trennten sich, als Howard sich in Billie verliebte. Natürlich wollte Howard ihn ganz von der Bildfläche haben, denn er beabsichtigte, Billie zu heiraten.

Ich fand heraus, wie ernst es ihm damit war, als sein Rechtsanwalt, Neil McCarthy, mich mit folgenden Worten anrief: »Howard hat mit Willat gesprochen, und Willat hat einer Scheidung zugestimmt. Howard wünscht, daß wir Willat 325 000 Dollar als Abfindung zahlen. In Tausend-Dollar-Noten.«

Es gab zwar keinen Grund, McCarthy nicht zu trauen, doch eine derartige Summe verlangte eine Rückfrage bei Howard. Ich rief ihn an und hörte: »Ja, das stimmt. Geben Sie Willat das Geld.«

Die Frage war jetzt: woher bekam ich 325 000 Dollar in Tausend-Dollar-Scheinen?

Keine Bank hatte soviel Tausend-Dollar-Scheine vorrätig. Ich begab mich also zu der Stelle, an der ich alle Hughes'schen Bankgeschäfte abwickelte und ließ mir einen Scheck auf die Federal

Reserve Bank ausstellen. Anschließend fuhr ich zur Federal Reserve Bank in Los Angeles und ließ mir 325 Tausend-Dollar-Noten aushändigen. Sie können sich ausmalen, wie nervös ich war mit 325 000 Dollar in der Tasche. Ein Straßenräuber, der mich niedergeschlagen hätte, hätte eine Goldader gefunden.

Ich stieß einen Seufzer der Erleichterung aus, als ich sicher in McCarthys Büro eintraf. Ich überreichte ihm das Geld, und er leitete es an Willat weiter. Die Transaktion war erledigt.

Howard kümmerte sich persönlich um Billies Scheidung. Er brachte sie im Flugzeug nach Nevada, nicht etwa nach Reno oder Las Vegas, wo sie nur Aufmerksamkeit erregt hätte. Sie verbrachte den vorgeschriebenen Aufenthalt von sechs Wochen in einem abgelegenen Ort und war danach berechtigt, ihre Scheidung einzureichen.

Jetzt, da Billie frei war, machte Howard große Pläne mit ihr. Er ließ sie in zwei Filmen auftreten. Der erste war »Cock of the Air« (Howard liebte diesen Titel), in dem sie mit Chester Morris spielte. Howard benutzte in diesem Film einige der Flugzeuge, die bereits in »Hell's Angels« zu sehen gewesen waren. Doch das Kassenergebnis war nicht das gleiche. Der zweite Film hieß »The Age for Love«, eine Komödie, jedoch ebenfalls kein Erfolg.

Howard begab sich auf seine zweite Europareise und nahm Billie mit. Er schien immer noch von ihr entzückt zu sein, als sie zurückkehrten. Doch aus seinem Plan, sie zu heiraten, wurde nie etwas. Schließlich entzweiten sie sich, und ihr Vertrag über fünf Filme mit Howard wurde nie erfüllt.

Neil McCarthy setzte einen Abfindungsvertrag auf und legte ihn mir vor. Der Vertrag sah vor, daß sie das volle Honorar für drei nicht gedrehte Filme erhielt – 255 000 Dollar. Ich war Geschäftsführer der Gesellschaft und hatte die Aufgabe, dafür zu sorgen, daß der Vertrag erfüllt wurde. Ich machte Ausflüchte. Es war im Filmgeschäft üblich, Vereinbarungen für etwas weniger als den Nennwert zu erfüllen, und ich war der Meinung, man sollte sich an die Bräuche halten.

Howard erwähnte die Sache mit keinem Wort. Mit der Zeit gelang es mir, Billies Vertrag für 100 000 Dollar zu lösen.

12. Alkoholschmuggel für Howard

Ich erledigte manch seltsamen Auftrag für Howard Hughes, doch keiner war ungewöhnlicher als der Transport des Familienschnapses von Texas nach Kalifornien.

Es war ungewöhnlich – und verboten. Es war das Jahr 1930, in dem der Transport von Alkohol über die Staatsgrenze mit Gefängnis bestraft wurde. Es war die Zeit der Prohibition. Die Polizei achtete scharf auf den Handel mit Alkohol, dessen Gebrauch für private Zwecke durch den Volstead-Act verboten war.

Ich war nie ein großer Trinker. Tatsächlich trank ich kein Glas – bis der 18. Zusatzartikel zur Verfassung Gesetz wurde, nach dem Ersten Weltkrieg. Für viele amerikanische Bürger wurde Alkohol erst interessant, als er verboten wurde. Es muß einen menschlichen Drang geben, all das zu tun, was verboten ist.

Howard trank ebenfalls nicht viel. Doch entwickelte er einen eigenartigen Besitzerstolz; wenn er meinte, ihm gehöre etwas, konnte er den Gedanken, es jemand anderem zu geben, nicht ertragen. Deshalb übertrug er mir diesen Auftrag.

Den ersten Hinweis darauf bekam ich, als ich 1930 in Geschäften für Howard nach New York reiste. Er rief mich an und sagte: »Wenn Sie in Houston sind, rufen Sie mich bitte an. Ich habe eine Sache, um die Sie sich kümmern müssen.«

Während der fünf Jahre, die ich nun für Howard arbeitete, hatte ich gelernt, bei derartigen Aufträgen keine Fragen zu stellen. Einmal haßte er es, Geschäftsangelegenheiten am Telefon zu besprechen, lange bevor das Anzapfen von Telefonen zu einer Kunst entwickelt worden war. Dennoch fürchtete er, daß seine geschäftlichen und privaten Dinge durch angezapfte Leitungen bespitzelt werden könnten.

Ob am Telefon oder privat, Howard schien einen CIA-ähnlichen Sinn für Geheimnistuerei zu entwickeln, lange bevor es einen CIA überhaupt gab. Ein Teil davon, so glaube ich, stammte aus der Erfahrung seines Vaters, der Mühe hatte, seine Bohrkopf-Patente zu bewahren, ganz besonders im Fall seines ehemaligen Angestellten Reed, der Konstruktionspläne mitnahm, als er die Tool Company verließ.

Ich beendete meine Arbeit in New York, reiste nach Houston und rief Howard an, um herauszufinden, worum es sich bei meinem neuen Auftrag handelte. Als er sicher war, daß wir unter abhörsicheren Bedingungen miteinander telefonierten, rückte er mit der Sache heraus.

Als die Prohibition im Jahre 1920 wirksam wurde, hatte Howards Vater die Restbestände der Bar des Rice-Hotels aufgekauft. Der große Vorrat lagerte im Hughes-Haus in der Yoakum Street in Houston, versteckt in einem versiegelten Tresor. Howard wünschte, alles nach Los Angeles zu transportieren.

»Aber Howard«, protestierte ich. »Es ist verboten, Alkohol zu verschicken.«

»Ich weiß, Noah«, sagte er. »Aber Sie haben gewisse Möglichkeiten. Außerdem sind Sie der einzige, dem ich trauen kann.«

Es war nett, zu sehen, daß der Boß Vertrauen in mich setzte. Doch ich sah mich bereits in der Gesellschaft von Schwarzbrennern und Alkoholschmugglern, die ebenfalls den Volstead-Act verletzt hatten und ins Gefängnis wanderten.

Keiner meiner Proteste machte auf Howard irgendwelchen Eindruck. Er war halsstarrig, wenn er etwas wollte und sagte: »Probleme interessieren mich nicht, Noah. Ich will den Alkohol im Haus Nr. 311 Muirfield Road sehen.«

Ein weiterer Auftrag Howards. Irgendwie mußte ich es schaffen.

Zunächst wollte ich das gesetzliche Risiko kalkulieren. Ich konsultierte einen Rechtsanwalt des Hauses, dem ich trauen konnte. Er erläuterte, der Whisky könne ohne Schwierigkeiten verschifft werden, da er rechtmäßig erworben sei – nur nicht über die Grenze nach Kalifornien. Es scheint, daß Kalifornien die Prohibition vor anderen Staaten eingeführt und den gesetzlichen oder ungesetzlichen Import von Alkohol verboten hatte.

Dort lag also das Risiko. Doch ich hatte einen Auftrag und mußte ihn ausführen.

Ich fuhr in Hughes' Haus, in dem jetzt Howards Tante, Mrs. Lummis, wohnte. Ich stieg in den Keller und fand eine rostige Metalltür, die seit Big Howards Tod nicht mehr geöffnet worden war.

Der Inhalt des Tresors war der Wunschtraum eines Trinkers. Reihe um Reihe feiner alter Scotches und Bourbons, Gin, Rum, erstklassige Weine und erlesene Liköre.

Ich hatte keine Zeit, diese seltene Ansammlung zu bewundern. Ich zählte die Flaschen und überlegte, wie man sie am besten verpacken konnte, um sie heimlich nach Kalifornien zu verschiffen.

Ich zog zwei Gehilfen heran, denen ich trauen konnte. Gemeinsam verpackten wir die Flaschen in Metallbehälter im Format eines Schreibtisches. Jede Flasche wurde vorsichtig auf ein Gestell gelegt, mit Sägemehl eingehüllt und die Metallkisten verschweißt. Sodann wurden sie in Holzkisten verpackt und mit Bandeisen versehen.

Doch wie hielt man jemand davon ab, die Holzkisten zu inspizieren? Ich hatte einen guten Einfall: Jede Kiste wurde mit der Aufschrift versehen: »*Belichteter und unentwickelter Film.*«

Die Kisten waren ungeheuer schwer. Wir brauchten vier Männer, um sie auf Lastwagen zu verladen. Ich gab der Westheimer Storage Company den Auftrag, einen Waggon für den Versand nach Los Angeles bereitzustellen. Ich selber begab mich nach Kalifornien, um die Ankunft des verbotenen Schnapses zu erwarten. In der

Zwischenzeit ließ ich einen Betontresor im Keller des Hauses Muirfield Road bauen, komplett mit Stahltür und Kombinationsschloß.

Eine Woche nach meiner Rückkehr nach Kalifornien erhielt ich einen Anruf aus dem Frachtbüro der Southern Pacific. Die Filmlieferung war eingetroffen. Ich war erleichtert. Zumindestens hatte meine mysteriöse Ladung die Staatsgrenze passiert, ohne inspiziert zu werden. Das Schlimmste lag hinter mir. Dachte ich.

Ich gab Auftrag, den Waggon zum Pacific Electric-Frachthof zu bringen, der nur ein paar Blocks vom Haus entfernt lag. Ich hatte vor, einen Lastwagen zu mieten und die Metallkisten nach und nach ins Haus schaffen zu lassen. Dies sollte mitten in der Nacht geschehen, falls doch jemand Wind vom wirklichen Inhalt der Kisten bekommen hatte. Für Straßenräuber wäre das ein großartiges Schnäppchen gewesen.

»Wie lange kann der Waggon auf dem Nebengleis stehen bleiben?« fragte ich den Frachtagenten im Frachthof.

»Im allgemeinen so lange, wie Sie es wünschen. Sie brauchen nur ein mäßiges Liegegeld pro Tag zu bezahlen«, sagte er. »Aber hier ist ein Problem, Mr. Dietrich.«

»Ein Problem?«

»Ja. Sehen Sie, der Waggon aus Houston war ein alter Baumwollwaggon. Der Staat Kalifornien verlangt, daß Waggon und Inhalt desinfiziert werden. Wir haben das Landwirtschaftsministerium bereits unterrichtet.«

Mir sank das Herz hinab. »Desinfiziert? Wie geht das vor sich?«

»Ganz einfach. Alles wird geöffnet und besprüht.«

»Aber – das können Sie nicht machen!« Ich blieb fest. »Das sind Filme. Mein Chef ist Filmproduzent. In den Kisten ist belichteter Film. Wenn Licht darauffällt, ist er hin, und ich fliege raus!«

»Das tut mir leid. Das hätten Sie bedenken sollen, als Sie den Waggon mieteten. Jetzt kann man nichts mehr daran ändern. Gesetz bleibt Gesetz.«

Großer Gott, dachte ich, hat Dietrich sich diesmal selber hereingelegt? Indem ich ein Gesetz umging, karambolierte ich direkt mit einem anderen – der Vorschrift, kalifornische Baumwolle vor Ansteckung zu schützen.

Nur wegen des Baumwollkapselkäfers sollte Howards wertvoller Alkohol beschlagnahmt und ich in Leavenworth eingesperrt werden.

Ich hastete zu meinem Rechtsanwalt und erklärte ihm meine knifflige Lage.

»Das sind große Schwierigkeiten«, meinte er, als ob mir das etwas Neues sei.

»Wie wäre es, wenn ich nachts Lastwagen in den Frachthof bringe und die Kisten entferne?« fragte ich.

Er erklärte, man könne mich nicht bestrafen, wenn ich meinen eigenen Besitz wegschaffe; die Kisten liefen alle auf meinen Namen.

»Doch Sie müßten die Plombe einer internationalen Ladung aufbrechen. Es gibt ein Bundesgesetz gegen Manipulationen an den Plomben internationaler Sendungen.«

»Wie hoch ist die Strafe?«

»Zehntausend Dollar oder ein Jahr Gefängnis – oder beides. Das hängt vom Wohlwollen des Richters ab.«

»Wenigstens kenne ich jetzt das Risiko.«

»Was wollen Sie unternehmen, Noah?« fragte der Rechtsanwalt.

»Ich weiß es noch nicht«, antwortete ich. »Und ich bin sicher, Sie wollen es auch in Wirklichkeit lieber nicht wissen.«

Die Zeit wurde knapp. Ich hatte eine Verschiebung der Desinfektion um zwei Tage erreicht. Um zehn Uhr des kommenden Morgens würde sie vorgenommen werden. Ich brauchte die Hilfe von Experten.

Neben dem Frachthof lag die Hollywood Storage Company, deren Spezialität die Verschickung von Filmmaterial war. Ich sprach mit dem Manager und erläuterte mein Problem. Selbstverständlich sagte ich ihm nichts über den wahren Inhalt der Kisten.

»Ich muß diesen Film retten!« sagte ich. »Und zwar bis morgen zehn Uhr.«

»Vielleicht kann ich Ihnen helfen«, sagte er.

»Wie denn? Wie denn?«

»Nun, es gibt tatsächlich eine Möglichkeit, eine Plombe zu entfernen und wieder anzubringen, ohne daß man es später merkt. Ich könnte das für Sie erledigen – für zweihundert Dollar.«

»Sie meinen, ich könnte dann die Kisten entfernen und den Waggon wieder plombieren?«

»Richtig.«

»Aber was passiert, wenn der Inspektor kommt und der Inhalt ist weg?«

»Nun, wenn die Plombe in Ordnung ist, kann niemand etwas beweisen. Der einzige, der reklamieren könnte, ist der Besitzer des Inhalts.«

Ich lächelte und gab ihm zweihundert Dollar.

In der Nacht warteten zwei Lastwagen und zwei Mannschaften auf mich, als ich gegen halb zwölf beim Frachthof eintraf. Der Frachthofdirektor war mit seiner Frau an diesem Abend ins Kino gefahren, und ich glaubte, keine Befürchtungen haben zu müssen. Gerade hatte ich die Plombe des Waggons entfernt, als er mit seinem Wagen auftauchte. Er hatte sich entschlossen, beim Frachthof vorbeizufahren und nach dem Rechten zu sehen.

Er war überrascht, mich mitten in der Nacht hier anzutreffen und
schimpfte: »Was tun Sie hier, Mr. Dietrich?«

Ich überlegte blitzschnell. »Nun – sehen Sie – ich will ehrlich mit
Ihnen reden. Ich kann es einfach nicht zulassen, daß der Inhalt
dieser Kisten morgen früh dem Licht ausgesetzt wird.« Soweit
stimmte alles. Dann fügte ich hinzu. »Wenn dieses Material belichtet wird, verliere ich meinen Job und kann Frau und zwei
kleine Kinder nicht mehr über Wasser halten. Ich bin völlig verzweifelt. Ich bin bereit, tausend Dollar zu zahlen, wenn ich diesen
Film heute nacht wegschaffen kann.«

Er sah mich an, als sei ich Al Capones Henker. »Ich habe keine
Ahnung, was Sie vorhaben«, murmelte er, »aber es kommt mir
komisch vor. Ich rufe die Polizei.«

Als er zum nächsten Telefon eilte, brachte ich die Plombe wieder
an und sagte den Männern: »Tut mir leid, Leute. Ich brauche Sie
heute nacht nicht mehr. Morgen früh melde ich mich wieder.«

Sie verzogen sich kopfschüttelnd, und ich sorgte dafür, daß ich mit
dem Wagen fortkam. Eine ganze Stunde lang fuhr ich durch die
Nacht und beobachtete den Frachthof. Der Manager hatte Wort
gehalten. Polizei tauchte auf, doch da der Verdächtige geflohen
war und man nichts Ungesetzliches feststellen konnte, konnte die
Polizei nichts unternehmen. Aber sie blieben auf der Lauer und
hielten ihre Schrotbüchsen bereit.

Ich verbrachte eine schlaflose Nacht und überlegte krampfhaft,
was ich tun könne, während der Desinfektionstermin näherrückte.
Ich war so benebelt, daß ich keinen klaren Gedanken fassen
konnte.

Übernächtigt meldete ich mich um halb zehn auf dem Frachthof.
Der Manager hegte immer noch Verdacht gegen mich und behandelte mich unhöflich. Er deutete auf einen jungen Mann und
sagte: »Da ist der Desinfektions-Fachmann.« Dann ging er in sein
Büro zurück.

Meine letzte Hoffnung.

Ich nahm den Mann beiseite und wiederholte meine Geschichte
von unentwickeltem Film, dem Verlust meiner Stellung und dem
Hungertod meiner Familie. Zu meiner glücklichen Überraschung
zeigte er Verständnis.

Ich sah einen Hoffnungsschimmer und fuhr fort: »Ich verletze
das Gesetz überhaupt nicht. Der Inhalt kann nicht infiziert sein,
denn die Behälter sind luftdicht verschlossen und doppelt verpackt
in hölzernen Kisten.«

»Hmmmmmm«, machte er.

»Wenn wir die Kisten öffnen, gibt es ein Unglück«, drängte ich. Das stimmte auch, doch war es nicht die Art von Unglück, die ich ihm soeben beschrieben hatte. Das wahre Unglück würde kommen, wenn die Schlagzeilen herauskamen:
Howard Hughes' Beauftragter als Alkoholschmuggler entlarvt.
Als ich mir dies vor meinem inneren Auge vorstellte, sagte der Inspektor: »Nun, ich habe meine Arbeit zu tun.«
»Mögen Sie Ihre Arbeit?« fragte ich.
»Nicht besonders«, gab er zu. »Ich mache nur eine Ferienvertretung. Ich brauche das Geld für die Schule.«
»Wenn Sie nicht arbeiten müßten, was würden Sie dann tun?«
»Nun, ich würde mit Frau und Sohn zum Yosemite Nationalpark fahren und Urlaub machen.«
»Ich verstehe. Und was würde Sie das kosten?«
»Sechs- oder siebenhundert Dollar.«
Ich zog einen Packen Geldnoten aus der Tasche und zählte sieben Hunderter ab. Ich schob ihm den Betrag in die Hand.
»Was habe ich dafür zu tun?« fragte er.
»Ich will nur die Kisten aus dem Waggon entfernen.«
»Warum nicht? Sie nehmen die Kisten weg, und ich desinfiziere den Waggon.«
»Großartige Idee!« Ich rannte zum Telefon und bestellte zwei Lastwagen mit Mannschaft zum Frachthof.
Meine Nerven waren zum Zerreißen gespannt, während ich die Männer bei der Verladung beobachtete. Ich trieb sie zur Eile an und blickte ängstlich umher, ob sich der Frachthof-Manager oder vielleicht ein Steuer-Inspektor blicken ließ. Doch niemand kam, und ich verabschiedete mich von dem jungen Mann mit einem herzlichen Händedruck.
»Gott segne Sie, junger Mann«, sagte ich und rief den Fahrern zu: »Losfahren!«
Wir rasten aus dem Frachthof heraus wie in einem Gangsterfilm. Ich paßte scharf auf, ob wir verfolgt würden. Als ich sicher war, daß uns niemand folgte, ließ ich die Lastwagen zu einem Lagerhaus fahren. Ich wagte es noch nicht, Howard in die Sache hineinzuziehen, indem ich die Kisten direkt zu seinem Haus bringen ließ.
Nach ein paar Tagen, in denen nichts passierte, ließ ich die Kisten zu einem anderen Lagerhaus bringen, um die Spur für jeden zu verwischen, der der mysteriösen Ladung nachspionierte.
Als ich überzeugt war, daß keine Gefahr mehr drohte, ließ ich die Kisten ins Haus schaffen und im Tresor entladen.
Ich rief Howard an, um ihm die Nachricht mitzuteilen. »Die Flaschen sind im Keller. Kein einziger Tropfen wurde verschüttet.«

»Großartig!« sagte er. »Ich wußte, wenn einer das schaffen konnte, dann nur Sie.«

Das war alles. Er erkundigte sich mit keinem Wort, wie ich es angestellt hatte, und ich erklärte ihm auch nicht, daß die Angelegenheit nur mit einem großen Risiko für meine persönliche Freiheit erledigt werden konnte. Das Ganze war lediglich eine Bestätigung für Howards Überzeugung: »Noah kann's schaffen.«

Wie bei vielen solchen Geschichten, kam noch etwas hinterher.

Ein paar Monate, nachdem mir das große Alkoholspiel gelungen war, rief Howard mich zu sich. Wie stiegen in den Keller. Howard sagte: »Ich möchte das Schloß des Tresors auswechseln. Ich traue der Dienerschaft nicht. Vielleicht haben auch einige der Gäste beobachtet, wie ich das Schloß öffnete und kennen jetzt die Kombination. Sie sind der einzige, dem ich trauen kann. Ich will, daß Sie als einziger die Zahlenkombination kennen.«

Howard sprach nur selten in einem so persönlichen Ton, und ich fühlte mich geschmeichelt. Howard hatte auch wirklich keinen Grund zur Angst: Ich trank nur wenig und konnte mir durchaus meinen Alkohol selber kaufen.

»Wir wollen uns eine Kombination überlegen, die wir beide behalten können«, sagte er. »Ich will nichts aufschreiben.«

Wir einigten uns auf eine Multiplikation von sieben. Sieben nach links, vierzehn nach rechts, achtundzwanzig nach links und wieder sechsundfünfzig nach rechts. Der Tresor war offen.

In den nächsten Monaten hatte ich keine Gelegenheit, den Tresor zu öffnen. Ich führte die Geschäfte weiter, während Howard Urlaub machte. Eines Tages flog er nach Nassau, wo seine neue Yacht »Southern Cross« festlag. Eine Anzahl seiner Freunde begleitete ihn. Sie machten eine Fahrt durch den Panamakanal und an der mexikanischen Küste entlang.

Howard rief mich von Acapulco aus an.

»Schicken Sie mir ein Flugzeug runter«, sagte er. »Ich komme nach Hause.«

»Kommen Sie denn nicht mit der Yacht zurück?« fragte ich.

»Nein, das verdammte Volk hängt mir zum Hals heraus. Die Kerle interessieren sich nur fürs Trinken und Bumsen.«

Bevor er auflegte, gab er mir noch einige Anweisungen.

»Sagen Sie den Dienstboten, daß ich zurückkomme. Und dann öffnen Sie bitte den Tresor, ich bringe ein paar Gäste mit und möchte ihnen etwa anbieten.«

Ich schickte ihm ein Flugzeug nach Acapulco und begab mich zum Muirfield-Haus, um die Dienstboten von seiner Rückkehr zu unterrichten. Dann ging ich in den Keller, um den Tresor zu öffnen.

Ein Vielfaches von sieben, entsann ich mich. Sieben, vierzehn, achtundzwanzig, sechsundfünfzig. Offen? Keineswegs, die Stahltür blieb verschlossen.

Nochmal von vorne. Sieben, vierzehn, achtundzwanzig, sechsundfünfzig. Nichts passierte. Sollte mein Buchhalter-Hirn die Zahlen vergessen haben? Unmöglich. Ich probierte die Kombination mehrmals durch, doch der Tresor blieb verschlossen.

Howard hatte Auftrag gegeben, den Tresor zu öffnen. Mir blieb nur noch eine Möglichkeit. Ich ließ einen Mechaniker kommen, das Zahlenschloß wurde herausgebohrt und ein neues eingesetzt.

Als Howard von Acapulco nach Hause kam, berichtete ich ihm über meine merkwürdige Erfahrung mit dem Tresorschloß. »Vielleicht hat die Feuchtigkeit im Keller die Zahlenscheibe rosten lassen«, vermutete ich.

Ein schafsköpfiges Grinsen breitete sich auf Howards Gesicht aus. »Tut mir leid, Noah«, sagte er, »das habe ich total vergessen. Als Sie damals nach Hause gingen, habe ich die Kombination verändert.« Er puffte mich in die Rippen und lachte.

Später dachte ich über die Bedeutung dieses Zwischenfalls nach. Auf die Gefahr hin, ins Kittchen zu kommen, rettete ich seinen Alkoholvorrat vor der Beschlagnahme. Ich war sein engster Vertrauter, ich war der Mann, dem er mehr traute als irgend jemand anderem auf der ganzen Welt.

Doch wenn man es nüchtern betrachtete, vertraute er auch mir, einem Nichttrinker, noch nicht einmal die Zahlenkombination seines Schnapstresors an.

13. Wie wird man Milliardär?

»Was würden Sie tun, wenn Sie eines Tages Ihr ganzes Geld verlieren würden?« fragte ich Howard einmal.

»Ich würde mit meinem Flugzeug auf den Pazifik hinausfliegen und mich hinunterstürzen.«

Glücklicherweise brauchte er diesen Schwur niemals auszuführen. Als einziger Aktionär der Hughes Tool Company erfuhr er nie, was Armut überhaupt war. Doch es gab Zeiten, in denen es ihm an Bargeld mangelte. Sie haben richtig gehört: es mangelte Howard Hughes an Bargeld. Während der Depression war alles möglich.

In der Tat war bei Howard Hughes' verworrenen Finanzverhältnissen alles möglich. Die Hughes Tool Company war ein goldenes Füllhorn – meistens. Doch selbst dieser bemerkenswerte Geld-

lieferant hatte Schwierigkeiten, mit Howards Verschwendung
Schritt zu halten.

Im Anfang war Howard kein immens reicher Mann. Nicht, wenn
man ihn mit den Morgans, den Mellons, Rockefellers, Vanderbilts
und anderen Gelddynastien verglich.

Wie, so werden Sie fragen, schaffte Howard Hughes es dann, ihren
Reichtum einzuholen, ja sie zu überholen und der reichste Mann
des Landes zu werden!

Ich will es Ihnen sagen.

Die Story beginnt im Jahre 1924, als ein verwaister achtzehn-
jähriger junger Mann sich als Inhaber von Dreivierteln einer Firma
fand, die Bohrköpfe herstellte und vermietete. Der junge Mann
ruhte nicht, bis er alleiniger Inhaber der Hughes Tool Company
war.

Er bedrängte seine Verwandten solange, bis sie ihm ihren Viertelanteil verkauften. Sie wollten zwar nicht, doch Howard hatte den
längeren Atem. Er machte sich unbeliebt dabei, und einmal packte
ihn sein Onkel Rupert am Kragen und Hosenboden und warf ihn
zur Tür hinaus. Doch Howard kam zurück. Schließlich stimmten
seine Verwandten zu, nur um ihn loszuwerden.

Während der Jahre bekämpfte er jeden Versuch, seinen Besitzanspruch zu verwässern, Versuche seiner eigenen Geschäftsleitung,
von Finanziers, von möglichen Käufern.

»Ich werde meine Inhaberschaft an der Gesellschaft nicht auf-
geben«, sagte er mir immer wieder. Und er hat das auch niemals
getan.

Doch der Alleinbesitz der Tool Company hätte nicht ausgereicht,
ihn zum Milliardär zu machen. Dies geschah aufgrund einiger
Ereignisse des Jahres 1930.

Zunächst müssen Sie sich die merkwürdige Eigenart der Hughes
Tool Company vor Augen führen. In folgenden Punkten unterschied sich diese Firma von den meisten anderen großen Unternehmen:

1. Es gab nur einen einzigen Besitzer: Howard Hughes.

2. Die Firma zahlte nie einen Pfennig Dividende.

Nun, fast nie. Ich entsinne mich nur eines Males, an dem die
Gesellschaft formell ihre Dividenden bekanntgab. Das war kurz
nachdem Howard ihr Präsident wurde. Er zahlte sich selber eine
Dividende von 75 000 Dollar und bezog ein Gehalt von 50 000
Dollar pro Jahr. Danach entnahm er der Gesellschaft niemals
mehr als diesen Betrag von 50 000 Dollar, pro Jahr.

Im Jahre 1930 richtete die Regierung ihr Augenmerk auf die Ge-
pflogenheiten der Hughes Tool Company. Die Regierung hatte
auf das unnötige Horten von Gewinn eine Strafe ausgesetzt: Damit

sollten die Unternehmen gezwungen werden, entweder Dividenden zu zahlen oder mit dem überschüssigen Gewinn zu expandieren, anstatt das Geld aus dem Verkehr zu ziehen.

Die Strafen waren beachtlich: 27,5 % für die ersten 100 000 Dollar Gewinn, danach 37,5 %. Die Summen basierten auf dem Nettoeinkommen des Unternehmens, nicht nur auf dem Kapitalzuwachs.

Die Hughes Tool Company erhielt eine Rechnung über 5 000 000 Dollar wegen unnötiger Gewinnanhäufung.

Howard war fuchsteufelswild. Jeder haßt Steuern, doch Howard haßte sie mehr, als ich es je bei einem Menschen gesehen habe.

»Ich will verdammt sein, wenn ich der Regierung dieses ganze Geld in den Rachen werfe«, fauchte er. »Wie kann ich daran vorbeikommen?«

»Sie können auf Entlastung von der Strafe klagen«, sagte ich.

»In Ordnung, ich werde klagen.«

Howard brachte seinen Fall vor die Berufungsinstanz der Steuerbehörde, die mehr oder weniger als ein Steuergericht fungierte. Ich hatte eine Menge Unterlagen vorbereitet, die erkennen ließen, daß die Hughes Tool Company Expansionspläne in Arbeit hatte. Howard nahm sich einen Rechtsanwalt, der den Fall übernehmen sollte – und er gewann. Dann präsentierte der Rechtsanwalt eine Rechnung über 175 000 Dollar. Das erschien mir zu hoch, und ich bot ihm 50 000 Dollar an. Der Rechtsanwalt weigerte sich und verklagte Howard auf Zahlung der ganzen Summe. Der Richter schaute sich mein Material an und das des Rechtsanwalts und befand auf ein Honorar von 30 000 Dollar.

Howard freute sich über seinen Sieg über die Steuerbehörde, doch machte er sich Sorgen für die Zukunft. »Wie können wir verhindern, daß die Regierung uns wieder wegen Gewinnanhäufung an den Kragen will?« fragte er.

Ich ließ ihn von meiner Erfahrung mit Steuerbehörden profitieren. »Ich habe herausgefunden, daß Steuerbeamte bei der Betrachtung von Aktivposten in den Büchern einer Firma besonders kritisch sind wegen der Abschreibung des Maschinenparks, dagegen kaum Grund- und Bodenwerte beachten, die nicht abgeschrieben werden können.

Weiterhin befaßt sich die Behörde nicht mit Gewinnanhäufung, die zur Expansion verwandt wird. Ein Unternehmen muß seinen Gewinn entweder wieder ins Geschäft stecken oder Pläne zwecks zukünftiger Expansion vorlegen und ausführen und Geldbeträge dafür bereitstellen.«

Dies war das Muster für den enormen Anstieg des Hughes'schen Imperiums. Er vermied es, sich selber Dividende zu zahlen, für die er wiederum Einkommensteuer hätte zahlen müssen. Weiterhin vermied er Strafen wegen Gewinnanhäufung, indem er expandierte und Land ankaufte.

Manchmal gab er sein Geld unvernünftig aus: mit närrischen Filmen, erfolglosen Börsenmanövern oder undurchführbaren Unternehmungen, mit einem Riesenflugboot.

Doch dafür warfen andere Expansionen ungeahnte Profite ab. Hierunter fallen TWA und Hughes Aircraft.

Grundbesitz wurde ein wesentlicher Aktivposten des Imperiums.

Während der Jahre kaufte Howard große Mengen an Grundstücken, immer mit der erklärten Absicht, zu expandieren. So konnten die Grundstücke in den Büchern geführt werden, ohne der Steuerpflicht unterworfen zu sein.

Beispiele:

1. Howard kaufte in Culver City, Kalifornien, ungefähr 1200 Morgen Land, um die Firma Hughes Aircraft zu bauen und zu betreiben. Als er um 1950 Verhandlungen mit General Electric wegen des Verkaufs der Firma führte, wurde festgestellt, daß für die Anlage des Unternehmens – ohne Rollbahn – nur 200 Morgen benötigt wurden. Über den Rest des Besitzes wurde nicht verhandelt. Später kaufte die Stadt Los Angeles bei Androhung der Enteignung etwa 100 Morgen für den Yachthafen Marina Del Rey. Die darüber hinausgehenden Grundstücke wurden nicht genutzt.

2. Hughes Aircraft baute eine Fabrik in Tucson, um die Falcon-Rakete zu bauen, wobei die Fabrik der Armee übertragen werden sollte, sobald der Kongreß entsprechende Mittel bereitstellte. Howard kaufte sieben Grundstücke unmittelbar bei der Stadt. Als die Fabrik den Militärs übertragen wurde, wurde ein Grundstück mit eingeschlossen – Howard hatte versucht, auf einem halben Grundstück zu bestehen. Die sechs anderen Grundstücke verblieben bei der Gesellschaft, angeblich, um Wohnungen für Angestellte darauf zu errichten. Doch gebaut wurde nie.

3. In den frühen fünfziger Jahren ließ Howard in der Öffentlichkeit durchblicken, er habe die Absicht, Hughes Aircraft nach Nevada zu verlegen (was er niemals tat). Er begann, bei Las Vegas Land zu kaufen und brachte es auf 25 000 Morgen. Woher kam das Geld dafür? Man möge sich daran erinnern, daß er seinen Anteil an TWA für 560 000 000 Dollar verkauft hatte. Danach begann er eine Einkaufstournee, kaufte Hotels, Ranches und Bergwerke.

Sie mögen jetzt fragen: wie kann ein Mann, der sich selber nur 50 000 Dollar auszahlt und keine Dividenden erhält, ein Leben wie ein Pascha führen?

Die Antwort darauf ist sehr einfach: Howard belastete alles der Gesellschaft.

All seine größeren Ausgaben – Flugzeuge, Autos, Häuser und so weiter – wurden von der Hughes Tool Company bestritten. Natürlich prüfte die Steuerbehörde alles bis ins kleinste Detail und zog alles ab, was offenbar persönliche Ausgaben waren. Doch es ließ sich kaum sagen, was Geschäfts- und was persönliche Ausgaben waren. Jetzt wissen Sie, wie man Milliardär wird. Ganz einfach, nicht wahr? Man fragt sich, wieso nicht viel mehr Leute das geschafft haben.

14. Wie man Millionen verliert - in drei leichten Lektionen

Während meiner ersten Jahre mit Howard Hughes zeigte er keine Anzeichen, ein Milliardär zu werden. Er war weit davon entfernt. Manchmal fragte ich mich sogar, ob er seinen Millionär-Status würde beibehalten können.
Er besaß die Fähigkeit, in verlustreiche Unternehmungen verwikkelt zu werden. Ich habe Ihnen über das Hughes-Dampfauto erzählt, über »Swell Hogan« und »Hell's Angels« und andere defizitäre Filme. Und über den Börsentelegraph neben seinem Bett, mit dem er 5 000 000 Dollar verspekulierte.
Howard schaffte es, weitere 5 000 000 Dollar zu verlieren. Doch diesmal bekam er ein wenig Hilfe.
Eines Tages rief er mich in sein Büro und stellte mich einem Mann vor, der ein gutgehendes Versicherungsbüro in Los Angeles betrieb. Howard reichte mir einen Scheck über 20 000 Dollar, den er von dem Mann bekommen hatte und sagte: »Lassen Sie dies meinem Konto gutschreiben, Noah.«
Ich konnte mir nicht vorstellen, warum ein Fremder Howard einen Scheck über 20 000 Dollar geben sollte und befragte Howard, nachdem der Versicherungsdirektor gegangen war.
Er erzählte mir, der Mann sei auf Empfehlung einiger Freunde zu ihm gekommen. Alle drei waren Mitglieder eines Investment-Syndikats, dem unter anderem eine berühmte Familie von Automobilherstellern aus Detroit angehörte.
»Wir haben ein phantastisches Syndikat«, hatte der Mann erzählt. »Wir haben sagenhafte Gewinne mit Aktien gemacht. Nun dachten die Boys und ich, daß Howard Hughes hier eigentlich mit von der Partie sein müßte. Aber wir wußten ja, daß Sie ein gewitzter Bursche sind. Deshalb suchten wir nach einem Weg, um Ihnen zu zeigen, welch prima Sache wir da haben. So beteiligten wir Sie an

unserer letzten Aktion, ohne Ihnen etwas davon zu sagen. Hier ist Ihr Anteil am Gewinn – zwanzigtausend Dollar.«

Als Howard mir dies erzählte, wollte ich meinen Ohren nicht trauen. Ich war überrascht über seine Naivität, auf diesen Ganoventrick hereinzufallen, bei dem der Gimpel durch einen unverdienten Gewinn weichgemacht werden sollte.

»Wieso, Howard, die Sache ist sonnenklar«, sagte ich. »Die Burschen wollen Sie ausnehmen!«

»Nein, da irren Sie sich, Noah«, antwortete Howard. »Sie sind absolut ehrlich. Warum sollten sie mir sonst 20 000 Dollar geben? Das zeigt doch ihr Vertrauen.«

Es gelang mir nicht, ihn von der Idee abzubringen. Howard stürzte sich mit seinen Geldquellen in dieses Syndikat. Und wurde ausgenommen. Später fand ich heraus, daß seine Partner ihm General Motors-Aktien für 300 Dollar zu einer Zeit verkauften, als der Markt ganz oben war. Eingekauft hatten sie wesentlich billiger. Als der Börsenkrach kam, fiel die Aktie auf 8 Dollar, und Howard verlor sehr viel Geld.

Ich war gerade in New York, als der Markt ein zweites Tief erlebte. Howard rief mich mit folgendem Auftrag an: »Gehen Sie zur Wall Street, und reden Sie mit den großen Tieren dort. Finden Sie heraus, wohin der Markt sich wendet.«

Ich fragte herum. Der Ratschlag, der mir am sinnvollsten erschien, kam von einem Makler namens Rulof Cutten. Er sagte: »Sagen Sie Mr. Hughes, er solle sich vom Markt fernhalten. Die Lage hat sich noch nicht wieder gefestigt, vielleicht kommt noch ein weiterer Schock.«

Diese Nachricht wurde Howard übermittelt. Am nächsten Tag rief Cutten an und sagte: »Was zum Teufel haben Sie eigentlich Ihrem Boss erzählt? Er rief heute morgen hier an und erteilte Aufträge über siebzigtausend Anteile. Chrysler und eine Menge anderer. Er bekommt noch Schwierigkeiten.«

So war es. Er lag genau an der Rentabilitätsgrenze und benötigte viel Geld, um seine Verluste zu decken. Wie üblich kam das Geld von der Hughes Tool Company. Die Gewinne der Firma hielten mit Howards Investitionen nicht mehr Schritt.

Das Investment-Syndikat war ihm eine teure Lehre und verstärkte nur sein angeborenes Mißtrauen anderen Leuten gegenüber. Der Versicherungsmann, der sich mit 20 000 Dollar so großzügig gezeigt hatte, wurde wegen Betrugs angeklagt. Er setzte sich nach China ab und beging Selbstmord.

Während der Dreharbeiten an den »Hell's Angels« ging Howard ins Farbfilmgeschäft. Angesichts der späteren Bedeutung der

Farbe in der Filmindustrie erscheint dies als ein kluger Schritt von Howards Seite. Das Schlimme war nur, er machte ihn etwa zehn Jahre zu früh.

Rowland V. Lee und sein Schwiegervater William Worthington, beides bedeutende Produzenten, besuchten Howard mit einem System, einen Farbfilm zu entwickeln. Zu diesem Zeitpunkt der Filmgeschichte wurde Farbe nur sehr selten gebraucht. In den allerersten Jahren wurden die Filme von Hand gefärbt. Später bekamen einige Filme einen einzelnen Farbton – blau für Nachtszenen, rot für Feuer, sepia für Gewitter. Technicolor entwickelte ein Vielfarben-System, doch war es noch unpraktisch und fand keine Verbreitung.

Lee und Worthington stellten Howard einen englischen Chemiker namens Crespinel vor, der ein System entwickelt hatte, bei dem man den Film in verschiedene Lösungen eintauchte, um ihm Farbe zu geben. Das System eröffnete Möglichkeiten einer Farbrevolution im Film, wie Warner Brothers die Industrie durch den Tonfilm verändert hatten. Alles, was man brauchte, um zu einem Erfolg zu kommen, war Geld. Howards Geld.

Er entschloß sich, in diese Firma zu investieren, die den Namen Multicolor erhielt. Mit einem Blick in die Zukunft riet ich ihm, die Investition in Form einer Anleihe zu machen, damit er als Gläubiger notiert wurde, falls die Firma bankrott machte. Er folgte meinem Rat und erwarb 51 % der Firma Multicolor für eine geringe Summe. Jedenfalls war die Summe im Anfang noch gering.

Die Multicolor-Labors wurden in einem zweistöckigen Gebäude in Hollywood, Nr. 7000 Romaine Street installiert, eine Adresse, die in späteren Berichten über Howard Hughes berühmt wurde. Wir stellten zwei Wissenschaftler von Caltech ein, um das System zu entwickeln. Ein Ingenieur der Hughes Tool Company kam her, um sein Können beizusteuern.

Wie üblich, beschäftigte Howard sich mit anderen Dingen und überließ mir die Aufsicht über Multicolor. Zu dieser Zeit konzentrierte sich sein Interesse auf Billie Dove, mit der er eine Europareise unternahm.

Die Investitionen für Multicolor kletterten beängstigend in die Höhe. Ursprünglich lautete der Betrag für die Fertigstellung des Gebäudes und die Entwicklung des Systems über 250 000 Dollar. Jetzt kam die Geschäftsleitung an und verkündete, man benötige weitere 190 000 Dollar.

Ich sah keinen Sinn darin, so weiterzumachen. Ich kabelte Howard nach Wien und sagte: »Ich bezweifle, daß der zukünftige Bedarf an Farbfilm weitere Investitionen rechtfertigt.«

Howard drahtete zurück: »Geben Sie ihnen, was sie brauchen. Ich will vermeiden, daß die Leute glauben, ich hätte kein Geld mehr.«

So kletterte die Multicolor-Investition auf anderthalb Millionen Dollar.

Ein Mißerfolg war unumgänglich. Zunächst war das System nicht gut genug. Die eine Filmrolle zeigte wunderbare Farben, die nächste war schmutzig und dunkel. Die Farbe war überhaupt nicht stabil.

Das Schlimmste aber war, daß die Filmtheater für Farbfilme nicht mehr zahlen wollten als für gewöhnliche Schwarzweiß-Filme. Für die Produzenten war es eine teure Sache – 125 000 Dollar für die Herstellung des *Farb*films, und das zu einer Zeit, in der der übliche Betrag für den *ganzen* Film etwa gleich hoch war. Das Publikum zeigte sich nicht begeistert von diesen Farbfilmen, und die Theaterbesitzer lehnten es ab, hohe Preise dafür zu bezahlen. Sie hatten erst vor kurzem erhebliche Kosten auf sich genommen, um auf Tonfilm umzustellen und waren nicht bereit, weiteres Geld zu bezahlen.

Howard stimmte schließlich meiner kaufmännischen Logik bei.

»In Ordnung, Noah«, seufzte er. »Schließen Sie den Laden.«

Multicolor wurde liquidiert. Nun begann ein langer und verwikkelter Prozeß, in dem die Gläubiger behaupteten, Howards Investition in Multicolor sei eine Kapitalinvestition gewesen, und folglich habe er keinen Anspruch auf Rückzahlung der Summe. Sie kamen mit der Theorie heraus, die Hughes Tool Company sei sein anderes Ich, da er der einzige Aktionär sei. Howard bekam Angst.

Er hatte noch mehr Angst, als er mich eines Morgens anrief und mitteilte: »Ein Gerichtsvollzieher ist bei mir und hat zwei stellvertretende Sheriffs mitgebracht. Sie haben einen Pfändungsbeschluß für den Duesenberg und wollen ihn abschleppen.«

»Halten Sie sie auf«, sagte ich. »Ich bin auf dem Wege zu Ihnen.«

Als ich zur Muirfield Road raste, legte ich mir einen Plan zurecht. Es war eine neue Aufgabe für mich. Ich hatte schon merkwürdige Aufträge für Howard ausgeführt, doch niemals hätte ich gedacht, je die Pfändung seines Wagens durch den Sheriff verhindern zu müssen. Mir war klar, wie sehr sich Howard über die Wegnahme seines Duesenbergs aufregen würde. Er gehörte zu den herrlichsten Wagen der Welt, und Howard war außerordentlich stolz darauf.

Als ich zum Haus kam, erkannte ich den Wagen des Sheriffs; ich war also noch nicht zu spät. Ich schob meinen Lincoln in die einspurige Einfahrt zwischen Haus und Garage, wodurch ich den Ausgang für den Duesenberg versperrte. Ich schloß die Fenster, zog die Bremse an, verschloß den Wagen und näherte mich den drei Eindringlingen.

»Was geht hier vor?« verlangte ich zu wissen.

Der Gerichtsvollzieher zeigte mir die Papiere. Sie waren völlig in Ordnung. Es war zur Zeit der Depression, als Sheriffs im ganzen Land an Farmen und Häusern Beschlagnahmungen durchsetzten. Das Gesetz erlaubte ebenfalls verärgerten Gläubigern, den Duesenberg eines Millionärs als Pfand bei einer Liquidation heranzuziehen.

Ich diskutierte noch mit dem Gerichtsvollzieher und den beiden Sheriffs, als der Abschleppwagen erschien. »Fahren Sie den Wagen weg!« befahl mir einer der Gesetzeshüter.

Ich schüttelte energisch den Kopf.

Der Fahrer des Schleppwagens blickte in meinen Lincoln. »Kein Problem«, sagte er. »Der Gang ist nicht eingelegt. Ich brauche nur die Handbremse zu lösen, den Lincoln wegschieben, und wir können an den Duesenberg heran.«

»Fassen Sie meinen Wagen nicht an!« warnte ich.

Der bullige Fahrer ließ sich von meinen fünfundvierzig Jahren und einer Körpergröße von einem Meter sechzig nicht beeindrukken. Er kroch unter den Wagen, um die Handbremse zu lösen. Ich trug einen Straßenanzug, dennoch glitt ich von der anderen Seite ebenfalls unter den Lincoln, um ihn an seinem Vorhaben zu hindern.

»Lassen Sie die Finger von meinem Wagen!« wiederholte ich.

Der Fahrer antwortete mit einer obszönen Bemerkung und wollte nach der Bremse greifen. Nun gibt es nur wenig, was man als Offensive tun kann, wenn man bäuchlings unter einem Auto liegt. Ich suchte mir die schlimmste Abschreckung aus und trat ihn mit dem Fuß dorthin, wo es am meisten weh tut.

»Yowwww!« schrie er und rollte unter dem Wagen hervor. Als ich mich erhob, packten mich die Sheriffs am Arm. Einer von ihnen sagte: »Wir zeigen Sie wegen Widerstandes gegen die Staatsgewalt an!«

Sie marschierten mit mir zu ihrem Wagen, als Howard in der Haustür erschien. »Eine Minute, bitte«, sagte er.

Als die Gesetzeshüter meine Verfehlung erläuterten, bat Howard, mit meiner Verhaftung zu warten, bis er mit seinem Rechtsanwalt gesprochen habe. Er kam zurück und bot eine Kaution für den Duesenberg an. Alle schienen damit einverstanden zu sein. Alle außer dem Fahrer, der sich unter Ausstoßen von Drohungen entfernte.

Der beinahe verlorengegangene Duesenberg brachte Howard dazu, sich mit den Gläubigern der Firma Multicolor zu einigen. Er tat dieses, indem er ihnen die gültigen Nettovermögenswerte überließ und selber die Verbindlichkeiten sowie das verpfändete Gebäude behielt.

Die Multicolor-Gläubiger holten nur 25 Cents pro Dollar heraus. Als die Unternehmen des Hughes-Imperiums ein paar Jahre später florierten, schlug ich ihm vor, die Gläubiger ganz auszuzahlen.

»Eine prima Sache für Ihren Ruf«, argumentierte ich. »Die ganze Sache käme auf eine halbe Million Dollar.«

Howard sah mich an, als ob ich verrückt geworden sei.

»Zum Teufel damit!« sagte er.

Howard Hughes, der Theatermagnat.

Eine weitere Rolle bei seinem Spiel mit verlustreichen Unternehmungen. Ich erfuhr davon, als Howard mich eines Tages in sein Büro rief. Ich wurde Harold Franklin vorgestellt, einem gutangezogenen Mann mit sanfter Stimme, der sich als Präsident der Fox West Coast-Theaterkette vorstellte. Bald sollte ich erfahren, worum es bei der Konferenz ging.

»Fox West Coast hängt mir am Hals heraus«, sagte Franklin. »Die Leute sind ein Haufen Idioten. Keine Vision, keine Phantasie. Für den Preis einer Tasse Kaffee kann ich eine Kette zusammenstellen, die Fox West Coast aus dem Rennen wirft.«

Howard gefiel das. Als unabhängiger Produzent hatte er keinen Einfluß auf die großen Filmtheaterketten, die von den großen Gesellschaften kontrolliert wurden. Diese Filmgesellschaften gaben ihren eigenen Streifen stets die beste Laufzeit und speisten unabhängige Produzenten schäbig ab. (Ungefähr zwanzig Jahre später verlangte die Regierung von den Filmgesellschaften, sich von den Theaterketten zu trennen.)

Ich stellte einige Nachforschungen über Franklin auf eigene Faust an. Ich hatte einen Freund, der bei Fox West Coast vereidigter Bücherrevisor war. Er berichtete mir: »Diesen Franklin werfen sie hier aus der Gesellschaft heraus. Er hat Fox in Geschäfte hineinmanövriert, die uns ruinieren.« Tatsächlich meldete Fox West Coast später den Konkurs an.

Howard zeigte sich davon unbeeindruckt. Er vertraute Franklin und wollte die Sache weiter betreiben. Es zeigte sich, daß Franklin mehr brauchte als den Preis einer Tasse Kaffee. Howard bezahlte 1 250 000 Dollar für die Kontrollmajorität des Unternehmens, das den Namen Hughes-Franklin-Theaters bekam.

Franklin begann mit dem Aufbau der Kette. Er schickte einen Mann los, der Theater aufkaufen sollte. Ich traute weder Franklin noch seinem Agenten. So sandte ich meinen eigenen Mann los, einen Detektiv, der dem Agenten folgte.

Der Agent begab sich nach Billings in Montana und kaufte dort ein Filmtheater. Er reiste nach Kansas City und kaufte dort eine Gruppe kleiner Theater. Dann ging er nach Texas und kaufte eine ganze Kette. Mein Detektiv kehrte mit der Information zurück, daß der Agent die Gesellschaft mit einer Provision für die Verkäufe belastete und dies auch mit den Theaterbesitzern so hielt. Ich berichtete Howard.

»Der Kerl hat allein bei dem Kauf in Texas 80 000 Dollar verdient«, sagte ich.

Howard schnappte seinen Hut und wollte das Büro verlassen.

»Wohin gehen Sie?« fragte ich.

»In Franklins Büro«, sagte er.

»Weshalb?«

»Ich werde ihn wegen dieses Agenten zur Rede stellen.«

»Aber Howard, warum warten Sie nicht, bis der Kerl zurückkommt? Ohne Zweifel teilt er den Profit mit Franklin, dann erwischen wir sie zusammen.«

»Nein, ich will nicht warten.«

Howard sauste zu Franklins Büro am Hollywood Boulevard und stellte ihn wegen des Doppelspiels seines Agenten zur Rede. Franklin zeigte sich überrascht, und der Agent flog heraus.

Eine schlimmere Zeit für das Theatergeschäft hätte es nicht geben können. Die Depression war in vollem Gange, und die Leute hatten für Vergnügen kein Geld mehr. Bald verlor die Hughes-Franklin-Theaterkette 25 000 Dollar pro Woche.

Ich sagte Howard, daß wir derartige Verluste nicht lange aushalten würden.

»In Ordnung, Noah«, sagte er. »Machen Sie dicht. Schließen Sie, und retten Sie, was zu retten ist.«

Das war das Ende der Hughes-Franklin-Kette. Wie beim Multicolor-Fiasko verlangten die Gläubiger ihr Geld. Die schlimmsten waren die Leute der American Seating Company. Howard hatte mich beauftragt, zu retten, was zu retten war. So fuhr ich durch die Lande und verkaufte Hughes-Franklin-Theater. Dies waren die Bedingungen, unter denen Franklin gekauft hatte: Buchwert plus dreieinhalbmal die Nettoeinnahmen des letzten Jahres – ein Viertel sofort und der Rest in Raten. Ich bot den früheren Besitzern ihr Theater wieder an und verlangte lediglich die Stornierung dieser Verpflichtung. Sie nahmen an.

Das war das Ende von Howards Abenteuern mit neuen Unternehmungen – wenigstens für eine Zeit. Er hatte einige teure Lektionen gelernt, von denen er jedoch die meisten wieder vergaß.

15. Girls, Girls, Girls

»Ich möchte wieder heiraten, Noah. Aber diesmal möchte ich eine Frau heiraten, die nichts mit dem Filmgeschäft zu tun hat.«

Eines Tages machte Howard diese Bemerkung, und seitdem habe ich manches Mal darüber nachgedacht, wie typisch sie für ihn war. Er wollte heiraten, aber keine Schauspielerin. Auf der anderen Seite lernte er keine Frau kennen, die *nicht* Schauspielerin war. Hughes-Logik.

Ich erinnere mich nur an eine Affäre, die er mit einer Nicht-Schauspielerin hatte. Sie entstammte der Gesellschaft, und selbst in diesem Fall sagte er, er wolle sie zur Schauspielerin machen. Es war die Tochter eines prominenten Diplomaten, und sie war an Bord, als er mit der »Southern Cross« die Reise vom Atlantik nach Acapulco machte. Er brachte sie ins Muirfield-Haus und stellte sie als »Hausgast« vor. Doch als ihre Eltern von der Ostküste nach Hause kamen, mußte sie zu ihnen zurückkehren.

Howards Beschäftigung mit Schauspielerinnen resultierte aus einer bestimmten Besessenheit. Er behauptete, er sei auf der Suche nach der »perfekten Frau«; wenn er sie gefunden habe, wolle er sie zur größten Filmschauspielerin aller Zeiten machen.

Nun, dieses Ziel hat er nie erreicht. Er unternahm Versuche – viele Versuche. Vielleicht lag für ihn das Vergnügen in der Jagd.

Es war eine merkwürdige Sache mit seinen Rendezvous. Er war ein bekannter Frauenheld, eine berühmte Gestalt, die die berühmtesten und schönsten Frauen der Welt begleitete. Dennoch schaffte er das erste Rendezvous nicht aus eigener Kraft. Immer mußte jemand anderes die junge Dame fragen, ob sie mit Howard Hughes ausgehen wolle (und nur wenige sagten ab).

Wie erklären Sie sich das? Schüchternheit? Angst, eine Absage zu erhalten? Die Psychoanalyse will ich lieber den Experten überlassen.

Alle Rendezvous folgten dem gleichen Muster, wenigstens in den ersten Jahren. Er führte die junge Dame zum Dinner – im allgemeinen eine langweilige Sache, da Howard kein Talent für Konversation hatte; das Mädchen mußte die ganze Unterhaltung bestreiten. Verschiedentlich während der ersten Jahre, in denen er noch am gesellschaftlichen Leben teilnahm, führte er sie zu einer Party nach Hollywood. Ich glaube sicher, daß er sich bei solchen Gelegenheiten bemühte, unterhaltend zu sein, doch gelang es ihm nicht, damit zu überzeugen.

Häufig nahm er junge Damen mit in seinen privaten Projektionsraum, um Filme anzusehen. Für das Mädchen konnte auch das langweilig werden. Nie gab es irgendwelchen Hokuspokus im Projektionsraum; Howard interessierte sich viel zu sehr für das, was auf der Leinwand passierte.

Was nach den Parties und den Filmvorführungen geschah, weiß ich nicht. Das war Howards Sache. Ich bringe all dies nur zur Sprache, weil es keinen vollständigen Bericht über Howard Hughes' Leben ohne die Erwähnung seiner Beziehungen zum weiblichen Geschlecht geben kann.

Trotz der Vielzahl der Schönheiten, die in sein Leben traten, glaube ich nicht, daß er »oversexed« war. Er war ein junger Mann und interessierte sich »im durchaus üblichen Rahmen für das schwache Geschlecht. Doch da er reich war und gut aussah, hatte er mehr Gelegenheiten und mehr Erfolg dabei als wir normalen Sterblichen.

Die Frauen mochten ihn. Nicht nur, weil er Millionär war und ihnen Filmstar-Ruhm versprechen konnte. Viel mehr nahmen seine Jungenhaftigkeit und eine gewisse Hilflosigkeit sie gefangen.

»Ich bin eine Waise«, erzählte er ihnen. »Mit zwölf wurde ich auf eine Schule geschickt und habe meine Mutter niemals richtig kennengelernt.«

Die Mädchen glaubten ihm diesen Trick aus ganzem Herzen. Sie wollten ihn bemuttern, und Howard gefiel sich dabei.

Howards Biographen haben häufig angenommen, daß alle Schauspielerinnen, deren Karriere er unterstützte, automatisch seine Geliebten wurden. Das stimmt nicht. Ganz gewiß war dies nicht der Fall bei seiner ersten Entdeckung, Jean Harlow.

Wenn es so gewesen wäre, hätte ich es gewußt. Denn ich bezahlte alle Rechnungen und hätte es bemerkt, wenn Howard Jean Harlows persönliche Ausgaben bezahlt hätte.

Hier ist eine Geschichte, die meine Worte bestätigt.

Nachdem »Hell's Angels« in zwei New Yorkern Theatern vorgestellt wurde, wurde es im ganzen Land aufgeführt. Howard ließ Jean für den Film werben. Bevor sie sich auf die Reise begab, kaufte sie für 1500 Dollar Kleider und ließ die Rechnung auf die Gesellschaft ausstellen. Howard weigerte sich, die Rechnung zu bezahlen.

Jean besuchte mich in meinem Büro, um ihre Bitte vorzutragen.

»Es tut mir leid, Jean«, sagte ich. »Aber Howard hat die Entscheidung getroffen, und ich kann sie nicht über Bord werfen.«

»Ach, komm, Noah«, sagte sie und strahlte mich mit ihrem schönsten Lächeln an. »Könnten Sie die Rechnung nicht einfach bezahlen? Howard merkt nie etwas davon. Ich wäre Ihnen sehr dankbar. Ehrlich, das wäre ich bestimmt.«

Sie trug eines ihrer verführerischsten, offenherzigsten Kleider und zog mich auf mein Sofa im Büro. Nie wurde meine Loyalität für

Howard auf eine härtere Probe gestellt. Irgendwie riß ich mich zusammen. Ich erhob mich und sagte: »Tut mir leid, Jean, ich kann nicht bezahlen.« Dann sorgte ich, daß sie aus dem Büro war, bevor ich die Fassung verlor.

Jean versuchte denselben Trick bei unserem New Yorker Repräsentanten – und hatte Erfolg. Sie versprach sogar, ihn zu heiraten. Er war ein netter katholischer Bursche aus Irland und ließ seine Frau und vier Kinder sitzen, während Jean nach Hollywood zurückkehrte, ohne auch nur einen Gedanken an ihn zu verschwenden. Die Liebelei mit einem Hollywood-Star ruinierte sein Leben; ein paar Jahre danach starb er, ein gebrochener Mann.

Der Beweis für Howards mangelndes Interesse an Jean Harlow und seine Unfähigkeit, ihren Wert als Kassenmagneten einzuschätzen, kam mit dem Verkauf ihres Vertrages an MGM für nur 40 000 Dollar.

Ein Vertrag mit Howard Hughes bedeutete für zahlreiche andere Filmschauspielerinnen gleichzeitig eine romantische Liaison. Billie Dove war dafür ein Beispiel. Die Tatsache, daß sie bereits einen Ehemann hatte, hinderte Howard keineswegs. Das hinderte ihn auch nicht, als er Corinne Griffith unter Vertrag nehmen wollte. Er war völlig verrückt nach ihr. Ich steigerte mein Angebot bis auf 17 000 Dollar pro Woche, um sie für die Gesellschaft zu gewinnen. Doch ihr Gatte, Walter Morosco, der Sohn des Theaterproduzenten Oliver Morosco, fand heraus, was Howard im Sinn hatte und erlaubte ihr nicht, den Vertrag zu unterzeichnen.

Während der dreißiger Jahre hatte Howard zahlreiche Romanzen mit berühmten Filmschauspielerinnen. Am besten erinnere ich mich an Ginger Rogers. Sie war der Grund dafür, daß ich Howard zum einzigen Mal weinen sah.

Eines Abends begab ich mich zum Muirfield-Haus und war überrascht, Howard weinend vorzufinden. »Was ist los, Howard?« fragte ich.

»Ginger hat mich verlassen«, sagte er. »Sie hat mich erwischt, als ich sie mit einem anderen Mädchen betrog, und jetzt redet sie kein Wort mehr mit mir.«

Doch sein Schmerz war nur von kurzer Dauer. Es gab ja noch andere junge Damen. In Palm Springs erblickte er Ida Lupino und verliebte sich in sie. Eine Zeitlang. Constance Bennett war eine frühe Flamme; Howard versuchte vergeblich, sie von einer Heirat mit Phil Plant abzuhalten. Mit Nancy Carroll erlebte er eine kurze, aber heftige Romanze.

Eines seiner längsten Verhältnisse bestand mit Katherine Hepburn. Das war eigenartig, denn sie war nicht der Typ der sinnlichen Schönheit, den er liebte. Doch sie schätzte die Fliegerei und das Golfspiel, und es gab viel Geben und Nehmen zwischen ihnen; sie war auch die einzige, die ihm die Meinung sagte. Sie waren beinahe wie Kumpels zueinander, obwohl es ein wenig mehr war als das.

Die meisten seiner Freundinnen lernten, mit seinen Überspanntheiten fertig zu werden. Sie verziehen ihm, wenn er zu spät kam oder sie sitzen ließ; offenbar war er vergeßlich, nicht etwa unhöflich. Sie merkten, daß er nicht der Mann war, der die Wagentür öffnete, ihnen Feuer gab oder Konversation machte.

Eine berühmte Dame war nicht so geduldig mit ihm. Er brachte sie eines Abends zu sich nach Hause und begleitete sie ins Schlafzimmer. »In einer Minute bin ich wieder da«, sagte er und verschwand in der Toilette.

Ich habe bereits erläutert, daß Howard wegen seiner Verstopfungen ungewöhnlich lange Zeit auf der Toilette verbrachte. Tatsächlich pflegte er geschäftliche Besprechungen mit mir im Badezimmer abzuhalten, doch das gewöhnte ich ihm ab. Um sich die Zeit zu vertreiben, hielt er auf einem marmornen Tisch eine Anzahl Bücher und Zeitschriften bereit, in denen er nach verfilmbaren Stoffen suchte.

Bei dieser bestimmten Gelegenheit wurde er von einer Geschichte so gefesselt, daß er die Dame im Schlafzimmer völlig vergaß. Sie hatte ein feuriges Temperament. Als sie eine Dreiviertelstunde vergeblich gewartet hatte, zog sie sich wieder an und stapfte aus dem Haus. Sie ging in ihr Apartmenthaus, das El Royale, zurück, das nur ein paar Blocks entfernt lag.

Ein wenig später kam Howard hinuntergerannt. Verzweifelt fragte er den Portier: »Hat eine Dame soeben das Haus verlassen?«

»Ja, Sir«, lautete die Antwort. »Sie ging in diese Richtung.«

Howard sprang in seinen Wagen und versuchte sie einzuholen. Doch sie war bereits zu Hause und weigerte sich, mit ihm zu sprechen. Ende der Affäre.

Da ich Howards engster Mitarbeiter war, war ich in all seine Angelegenheiten, geschäftlicher und privater Art, verwickelt. Auf dem privaten Sektor hatte ich einige sehr merkwürdige Aufgaben für ihn zu lösen. Überaus merkwürdig, wirklich. Drei davon blieben mir besonders im Gedächtnis haften.

Die erste betraf Katherine Hepburn. Ich war in Houston, als ich einen Anruf von Howard erhielt. Er telefonierte von Kansas City aus und beorderte mich sofort zu ihm. Es war mitten im Winter. Ich packte also meine warmen Sachen ein und flog nach Kansas City.

Nach der Ankunft wartete ich zwei Tage auf seinen Anruf. Ich ging in sein Hotel und erfuhr, daß er die Absicht habe, seine Yacht

»Southern Cross« zu verkaufen. Er wünschte, daß ich sofort zu den Bermudas flog. Ich fragte mich, warum er mir das nicht am Telefon gesagt hatte, anstatt mich den ganzen Weg nach Kansas City machen zu lassen. Jetzt stand ich hier mit meinen Wintersachen – für eine Reise in die milde karibische See.

»Noch etwas, das Sie für mich tun müssen«, fügte Howard hinzu. »Sorgen Sie dafür, daß man Katie jeden Tag zwei Dutzend gelbe Rosen schickt.«

Das war also der wahre Grund für meine lange Reise. Howard begleitete Katherine Hepburn während einer Theatertournee. Ich hatte also beinahe 1000 Kilometer zurückgelegt, um einen Auftrag für den Blumenhändler entgegenzunehmen.

Der zweite merkwürdige Auftrag kam in Los Angeles.

Eines Abends erhielt ich die übliche Nachricht am Telefon: »Noah, kommen Sie sofort hierher. Es ist dringend.«

Ich raste zur Muirfield Road, um die neueste Dringlichkeit zu erfahren. Hier sein Problem: Seine augenblickliche Freundin war eine dramatische Schauspielerin, die sich erst vor kurzem von einem wohlbekannten Agenten getrennt hatte, bei dem sie gewohnt hatte.

»Der Bursche kommt heute abend hierher«, sagte Howard. »Er hat ein Stück, das ich vielleicht kaufe, und er will sich hier mit mir darüber unterhalten. Ich möchte nicht, daß er rausbekommt, daß sie jetzt mit mir zusammenlebt.«

»Nun, können Sie sie denn nicht auf eine Spazierfahrt schicken, während er hier ist?« schlug ich vor.

»Das ist nicht das Problem.«

»Was ist denn das Problem?«

»Das Sofa.«

»Welches Sofa?«

»Das Sofa in der Bibliothek, vor dem Kamin. Es gehört ihr. Es stand in seiner Wohnung, als sie bei ihm lebte. Er wird es wiedererkennen.«

Ich rief ein paar Diener heran und schleppte das schwere Möbel für die Dauer der Konferenz in die Garage. Als die Dame zurückkommen konnte, kam auch das Sofa zurück. Fortan zählte ich auch Möbelschleppen zu meinen Pflichten für Howard Hughes.

Der dritte Vorfall ist der merkwürdigste von allen. Und er verrät am meisten.

Wieder der Eilauftrag, zu ihm nach Hause zu kommen. Er befahl mir: »Besorgen Sie sechs Leinensäcke, große Säcke, wie die Post sie benutzt. Mit Schnüren. Sie müssen unbedingt Schnüre haben. Und beeilen Sie sich!«

Ich fuhr zu einem Laden mit Armeebeständen und erstand sechs

Leinensäcke. Howard ging damit in sein Schlafzimmer und begann, all seine Anzüge in die Säcke zu stopfen. Alles wanderte hinein – Anzüge, Hemden, Krawatten, Socken, Mäntel. Sogar die Badetücher und Fußmatten. Als er damit fertig war, sagte er: »Nehmen Sie diese Säcke, und verbrennen Sie sie irgendwo auf einem leeren Grundstück. Bleiben Sie dabei, bis alles, auch der letzte Rest, verbrannt ist.«

Ein merkwürdiger Auftrag, doch da er keine Erklärung gab, stellte ich auch keine Fragen. Ich packte die Säcke in meinen Wagen und fuhr damit zur Heilsarmee. Ich konnte keinen Sinn darin sehen, tadellose Kleidungsstücke zu verbrennen, die bedürftigen Leuten noch gute Dienste tun konnten.

Obwohl ich heftig nachdachte, fand ich keine Erklärung für Howards merkwürdiges Verhalten. Ich kannte seine Angst vor Bazillen, doch was konnte der Grund sein, daß er alles vernichtete, was mit seinem Körper in Berührung kam?

Ich erfuhr es später. Aus kleinen Hinweisen und winzigen Nachrichten, die zu mir durchdrangen, und weil ich seine Überempfindlichkeit kannte, konnte ich mir alles zusammenklauben.

Howard lebte mit einer hübschen Schauspielerin zusammen. Sie war eine sinnliche Dame, die ihre Gunst ab und zu großzügig vergab. Eines Tages, im Studio, fiel sie einem professionellen Golfspieler in die Arme, einem Mann, mit dem Howard häufig Golf spielte. Das Golf-As hatte das Pech, mit einer milden Form jener Sache behaftet zu sein, die man damals als gesellschaftliche Krankheit umschrieb. Die Schauspielerin fing etwas, und Howard merkte es.

Wieder war eine Romanze zu Ende, diesmal zusammen mit Howards kompletter Garderobe.

16. Weitere Angaben betreffend die Merkwürdigkeiten des H. Hughes, Esq.

Die Arbeitsmethoden des Howard Hughes waren unorthodox, um es gelinde auszudrücken. Je älter er wurde, desto merkwürdiger wurde er. Die meisten Leute haben einen Arbeitstag von 9 bis 6 Uhr. Nicht so Howard. Er konnte die ganze Nacht arbeiten und am Tag schlafen.

Ich hatte mich an seine Nachtarbeit gewöhnt. Ich war sein Macher, der alles für ihn erledigte. Wenn er mitten in der Nacht eine Idee bekam, griff er automatisch zum Telefon und rief mich an. Ich hatte ein Telefon neben dem Bett und gewöhnte mir an, sofort wach zu werden und mit »Ja, Howard« zu antworten.

Einer seiner nächtlichen Anrufe amüsierte mich, obwohl ich mich gleichzeitig darüber ärgerte. Er hatte eine Nachricht für einen untergeordneten Mitarbeiter; nichts Dringendes, doch wollte er es mich sofort wissen lassen, damit er es nicht vergaß.

»Und noch etwas, Noah, rufen Sie ihn nicht vor neun Uhr morgens an«, fuhr er fort. »Ich möchte ihn nicht im Schlaf stören.«

»Und was ist mit meinem Schlaf?« fragte ich.

Mein Protest schien ihn zu überraschen. »Bei Ihnen ist das etwas anderes«, sagte er.

Im Anfang unserer gemeinsamen Arbeit versuchte ich, die Arbeit ein wenig zu normen. Zunächst war seine Suite im Ambassador-Hotel auch sein Büro, doch das war ein chaotischer Zustand. Ich war froh, als er seine Arbeit ins Metropolitan Studio verlegte, wo er Büros hatte und wirkungsvoller arbeiten konnte. Doch auch dieses Büro war nicht der richtige Platz, um die weitverzweigten Unternehmungen zu leiten, an denen er sich beteiligte. So brachte ich ihn dazu, mich ein Hauptquartier im Taft Building auf dem Hollywood Boulevard einrichten zu lassen.

Ich sparte nicht an Geld, um die neuen Büros für einen bedeutenden jungen Industriemagnaten standesgemäß auszustatten. Holztäfelung, Schnitzarbeiten, Einbauschränke. Howards Büro war elegant und geräumig. Und er benutzte es nicht ein einziges Mal. Nach zwei Jahren im Taft Building wußte ich, daß es nie gelingen würde, Howard zu normalem Geschäftsgebaren zu bewegen und gab das Büro auf.

Nun schaffte ich ihm ein eigenes Büro im United Artists Studio (jetzt Goldwyn), wo er eine Reihe von Filmen drehte. Er umgab sich immer mehr mit Geheimnistuerei, und ich richtete sein Büro entsprechend ein. Es war rundherum isoliert und hatte eine schwere Tür, um es schalldicht zu machen. Nicht, daß etwa Außengeräusche ihn störten; er war ja teilweise taub und hörte nichts davon. Er wollte verhindern, daß man draußen mitbekommen konnte, was im Inneren seines Büros vor sich ging.

In das Nachbargebäude ließ ich eine Garagentür einbauen. Dadurch war Howard in der Lage, vom Santa Monica Boulevard in die Garage zu fahren, zu parken und sein Büro zu betreten, ohne einer Menschenseele zu begegnen.

Später verbrachte Howard viel Zeit im Haus Nr. 7000 Romaine Street, wo die Multicolor-Labors gewesen waren. Eine Zeitlang hatten wir das Gebäude an eine Brauerei vermietet, doch sie machte bankrott. Howard hatte seinen Schneideraum und seine Filmbibliothek dort. Für 65 000 Dollar baute ich ihm einen Kopierraum mit

Aircondition und absolutem Schallschutz. Er bestand darauf, daß seine Filme völlig staubfrei sein sollten. Der Kopierraum bekam deshalb zwei Türen, wovon sich die innere nur öffnen ließ, wenn die äußere geschlossen war. Bevor man in den Raum hineintrat, mußte man zwischen den beiden Türen stehen und die Kleider mit einem kleinen Handstaubsauger reinigen. Im Korridor waren drei verschiedene Luftfilter installiert, die die Luft reinhalten sollten.

Wenn er Kopien eines Films herstellte, konnte Howard zwei oder drei Tage lang den Raum nicht verlassen. Dann wankte er hinaus, völlig übernächtigt und halbverhungert, und setzte sich zu einem gewaltigen Mahl nieder.

Er besaß eine merkwürdige Einstellung zu Besitz, sowohl seinem eigenen wie dem anderer Leute gegenüber. Eines Nachts stahl man seinen Packard, worüber er sich furchtbar aufregte.

»Aber Howard, Sie brauchen sich überhaupt nicht aufzuregen«, sagte ich. »Der Wagen ist voll versichert.«

»Ich weiß, aber ich will ihn zurückhaben. Ich habe verschiedene Zeitschriften im Wagen und las gerade eine Fortsetzungsgeschichte. Jetzt kann ich die Story nicht zu Ende lesen.«

Es machte ihm nichts aus, sich Dinge von mir zu leihen und sie nie wiederzugeben. Eines Abends besuchte er mich in meinem Hotel, hemdsärmelig. Es war ein kühler Abend, und ich sagte ihm: »Howard, am besten nehmen Sie meinen Mantel. Sie könnten sich erkälten.« Ein Mantel, der einem Mann von ein Meter sechzig paßt, sieht an einem von mehr als ein Meter achtzig ziemlich komisch aus, doch zog er ihn an.

Es vergingen mehrere Wochen, doch Howard erwähnte kein Wort mehr von dem Mantel. So fuhr ich eines Nachmittags zu seinem Haus und bat den Hausdiener, mir meinen Mantel zu holen. Er sagte, er dürfe Mr. Hughes' Zimmer nicht betreten.

»Geben Sie mir den Schlüssel«, sagte ich.

Er zögerte. »Ich habe zwar einen Schlüssel, aber ich weiß nicht, ob Mr. Hughes das weiß.«

»Hören Sie, ich bin Ihr Chef. Ich bezahle Sie. Geben Sie mir den Schlüssel!«

Er gab ihn mir, ich nahm meinen Mantel und verließ das Haus. Ein paar Wochen später sagte Howard: »Noah, es ist mir sehr peinlich. Ich habe mir damals Ihren Mantel geliehen, aber ich will verdammt sein, wenn ich ihn jetzt noch finden kann. Jemand muß ihn gestohlen haben.«

»Ich war das«, sagte ich. »Ich habe ihn zurückgeholt.«

Das war alles. Er fragte nicht, wie ich in sein Zimmer kommen konnte. Er hat nie Kritik an mir geübt – nicht ein einziges Mal in den zweiunddreißig Jahren unserer Zusammenarbeit. Das lag nicht daran, daß ich etwa so perfekt gewesen wäre; er war einfach nicht der kritische Typ. Er erwartete, daß ich seine Wünsche erfüllte und wollte mich durch Kritik nicht entmutigen.

Noch eine Geschichte übers Ausleihen.

Es war in den frühen dreißiger Jahren. Ich hatte mir gerade einen neuen Buick gekauft, auf den ich sehr stolz war. Eines Tages rief Howard vom Studio an und fragte: »Noah, kann ich Ihren Wagen ausleihen?«

»Was ist denn mit Ihrem eigenen los?« fragte ich.

»Nun, ich brauche einen anderen Wagen.«

»Sehen Sie, Howard« sagte ich. »Mein Buick bedeutet mir genausoviel wie Ihnen Ihre Yacht bedeutet. Ich bezweifle, daß Sie mir Ihre Yacht ausleihen würden.«

»Noah, ich verspreche Ihnen, Sie haben den Wagen in vier Tagen zurück. Niemand außer mir wird ihn fahren.«

»Aber er ist erst ein paar hundert Kilometer gelaufen.«

»Keine Sorge, Noah. Ich verspreche es Ihnen.« Howard konnte betteln wie ein kleines Kind, das etwas haben will. Ich willigte schließlich ein und lieh ihm den Buick.

Vier Tage verstrichen. Kein Buick. Ich rief Howards Haus an und sprach mit einem der Hausmädchen. Sie sagte, Howard sei nicht im Hause.

»Haben Sie meinen Wagen gesehen?« fragte ich.

»Ja, Mr. Dietrich«, sagte sie. »Er hat im Hof gestanden.«

»Steht er jetzt noch da?«

»Nein, Sir.«

»Wann haben Sie ihn zum letztenmal gesehen?«

»Ungefähr vor einer Stunde. Mr. DiCicco fuhr mit drei Mädchen darin fort.«

Also das war es! Howard lieh sich meinen Buick, damit Pat DiCicco Mädchen damit herumkutschieren konnte. Ich zählte zwei und zwei zusammen und kombinierte, daß sie zu Howards Yacht unterwegs waren. Ich rief den Parkplatz am Yachthafen an und erfuhr, daß mein Buick tatsächlich dort geparkt stand.

Sodann begab ich mich zu einem Autohändler in Hollywood und kaufte einen neuen Dodge, den ich mit einem Scheck der Hughes Tool Company bezahlte. Ich fuhr ihn zum Hafen und tauschte ihn gegen meinen Wagen aus, für den ich einen zweiten Schlüsselsatz hatte. Howard schickte ich ein Kabel und erklärte ihm, der Dodge auf dem Parkplatz gehöre ihm.

Bei der Rückkehr von der Kreuzfahrt war er voller Entschuldigungen. Den Dodge behielt er mehrere Jahre und schenkte ihn schließlich einem Mitarbeiter.

Irgendwann während der frühen dreißiger Jahre entschied Howard, er benötige einen Leibwächter. Eine Welle von Entführungen ging über das Land und Howard befürchtete, er könne ein Opfer werden.

»Irgend jemand sollte noch im Haus sein«, sagte Howard, »er könnte das Apartment über der Garage benutzen.«

»In Ordnung, Howard«, sagte ich. »Ich suche Ihnen jemand.«

»Ich will einen Texas Ranger«, fügte Howard hinzu.

»Einen Texas Ranger?« fragte ich überrascht. Ich war erstaunt, daß Howard unbedingt einen Texaner haben wollte.

»Ja, die Ranger haben einen guten Ruf«, meinte Howard.

Wenn Howard einen Texas Ranger haben wollte, würde ich ihm einen beschaffen. Ich rief einen Freund in Texas an, Judge Andrews – eigentlich war er kein Richter, doch die Rechtsanwälte in Texas nennen sich gerne so – und bat ihn, mir einen Texas Ranger zu suchen, Junggesellen und mit jenen Fähigkeiten, die man ihnen zuschreibt.

Judge Andrews interviewte mehrere Ranger und wählte schließlich einen aus, den er nach Kalifornien schickte, um Howard Hughes zu bewachen. Als er eintraf, war ich verblüfft. Er war nur ungefähr ein Meter fünfzig groß und untersetzt. Doch er war schon lange bei den Rangers und wurde in dem Apartment über der Garage untergebracht.

Am Ende des ersten Monats kam er in mein Büro und erhielt sein Gehalt von 400 Dollar. Ich sagte ihm, er könne den Scheck in der Bank gegenüber kassieren. Nach ein paar Minuten kam er wieder und sagte: »Sie wollen den Scheck nicht auszahlen, weil ich keine Identifikation habe.« Ich sandte der Bank eine Notiz, daß er ein Angestellter Howard Hughes' war.

Eine halbe Stunde später rief er mich an und fragte, ob er ihm fünfzig Dollar leihen könne.

»Was zum Teufel haben Sie denn mit den vierhundert gemacht«, fragte ich.

»Ich weiß es nicht«, antwortete er freimütig. »Ich erinnere mich, daß ich sie in die Tasche gesteckt habe. Dann bestieg ich eine Straßenbahn zur Stadt. In der Bahn waren drei Burschen, die mich fortwährend anstießen. Sie konnten sich nicht entscheiden, ob sie aussteigen sollten oder nicht.«

»Da ist also ihr Geld geblieben: Die Kerle waren Taschendiebe!«

Der Texas Ranger versah seinen Job ohne Zwischenfall, bis Howard eines Abends allein in seiner Bibliothek saß. Er hörte einen Schuß und rannte nach draußen. Dort fand er den Texas Ranger vor Schmerzen stöhnend auf dem Boden sitzen. Er hatte geübt, blitzschnell die Waffe zu ziehen und sich dabei in den Fuß geschossen.

Wir steckten ihn für ein paar Tage ins Hospital, bis er wieder arbeiten konnte. Ein paar Wochen danach trafen seine Frau und vier Kinder ein, die mit dem vermeintlichen Junggesellen in die Wohnung zogen.

An diesem Punkt entschied Howard, er könne doch wohl ohne die Dienste eines Leibwächters auskommen.

17. Mehr Filme

Howard fuhr mit seinen Filmgeschäften fort bis Anfang der dreißiger Jahre. Es war immer das gleiche: Wenn er einen talentierten und unabhängigen Regisseur nahm und ihn gewähren ließ, bekam er einen Hit; wenn er sich selber in die Arbeit einmischte, verlor er Geld. Unglücklicherweise tat er meistens das letztere.

Als Mann, der sich für einen versierten Geschäftsmann hielt, wurde er dennoch verschiedentlich übers Ohr gehauen.

Eines Tages machte ihm ein Direktor der Paramount einen Vorschlag. Paramount hatte noch zwei Filme auf Thomas Meighans Vertrag herzustellen. Wenn Howard diesen Vertrag übernehmen würde, könne Paramount ihm ein Minimum von 400 000 Dollar an Verleihgewinn pro Film zusichern.

»Eine todsichere Sache, Noah«, sagte Howard.

Nichts dergleichen. Die beiden Filme, »Mating Call« und »The Racket«, kosteten mehr als eine Million Dollar. Howard bekam sein Geld nicht wieder herein. Was er nicht wußte, war, daß Meighans Popularität zu Ende ging und Paramount ihn loswerden wollte. In diesem Fall war Howard der Dumme.

Howards Ambitionen als Filmproduzent erlitten 1931 einen Tiefpunkt. Er hatte kein Geld mehr.

Alle Hoffnung – und 3 500 000 Dollar – hatte er auf »Hell's Angels« gesetzt. Für die damalige Zeit der Depression war es ein großartiger Erfolg. Doch das reichte nicht, um die Investitionen wieder einzuspielen, und Howard verlor 1 500 000 Dollar.

Zu Howards größtem Mißbehagen hörte die Hughes Tool Company auf, goldene Eier zu legen. Die Depression hatte auch die Ölfelder nicht verschont – wie alles andere in Amerika. Toolco zeigte zum erstenmal in ihrer Geschichte einen Verlust.

Howard hatte mit Joseph Schenck einen Vertrag über fünf Filme für United Artists für 1931 abgeschlossen. Howard war entschlossen, diese Filme zu drehen, hauptsächlich, weil seine derzeitige Flamme, Billie Dove, in zweien davon mitspielte.

Wie immer war es auch diesmal Noahs Aufgabe, das Geld heranzubringen.

Ich mußte mich anstrengen. Die Tool Company konnte nicht helfen. Howards 3 000 000 Dollar in Wertpapieren hatten 60 % ihres Wertes verloren. Toolco hatte ebenfalls ein hübsches Paket an Wertpapieren, doch die Schuldverschreibungen der Australischen Regierung, die für 100 Dollar eingekauft worden waren, standen jetzt bei 38 Dollar. Es gab nur eine Lösung: Howard mußte sich Geld leihen, um diese Filme drehen zu können.

Zunächst ging ich nach Houston und besprach die Angelegenheit mit dem Management der Tool Company. Es hieß, man habe bereits mit den örtlichen Banken gesprochen, sei jedoch ablehnend beschieden worden. Ich vermute, sie wollten einen solchen Kredit verhindern, weil Howards Unternehmungen keinen Gewinn abwarfen.

So ging ich nach New York und begann Verhandlungen mit der City Bank Farmers Trust Company. Die Bedingungen waren hart: Die Bank verlangte zehn Prozent Disagio, so daß Howard insgesamt nur 2 700 000 Dollar bekam. Dann mußten 700 000 Dollar auf ein Sperrkonto gelegt werden und durften nur für bestimmte Zwecke benutzt werden. Das hieß, daß Howard die fünf Filme mit 2 000 000 Dollar fertigstellen mußte.

Die Bank hatte den Kredit noch nicht bewilligt. Der Direktor, mit dem ich verhandelte, sagte eines Tages: »Kennen Sie diese Sexfilme?«

»Sie meinen pornographische Filme?« fragte ich. »Ich habe davon gehört.«

»Dietrich, beschaffen Sie mir einen solchen Film, und ich sorge dafür, daß Sie Ihren Kredit bekommen.«

Ich kehrte nach Kalifornien zurück und trieb einen frühen Klassiker mit dem Titel »Gozinta« auf, der alle erdenkbare Bettgymnastik brachte. Mit erheblichem Risiko – die Gesetze gegen Pornographie waren damals sehr streng – schickte ich ihn an jenen New Yorker Bankier.

Howard bekam seinen Kredit.

Er drehte die fünf Filme. Alles war wie üblich: Die beiden Filme mit Billie Dove, bei denen er dazwischenfunkte, wurden teure Fehlschläge. Mit »Sky Devils« hatte er nur wenig mehr Erfolg. In diesem Film spielten Spencer Tracy und William Boyd die Hauptrollen, bei denen Flugzeuge aus »Hell's Angels« benutzt wurden.

Die beiden anderen Filme hatten Erfolg – weil Howard energische Regisseure engagierte, die sich nicht dazwischenreden ließen.

Lewis Milestone drehte »The Front Page« nach dem erfolgreichen Stück von Ben Hecht und Charles MacArthur. Adolphe Menjou spielte die Rolle des Herausgebers Walter Burns; ein Neuling von der Bühne namens Pat O'Brien den Star-Reporter Hildy Johnson.

Howard Hawks war der Regisseur bei »Scarface«, dem klassischen Gangsterfilm, mit dem Paul Muni und George Raft zu Starruhm kamen. Darüber hinaus wurde es Howard Hughes' erste große Konfrontation mit der Zensurbehörde.

Hawks hatte viel Brutalität in »Scarface« untergebracht – Menschen wurden von Kugeln zerfetzt, Autos verunglückten und so weiter. Das Hays Office, die Zensurbehörde der Filmindustrie, erhob gewaltigen Protest. Howard erhielt die Auflage, die Brutalität abzuschwächen und Paul Muni am Ende hängen zu lassen, anstatt ihn von gegnerischen Gangstern niederschießen zu lassen. Das Hays Office bestand auf der gerechten Strafe für Scarface's Sünden.

Howard nahm einige der besonders wüsten Szenen heraus, wollte das Ende jedoch nicht verändern. Das Hays Office gab schließlich seine Zustimmung, doch der Film brachte die Zensurbehörden New Yorks und anderer Staaten auf den Plan. Er stritt sich mit ihnen, erreichte eine Menge Publicity für »Scarface« und gewann schließlich.

Bei den brutalen Szenen hatte er nachgegeben, doch war es ihm gelungen, in »Scarface« etwas unterzubringen, das durch den Zensurcode der Filmindustrie streng verboten war. Howard wollte eine Andeutung von Inzest zwischen Scarface und seiner Schwester, gespielt von Ann Dvorak, im Film haben. Hawks machte mit. Der Inzest wurde so vorsichtig angedeutet, daß kein Zensor etwas bemerkte. Doch er war drin.

»Scarface« war das Ende der ersten Phase von Howards Produzentenkarriere. Es ist erstaunlich, aber wahr: Howard Hughes hatte einfach kein Geld mehr. Bargeld, heißt das.

Für zwei oder drei Jahre hatte ich einen relativ ruhigen Job. Ich verwaltete weiterhin seine Interessen, während er viel Zeit an der Ostküste verbrachte. Vier Jahre lang zeigte die Hughes Tool Company geringe Verluste, das Geld war knapp. Einmal mußte ich sogar 2000 Dollar meines eigenen Geldes vorstrecken, um das Personal in Hollywood bezahlen zu können.

Howard verbrachte seine Zeit mit Freunden auf Long Island und in Florida. Er suchte ein Hauptquartier in New York, und ich mietete ihm ein Büro in einem Wolkenkratzer. Mein eigener Sekretär ging nach New York, um das Büro zu leiten. Howard war nur selten dort. Er benutzte es als Nachrichtencenter, eine Praxis, die er später in 7000 Romaine Street weiter entwickelte.

Jene Jahre waren merkwürdig ruhig für Howard, doch ein Howard Hughes konnte nicht lange untätig bleiben.

18. »Ich will der größte Flieger aller Zeiten werden«

Howard Hughes war ein Mann mit vielfältigen Ambitionen. Mehr als einmal sprach er mir gegenüber den Wunsch aus, die Leistungen aller anderen Flieger zu übertreffen. Und tatsächlich errang er Weltruhm wegen seiner fliegerischen Taten und erhielt eine »Ticker-Tape-Parade« auf dem Broadway und eine Medaille vom Präsidenten.

Er war ein sehr guter, jedoch auch tollkühner Flieger. Die Tatsache, daß er drei größere Flugzeugunglücke erlebte – und sie wunderbarerweise überlebte – ist für mich ein Beweis, daß er unnötige Risiken auf sich nahm.

Ich bin nur einmal mit ihm geflogen. Dies war zu der Zeit, als ich meine eigenen privaten Flugzeuge besaß. Ich saß neben ihm im Cockpit und sagte: »Mein Pilot fliegt nie derartig hochtourig.«

Howard legte den Finger auf die Lippen. »Verraten Sie es niemandem«, sagte er. Er flog all seine Maschinen stets an der Grenze ihrer Leistungsfähigkeit. Meistens zogen sie mit, doch bei drei Gelegenheiten taten sie es nicht, und Howard brachte sich beinahe dabei um.

Da seine Filmproduzenten-Karriere zeitweise zum Stillstand kam, wandte sich Howard während der dreißiger Jahre seinem anderen Hobby, der Fliegerei, zu.

Ich wußte, daß Howard auch an der Ostküste geflogen war. Er hat es zwar mit keinem Wort erwähnt, doch erfuhr ich, daß er einmal eine Notlandung auf einem Acker auf Long Island machen mußte, weil sein Motor versagte. Natürlich war ich nicht davon begeistert, daß der Präsident und alleinige Inhaber der Hughes Tool Company bei der Fliegerei seinen Hals riskierte, doch ich konnte nichts daran ändern. Ich hatte nicht die Position, ihm den Rat zu geben, ein ruhigeres und sichereres Leben zu führen, und selbst wenn ich ihm diesen Rat hätte geben können, er hätte ihn nicht beachtet.

Obwohl ich Howards Absicht kannte, sich als Flieger auszuzeichnen, ahnte ich nicht, wie ernst es ihm damit war. Die erste Andeutung davon erhielt ich, als Howard sich ein Amphibienflugzeug kaufte und es in den Lockheed Werken in Burbank umbauen ließ. Da die Tool Company wieder aus den roten Zahlen heraus war, konnte ich die Rechnungen wieder bezahlen.

Die gewünschten Veränderungen an dem Amphibienflugzeug waren typisch für Howard Hughes. Er war nie zufrieden mit den Flugzeugen, die er kaufte; stets glaubte er, man könne sie noch verbessern. Das fing mit der Boeing-Maschine an, die er bei

Douglas umbauen ließ. Nicht anders war es bei diesem Flugzeug und allen, die noch folgen sollten. Diese rastlose Suche nach Verbesserungen half ihm, eine Anzahl von Geschwindigkeitsrekorden aufzustellen. Aber sie entwickelte sich auch zu einer Besessenheit, wir wir noch sehen werden.

Howard machte mit dem Amphibienflugzeug eine Vergnügungsreise durch das ganze Land, zusammen mit Glen Odekirk, einem jungen Piloten und Mechaniker, den er in Burbank kennengelernt hatte. Im Januar 1934 beteiligte er sich in Miami an einem Luftrennen für Amateure und gewann. Das war der Beginn seiner Jagd nach fliegerischem Ruhm, die ihn um die ganze Welt führen sollte.

Luftrennen hatten ihn gepackt. Er kehrte mit der Absicht nach Kalifornien zurück, seine eigene Rennmaschine zu bauen. Er war es leid, die Maschinen anderer Leute auf Hochleistung zu bringen.

In einem Hangar auf dem Lockheed Airport richtete er sein Büro ein. Er engagierte Richard Palmer, einen brillanten jungen Aeronautik-Ingenieur, der gerade das Caltech-Institute absolviert hatte. Das zweite Mitglied seines Teams wurde Glen Odekirk.

Der Auftrag lautete: die H-1 zu bauen, die schnellste Maschine der Welt.

Achtzehn Monate lang arbeiteten die drei Männer an der H-1, und zwar nach typischer Howard-Hughes-Manier: im Geheimen.

Wieder sehen wir die Wirkung der Erfahrung mit den gestohlenen Konstruktionsunterlagen der Toolco: Howard bestand darauf, daß die Arbeit hinter verschlossenen Türen betrieben wurde.

Howard befaßte sich weiterhin mit seinen üblichen gesellschaftlichen Aktivitäten, doch besuchte er regelmäßig den H-1-Hangar. Manchmal bewies er ein ausgeprägtes Wissen an Aerodynamik und zeigte ein scharfes Auge fürs Detail.

»Wissen Sie«, sagte er eines Tages zu den Konstrukteuren, »alles, was den Luftstrom an Flügeln und Rumpf stört, wirkt sich negativ auf den Auftrieb des Flugzeugs aus. Das trifft auch auf Schraubenköpfe und Nieten zu. Warum verwenden wir keine versenkten Nieten auf der ganzen Außenhaut?«

Senknieten waren damals gerade entwickelt worden und wurden bei der H-1 angewandt. Eine andere Neuentwicklung waren versenkbare Fahrgestelle, die eingezogen wurden, sobald die Maschine in der Luft war. Diese beiden Entwicklungen hätten auch von anderen Flugzeugherstellern benutzt werden können, doch glaube ich, daß Howard der erste war, der ihre Verwendung weithin bekannt machte. Beides waren wesentliche Schritte zum modernen Flugzeug.

Verglichen mit den Maschinen der damaligen Zeit war die H-1 ein merkwürdiges Flugzeug. Der Körper war außergewöhnlich stromlinienförmig, das Format der Flügel auf das Nötigste beschnitten, geschaffen für schnelles Starten und Landen.

Während der Arbeit an der H-1 war Howard sehr glücklich. Die Arbeit mit mechanischen Dingen erfreute ihn; selten habe ich ihn so entspannt gesehen wie am Hangar. Mit den anderen Fliegern kam er gut aus; für sie war er ein Flieger und nicht Howard Hughes, der Millionär. Der oberflächliche Konversationston gesellschaftlicher Veranstaltungen war nichts für ihn, doch hier konnte er sich stundenlang über Propeller, Motoren und Treibstoffe unterhalten. In der Luft war er ein völlig neuer Mensch, sehr verschieden von dem auf der Erde. Es gefiel ihm, sich um nichts kümmern zu müssen als um das Wetter, die Maschine und seine Landkarten.

Als die H-1 schließlich an einem Sommertag des Jahres 1935 aus dem Hangar gerollt wurde, verkündete Howard, er wolle der erste Pilot sein, der mit ihr aufsteige.

Mir gefiel das nicht besonders. Auch Odekirk und Palmer waren nicht begeistert. Die neuartigen Eigenschaften der H-1 waren ihnen wohlvertraut, doch niemand konnte mit Sicherheit sagen, wie sie fliegen würde. Doch Howard bestand darauf, daß er derjenige sein werde, der das herausfinden würde.

Die Maschine flog großartig. Und schnell. Schneller als jede andere Maschine, die die Beobachter jemals gesehen hatten. Howard entschloß sich auf der Stelle, den Geschwindigkeitsrekord für Flugzeuge zu brechen.

Der Test wurde für den 12. September 1935 auf dem Martin Field bei Santa Ana geplant. Howard lud mich ein, dem Versuch beizuwohnen, doch ich hatte mein übliches Unbehagen, wenn ich ihn fliegen sah. Er unternahm den Rekordversuch, doch wurde es dunkel, bevor er die vier Läufe beenden konnte. Der Versuch wurde auf den kommenden Tag verschoben – auf Freitag, den dreizehnten.

Die Flieger jener Tage waren ein abergläubisches Volk, und einige von Howards Fliegerfreunden versuchten, ihn von einem Flug an einem Freitag, dem 13., abzuhalten. Howard hatte zwar vor allen möglichen Dingen Angst, doch war er überhaupt nicht abergläubisch. Für ihn war Freitag, der 13., ein Flugtag wie jeder andere.

Die Zeitmeß-Einrichtung für seinen Flug war kompliziert. Sie war von Western Union entwickelt worden und bestand aus zwei elektrischen Uhren, die genau 1609 m (1 Meile) voneinander entfernt waren. Sie waren durch Drähte miteinander verbunden. Zwei Kameras wurden auf die Uhren gerichtet, und zwar in einem Winkel, der es ihnen erlaubte, gleichzeitig die vorbeifliegende Ma-

schine zu fotografieren. Das Flugzeug mußte in etwa 65 Meter
Höhe fliegen, damit die Identifizierungsnummern auf dem Flügel
mit ins Bild kamen.

Howard stieg mit der H-1 auf. Über ihm kreisten zwei Freunde,
Amelia Earhart und Paul Mantz, der Filmtrick-Flieger, die seinen
Versuch beobachten wollten. Howard brachte die Maschine in vier
Läufen auf ihre größte Geschwindigkeit. Allen, die den Versuch
beobachteten, war klar, daß er den Rekord gebrochen hatte.

Er war nicht zufrieden. Er wollte die äußerste Leistungsfähigkeit
der Maschine testen, ging auf 4 000 Meter Höhe und jagte die
Maschine im Sturzflug zur Erde.

Mir schlug das Herz bis zum Hals, als ich beobachtete, wie die
kleine Maschine auf die Erde zuraste. Genau am Anfang der Meß-
Strecke riß er sie aus dem Sturzflug und flog an den Zuschauern
vorbei.

Und dann setzte der Motor aus.

Die Maschine fegte in niedriger Höhe über die Rollbahn hinaus.
Ich sah, wie sie auf 600 Meter Höhe ging und sich zur Erde
neigte.

Alle sprangen in ihre Autos und rasten zu dem Bohnenfeld, in dem
die Maschine verschwunden war. Am Ziel sahen wir Howard flott
aus dem Flugzeug klettern, nur ganz wenig angekratzt, und auch
die Maschine war nur leicht beschädigt.

Seine Leistung machte Schlagzeilen in der ganzen Welt: ein neuer
Geschwindigkeitsrekord für Flugzeuge mit 567 Kilometer pro
Stunde, ungefähr 65 km schneller als der alte Rekord.

Nach dem Rekordflug gab es in der Presse Spekulationen über
die Ursache der Bruchlandung. Ein Bericht behauptete, ein Stück-
chen Stahlwolle sei in der Treibstoffleitung entdeckt worden; Sabo-
tage wurde nicht ausgeschlossen. Nichts derartiges war der Fall.
Howard hatte einfach keinen Treibstoff mehr gehabt. Er war mit
einem Minimum aufgestiegen, um das Flugzeug so leicht wie möglich zu halten. Odekirk hatte ihn gewarnt, sorgfältig auf die Ben-
zinuhr zu achten, aber Howard hatte es vergessen.

Für seinen nächsten Rekordversuch wollte Howard eine Northrup
Gamma ausprobieren. Die einzige Maschine, die er haben konnte,
gehörte der berühmten Fliegerin Jacqueline Cochran. Ich schloß
einen Leihvertrag mit ihr ab, und Howard übernahm die Maschine
und ließ teure Umbauten vornehmen. Am 13. Januar 1936 flog er
die Gamma von Burbank nach Newark und stellte einen neuen
Geschwindigkeits-Rekord für Flüge von Küste zu Küste auf mit
neun Stunden und siebenundzwanzig Minuten. Weiterhin stellte er
neue Rekorde zwischen New York und Miami auf und zwischen
Chicago und Los Angeles.

Später wurde die Gamma durch ein Feuer zerstört; Jacqueline Cochran war ihm jahrelang böse dafür. Ich erinnere mich, daß ich sie einmal auf einer Party in Washington traf und einer der Gäste bemerkte, Howard Hughes sei ein Genie. »Nichts an Howard Hughes war je ein Genie«, schnappte Miss Cochran.

Im Januar 1937 wurde Howard mit der Harmony Trophy für seine Verdienste um die Luftfahrt ausgezeichnet. Er flog mit der aufpolierten H-1 los, um sie abzuholen und brach unterwegs den Interkontinental-Rekord mit sieben Stunden und achtundzwanzig Minuten.

Howard hatte eine durchschnittliche Stundengeschwindigkeit von 534 km erreicht. In New York erhielt er einen Anruf von General O. P. Echols, Kommandeur von Wright Field in Dayton, Ohio.

»Mr. Hughes, die Armee interessiert sich sehr für Ihre H-1«, sagte der General. »Sie flogen ungefähr doppelt so schnell wie unsere schnellsten Abfangjäger. Ich möchte Sie fragen, ob Sie auf dem Rückflug nach Kalifornien auf Wright Field zwischenlanden könnten, damit wir uns die Maschine einmal ansehen.«

»Ich glaube, das kann ich machen«, antwortete Howard.

»Prima! Ich rufe Washington an und lasse die großen Tiere kommen, um Sie zu begrüßen. Sie sind fasziniert von der Leistung Ihrer Maschine.«

General Echols versammelte eine Gruppe hoher Militärs, um Howard zu begrüßen und die H-1 zu inspizieren. Howard kam nicht.

Er passierte Dayton und mußte in Chicago zwischenlanden, um aufzutanken. Dann flog er weiter nach Kalifornien. General Echols hatte die feine Aufgabe, sich eine Erklärung auszudenken, warum sein Gast nicht erschienen war.

Ich tadelte Howard deswegen. »Zum Teufel, Noah«, sagte er. »Ich habe glatt vergessen, daß ich in Dayton landen sollte.«

Doch ich wußte, daß er es keineswegs vergessen hatte. Er wollte einfach nicht zulassen, daß diese Generale seine Maschine beschnüffelten und ihm seine Ideen stahlen. Später stellte sich heraus, daß ihn dieses Verhalten teuer zu stehen kam.

Nach und nach verlor Howard das Interesse an der H-1 und verkaufte sie für die relativ geringe Summe von 125 000 Dollar in Aktien an die Timm Company. Bevor die H-1 in Serie gehen konnte, machte die Firma bankrott, und die Maschine fand ihren Ruheplatz im Smithsonian Institute.

Schließlich »landete« sie am 7. Dezember 1941 in Pearl Harbor. Irgendwie hatten die Japaner ihre Konstruktionspläne in die Hand bekommen und bauten ein ähnliches Modell, das ein überlegenes Flugzeug wurde – die Zero.

19. In 91 Stunden um die Welt

Das erste, was ich von Howards Plan, die Welt zu umfliegen, erfuhr, war seine Einladung zum Hangar, um das Sikorsky-Amphibienflugzeug zu betrachten, das er gekauft hatte. Er hatte alle Sitze entfernt und stattdessen zwei Reihen großer Treibstofftanks installiert. Diese Tanks reichten von der Decke bis zum Boden und faßten jeweils etwa 757 Liter. Howard sagte, er wolle mit der Maschine die Erde umfliegen.

»Wie groß ist die Reisegeschwindigkeit?« fragte ich.

»Zweihundertfünfunddreißig Kilometer in der Stunde«, antwortete Howard.

Das schien mir nicht schnell genug zu sein, um den Rekord zu brechen, den Wiley Post 1933 in einem Flug aufgestellt hatte. Ich erklärte Howard meine Bedenken.

Er hob einen Ball hoch und umkreiste ihn mit dem Finger.

»Noah, Wiley Post hat diese Route genommen«, sagte er und deutete die Mitte der Kugel an. »Ich werde so fliegen«, und zeigte mit dem Finger eine Route an, die über den Pol führte.

Später entschied er, die Sikorsky sei doch nicht schnell genug, und kaufte eine Lockheed Lodestar. Wieder ließ er die Maschine ausräumen und große Tanks einbauen. Er entwarf ein neues Treibstoffsystem und ließ die Tanks mit Neopren auskleiden, um sie selbstdichtend zu machen.

Howard hatte zunächst das Sikorsky-Amphibienflugzeug ausgesucht, weil er auf Land und auf Wasser sicher landen können wollte. Die Lodestar war ein Land-Flugzeug, doch Howard entwarf eine Vorrichtung, um sie über Wasser zu halten.

»Ich habe achtzig Pfund Tischtennisbälle in jedem Winkel der Maschine verstaut«, sagte er. »Selbst, wenn ich bei einer Wasserlandung einen Flügel abbreche, bleibe ich immer noch über Wasser.«

Howard wählte seine Mannschaft sehr sorgfältig aus. Harry Connor war auf einem berühmten Flug 1930 von Montreal nach London Co-Pilot und Navigator gewesen. Thomas Thurlow war U.S. Army Air Corps Lieutenant und arbeitet als Navigations-Experte in Wright Field. Radiomann Richard Stoddart war Ingenieur bei der National Broadcasting Company.

Glen Odekirk hatte zunächst als Ingenieur mitfliegen sollen. In letzter Minute trat er zurück und wurde durch einen anderen Mechaniker aus dem Hangar, Ed Lund, ersetzt.

Howard überließ absolut nichts dem Zufall. Er nahm alles mit, was er vielleicht einmal gebrauchen konnte: Eine Schrotbüchse, falls er unter wilden Tieren eine Bruchlandung machen mußte; einen durch Sonnenbestrahlung betriebenen Destillierapparat, um aus Seewasser Trinkwasser zu gewinnen; einen Drachen, um eine Radioantenne hochzuziehen; Fallschirme mit kleinen Radiosendern. Er nahm Ethyl mit, um es mit normalem Treibstoff zu mischen, falls er den benötigten unterwegs nicht bekommen konnte. Er testete sogar dreißig verschiedene Brotsorten auf ihren Nährwert, um daraus die Sandwiches für die Mannschaft zu machen.

Eine wichtige Figur bei den Vorbereitungen des Fluges war Al Lodwick, ein Vizepräsident der Curtis-Wright-Corporation, die die Motoren lieferte. Er kümmerte sich um alle Einzelheiten auf der Strecke, die von Howard und seinem Meteorologen, W. C. Rockefeller, ausgearbeitet worden war. Lodwick arrangierte Landeplätze, Flugpermits sowie Treibstoffvorräte, die beim Eintreffen der Maschine bereitstehen mußten.

Lodwick war ein aufrechter Mann, der es wagte, Howard Hughes' Manieren zu kritisieren. Als Hughes Direktoren in der Hauptverwaltung von Curtis-Wright besuchte, sagte Lodwick: »Sie sollten nicht einfach aus dem Büro gehen und die Sekretärinnen ignorieren. Sie sollten ihnen ebenfalls Auf Wiedersehen sagen.« Howard nahm sich diesen Rat zu Herzen und verabschiedete sich von jeder Sekretärin und verbeugte sich sogar.

Am 10. Juli 1938 war die Lodestar zum Start vom Floyd Bennett Field bereit. Howard hatte eine Verabredung mit New Yorker Offiziellen getroffen und nannte das Flugzeug »New York World's Fair 1939«. Es gab Abschiedsfeierlichkeiten mit Reden des Bürgermeisters Fiorello La Guardia und Grover Whalens, dem berühmten Empfangschef und Präsidenten der World's Fair. Howard war froh, als die Reden zu Ende waren und er ins Flugzeug klettern und losfliegen konnte.

Fast hätte es nicht geklappt. Schwankend unter der schweren Ladung rumpelte die Maschine die Rollbahn hinab und landete in einem Feld – Howard hatte vorsichtigerweise den Zaun entfernen lassen. Doch schließlich erhob sich die Lodestar über die Staubwolken und wandte sich nach Osten.

Sechzehn Stunden und fünfunddreißig Minuten später landete die Maschine auf dem Flughafen Le Bourget bei Paris. Das war ein neuer Rekord. Doch hier erwartete Howard eine nervenzerrende achtstündige Verzögerung. Beim Start in New York war die Heckradanlage beschädigt worden und mußte repariert werden.

Howard und seine Mannschaft starteten nach Moskau, wo ihnen ein tumultartiger Empfang bereitet wurde. Weiter nach Omsk, wo er mit dem mitgeführten Ehtyl seinen eigenen Treibstoff mischen mußte. Als methodischer Mensch bestand er darauf, daß der Stoff durch Kupfersiebe gefiltert wurde, bevor er in die Tanks gefüllt wurde. Doch wo steckten die Siebe? Als ihre Suche nichts zu Tage förderte, sprach Howard über sein starkes Kurzwellenradio mit Odekirk in New York. Odekirk sagte ihm, wo die Siebe steckten.

Das war Howards Glück. Die Verspätungen in Paris und Omsk bewahrten die »New York World's Fair 1939« wahrscheinlich davor, gegen einen Berg zu rasen.

Howards ursprünglicher Fahrplan hätte ihn mitten in der Nacht über Sibirien sein lassen. Er studierte die Karten der Gegend jenseits von Kakussk und fand die Gebirgshöhe mit ca. 2 200 m angegeben. Er hatte geplant, während der Nacht in 2 800 m Höhe zu fliegen, was ausreichenden Zwischenraum ergeben hätte. Doch als er die Gebirgskette jetzt bei Tageslicht anflog, sah er, daß die Berge sich bis 3 300 m auftürmten. Er ging auf Höhe und flog nach Alaska.

Die ganze Welt verfolgte den Flug der »New York World's Fair 1939« über die Beringstraße nach Fairbanks, Alaska. Dort begrüßte ihn Mrs. Wiley Post, die Witwe des Fliegers, dessen Rekord er gerade brach.

Die Lodestar flog weiter, überging den geplanten Stop in Winnnipeg wegen eines Sturms und landete in Minneapolis.

Der letzte Teil der Reise war der schwierigste. Die Maschine geriet in einen Hagelsturm, und die Flügel erzitterten unter dem Anprall der Körner. Howard ging mit der Geschwindigkeit bis knapp vor dem Abrutschen herunter und schaffte es, dem Sturm ohne Schaden zu entkommen.

Eine gewaltige Menschenmenge hatte sich auf dem Floyd Bennett Field versammelt. Das Empfangskomitee, angeführt von Bürgermeister La Guardia und Grover Whalen, löste sich in Chaos auf, als der sensationslüsternde Mob nach dem strahlenden jungen Lufthelden Howard Hughes brüllte.

Howard erhielt die traditionelle Parade zur Heldenbegrüßung auf dem Broadway in einer Wolke von Ticker-Tape und Konfetti. Seine triumphale Rückkehr wurde von Al Lodwick geleitet, dem Vizepräsidenten von Curtis-Wright, der auch die Details des Fluges arrangiert hatte. Dazu gehörten Paraden und Empfänge in Chiacgo, Los Angeles und seiner Heimatstadt Houston.

Alle Arten der Ehrung wurden über ihn ausgeschüttet. Die National Junior Chamber of Commerce erklärte ihn zum hervorragenden jungen Manne des Jahres 1938, zusammen mit William O. Douglas, John Steinbeck und Thomas E. Dewey. Er wurde Flieger des Jahres der National Aeronautics Association.

Collier's Magazin verlieh ihm die begehrte Trophäe für die besten fliegerischen Leistungen des Jahres; die Präsentation erfolgte im White House durch Präsident Roosevelt.

Wie finden Sie all dies?

Hughes, der Einsiedler, der die Öffentlichkeit mied, der Einzelgänger, ließ es zu, daß man ihn zum Helden des Tages machte, ihn vor Millionen paradieren ließ und ihn zum Gegenstand öffentlicher Lobreden emporjubelte. Warum?

Erinnern Sie sich seiner Absicht: »Ich will der größte Flieger aller Zeiten werden.« Für eine kurze Zeit in der Geschichte der Luftfahrt war er es. Die Paraden und Bankette waren die öffentliche Anerkennung seiner Leistung.

Dennoch mögen Sie denken, daß ein derartiges Zur-Schau-Stellen für Howard eine Qual gewesen sein muß, für diesen außergewöhnlich scheuen Mann. Ich glaube jedoch nicht, daß ihm all das etwas ausgemacht hat. In seinen Adern floß Eiswasser. Ich habe keinen Menschen kennengelernt, der so bar jeder Gemütsregung war wie Howard Hughes.

20. Aufpasser für die goldene Gans

Meine Aufgaben für Howard während der Mitte der dreißiger Jahre waren gering. Seine Filmproduktion hatte er niedergelegt und verbrachte viel Zeit mit Flugforschung, was mich nur wenig in Anspruch nahm. Da ich nun in Kalifornien kaum etwas zu tun hatte, verlegte ich mein Büro nach Houston, um die Hughes Tool Company besser in den Griff zu bekommen. Die Firma hatte sich zwar wieder erholt, lag aber immer noch unter ihren Möglichkeiten. Die Zeit für den Umzug war genau richtig für mich; meine beiden Töchter hatten geheiratet, und meine Ehe war geschieden. Ein Tapetenwechsel war genau das Richtige.

Der Umzug erfolgte im Jahre 1936. Die Zustände, die ich schon vor zehn Jahren bei Toolco vorgefunden hatte, waren immer noch nicht abgestellt. Die Verkaufsbemühungen waren gering, die Arbeitsmoral schlecht, da der Inhaber sich nie blicken ließ.

Geschäftsleitung und Belegschaft dachten gleichermaßen, Howard Hughes betrachte die Toolco lediglich als Geldquelle für seine teuren Hobbies. Sie hatten recht. Diese Einstellung wirkte sich bei diesem Millionen-Unternehmen sehr negativ aus.

Wenn bei der Hughes Tool Company Probleme auftraten, blieben sie meistens ungelöst liegen. Man sah keinen Sinn darin, sich bei Howard um eine Lösung zu bemühen. Für ihn war es unmöglich, seine Aufmerksamkeit den Problemen dieser Firma zuzuwenden. Er regte sich nur auf, wenn der Geldsegen dünner wurde, wie es während verschiedener Jahre der Fall gewesen war.

Die Toolco begann, wieder Profit abzuwerfen, als Howard vorschlug, ich solle nach Houston umziehen, um sie unter die Lupe zu nehmen.

»Ich komme hier ohne Sie zurecht«, sagte er. »Gehen Sie dorthin, sehen Sie sich die Probleme an, und stellen Sie sie ab.«

Ich brauchte nicht lange, um herauszufinden, wo es im Argen lag. Nicht nur antiquierte Produktionsmethoden, nicht nur ein lustloses Management: Einer der höchsten Direktoren brachte auf Howards Kosten sein Schäfchen ins Trockene.

Ein vereidigter Bücherrevisor ist eine Art Finanzdetektiv, folglich war ich bestens ausgestattet für die Arbeit, die vor mir lag. Den ersten Hinweis erhielt ich, als ich mir die Geschichte mit der Brauerei näher ansah.

Die Brauerei war eines der jüngsten Unternehmen im Hughes-Imperium. Als man den Eindruck gewann, die Prohibition stehe kurz vor der Aufhebung, schlug das Management in Houston vor, Bier könne ein lohnender Geschäftszweig für Howard sein. Howard stimmte zu. Man errichtete auf einem Grundstück der Tool Company eine Brauerei als hundertprozentige Hughes-Tochter. Die Firma* stellte das »Grand Prize Beer« her – nach einer Formel, die bei einer Ausstellung in Belgien ausgezeichnet worden war. Der Sohn des damaligen Braumeisters wurde eingestellt, um die Arbeit zu überwachen. Es war kein besonders gutes Bier, doch erbrachte es in einem guten Jahr 2 300 000 Dollar für Howard.

Als ich mir die vergleichende Kostenaufstellung für den Biertransport näher anschaute, stellte ich fest, daß unsere Kosten für den Ferntransport wesentlich über denen unserer Konkurrenten lagen. Bald erfuhr ich den Grund.

Gulf Brewing hatte einen Fuhrpark im Wert von 200 000 Dollar, ließ jedoch sein gesamtes Transportwesen von einem Speditionsunternehmen abwickeln. Der Spediteur berechnete eine hübsche Gebühr pro Transportmeile und bekam viel Geld für eine Arbeit, die wir genauso gut selber erledigen konnten. Wir zahlten alle Unkosten.

Ich befragte den erwähnten Direktor über die Angelegenheit. Er hatte eine Antwort parat: »Sehen Sie, unsere Lastzüge sind meistens völlig überladen; dieser Bursche hält uns die Transportinspektoren vom Hals.«

Mir kam das komisch vor, und ich machte einige Nachforschungen

---

* Gulf Brewing Company.

bei anderen Brauereien. Deren Lastzüge waren genauso überladen wie die unseren, doch sie hatten keine Spedition nötig, um ihre Transporte abzuwickeln. Alles, was man brauchte, war eine gute Lobby in Austin.

Ich beschloß, meine alte Firma Haskin und Sells mit einer Buchprüfung zu beauftragen. Sie förderten interessante Dinge zu Tage.

Beim Brauprozeß fällt Gerstenmaische als Nebenprodukt ab, wenn das Bier abgezogen ist; man kann sie als Viehfutter verwenden. Die Farmer kamen mit Lastwagen zu den Brauereien und karrten die Maische zu einem festgesetzten Preis je Pfund ab.

Doch die Bücher zeigten keinerlei Einnahmen durch den Verkauf von Gerstenmaische. Ich stöberte weiter und entdeckte, daß unsere Maische schnurstracks zur Farm eben jenes hohen Direktors gebracht wurde.

Nicht nur das. Er hatte sogar die Frechheit, die Lieferung in den Lastzügen der Firma machen zu lassen!

Die Prüfung zeigte weiter, daß der gleiche Direktor Geld aus dem Unterstützungsfond für die Angestellten entnahm und es einem Arzt in Fort Worth übergab, der damit Vollblutrinder für die Ranch des Direktors kaufte. Und der Direktor hatte sich einen Exclusivvertrag über die Lieferung des gesamten Milchbedarfs der Firmenkantine verschafft.

Die Unverfrorenheit dieses Mannes war bewundernswert. Er stahl Geld aus dem Firmenfond, um Vieh zu kaufen, das er mit der firmeneigenen Gerstenmaische fütterte, und die Milch verkaufte er wieder an die gleiche Firma. Sogar Billy Sol Estes hätte sich kein solches System ausdenken können.

Das war noch nicht alles.

Der Mann bekam die gesamte eingehende Post als erster zu Gesicht, bevor sie von der Poststelle der Firma verteilt wurde. Stieß er auf eine einmalige Zahlung – etwa eine Abfindung in einem Rechtsstreit oder eine Rückvergütung einer Versicherung – verbuchte er das Geld auf sein eigenes Konto. Einer der Schecks lautete über 11 000 Dollar; er hatte die Frechheit, ihn mit eigener Hand abzuzeichnen und ihn durch die First National Bank of Houston seinem Konto gutschreiben zu lassen.

Die Höhe seiner Betrügerei bewies seinen guten Geschmack. Für 20 000 Dollar kaufte er Ölgemälde in einer New Yorker Kunst-Galerie und ließ die Rechnung von der Hughes Tool Company bezahlen.

Wo steckten die Gemälde? Ich fragte in der Fabrik herum, doch niemand wußte etwas. Ich bat den Revisor, den Direktor nach dem Verbleib der Bilder zu fragen. Die Antwort lautete: Sie wurden dem Houston Country Club als Leihgabe überreicht. Ich rief den

Club an – keine Bilder. Ich rief den Riveroaks Club an – keine Bilder.

Schließlich stellte ich den Direktor selber zur Rede.

»Nun, Dietrich«, lächelte er. »In Wirklichkeit befinden sich diese Gemälde in meinem Haus. Aber ich habe die Absicht, sie dem Club auszuleihen.«

Ich hatte genug erfahren. Ich fuhr nach Kalifornien und berichtete Howard: »Dieser Mann bestiehlt Sie nach Strich und Faden.« Ich erläuterte seine Betrügereien. Howard antwortete: »Ich verstehe.« Dann fragte er: »Was schätzen Sie, stiehlt er etwa pro Jahr?«

»Ungefähr 250 000 Dollar.«

Howard überlegte einen Moment, dann sagte er: »Zum Teufel, Noah, ich wäre ja verrückt, wenn ich ihn rauswürfe. Er hat prima Ansehen im Ölgeschäft. Er hat mein Geld ausgegeben, um sich Freunde in den großen Ölgesellschaften zu machen. Wenn ich ihn wegen zweihundertfünfzigtausend im Jahr auf die Straße werfe, fühlen sich seine Freunde beleidigt. Sie laufen zur Reed Roller Bit Company und kaufen ihre Ausrüstungen dort, weil sie meinen, ich hätte den Kerl schlecht behandelt. Auf die Art kann ich vier Millionen verlieren. Folglich muß ich die zweihundertfünfzigtausend gegen die vier Millionen abwägen.«

Diese Reaktion erstaunte mich sehr.

»Ich sehe die Sache völlig anders, Howard«, sagte ich. »Er weiß, daß wir ihm auf die Schliche gekommen sind, aber er hat keine Ahnung, wieviel wir herausgefunden haben. Wenn er sieht, daß wir nichts unternehmen, hat er ja geradezu einen Berechtigungsschein, weiter zu stehlen.«

Howard schob das Argument zur Seite. »Genauso will ich es haben. Passen Sie lediglich auf, daß er nicht mehr als zweihundertfünfzigtausend Dollar im Jahr stiehlt.«

Es gab nichts, das ich noch tun konnte, so flog ich also nach Houston zurück und befolgte seine Instruktionen. Ein paar Wochen danach erhielt ich den Besuch des Speditionsunternehmers, der das Transportwesen der Brauerei unter sich hatte. Er warf mir ein Bündel stornierter Schecks auf den Tisch.

Sie waren alle auf den stehlenden Direktor ausgestellt und beliefen sich auf über 100 000 Dollar.

»Warum tun Sie das?« fragte ich den Spediteur.

»Weil der Hundesohn versucht, weitere 25 000 Dollar aus mir herauszuquetschen und ich sie ihm nicht geben will«, sagte er. »Er hat mir gedroht, den Speditionsvertrag zu lösen und auch den Vertrag über die Reifenlieferungen – ich verkaufe eine Menge Reifen an die Hughes Tool Company. Bevor ich dem auch nur einen Penny mehr bezahle, gehe ich lieber ins Gefängnis.«

Ich dankte ihm und versprach, mich um die Sache zu kümmern. Dann rief ich die anderen Mitglieder des Aufsichtsrats und sagte ihnen: »Sie wissen, was hier vorgeht, und ich weiß es auch. Ich für meinen Teil werde es nicht länger tolerieren.«

Sie stimmten sämtlich zu. Wir waren uns einig, Howard habe zwischen dem betrügerischen Direktor und uns seine Wahl zu treffen. Ich rief Howard an und ließ jedes einzelne Mitglied des Aufsichtsrates mit ihm sprechen.

Als ich an der Reihe war, brauchte ich eigentlich nichts mehr zu sagen. »In Ordnung, Noah«, sagte Howard, »setzen Sie ihn vor die Tür. Lassen Sie ihn auf der Gehaltsliste, und geben Sie seinen Rücktritt bekannt – oder besser, er soll es selbst tun.«

»Das ist noch nicht alles«, sagte ich. »Die Steuerbehörde verlangt, daß wir für alle Maische-Verkäufe und alles andere, was der Firma eigentlich gehört, auch noch Steuern bezahlen. Er ist derjenige, der das eigentlich bezahlen sollte.«

»Nein, wir bezahlen das«, sagte Howard.

So beließ ich den Mann noch ein paar Wochen auf der Gehaltsliste. Dann rief ich ihn in mein Büro und sagte: »Sie sind erledigt.« Sonst nichts. Er kam straffrei davon, und die Hughes Tool Company mußte die Steuern für das bezahlen, was er gestohlen hatte.

Howard Hughes, das Paradox. Er konnte den Gedanken nicht ertragen, auch nur ein halbes Prozent seiner Inhaberschaft zu verlieren, gleichzeitig unternahm er nichts, wenn er von seinem eigenen Direktor ausgeplündert wurde. Er hätte das Geld zurückerhalten und den Mann ins Gefängnis bringen können, doch er tat nichts. Machen Sie sich Ihren eigenen Reim darauf.

Ich hatte ein Loch im Geldsäckel gestopft, doch immer noch schaffte die Toolco nicht das, was sie schaffen konnte. Howard blieb dabei, Männer der unteren Ränge zu befördern – das Peter-Prinzip* nahm überhand. Wir hatten eine ganze Reihe von Fabrikleitern, doch sie waren für diesen Posten sämtlich ungeeignet. Howard weigerte sich, Toolcos chronische Krankheit zu beachten. Er hatte viel zuviel mit seinen anderen Dingen zu tun.

21. Ist das eine Art, eine Fluggesellschaft zu kaufen?

Im Jahre 1937 erhielt ich eines Tages in meinem Houstoner Büro einen Telefonanruf aus New York.

---

* etwa: Die Inkompetenz steigt mit der Höhe der Position (A. d. Ü.).

»Mr. Dietrich, Sie kennen mich nicht«, sagte die Stimme am anderen Ende der Leitung. »Ich bin Jack Frye, Präsident der Transcontinental and Western Airways. Können Sie mir bitte sagen, wann der Scheck bei Lehman Brothers eintreffen wird?«

Seine Anfrage erstaunte mich. »Welcher Scheck?« fragte ich.

»Der Scheck über die TWA-Transaktion«, sagte er ungeduldig.

»Mr. Frye, ich weiß nichts über eine TWA-Transaktion. Am besten erzählen Sie mir einmal, worum es sich überhaupt handelt.«

Frye war einen Augenblick verblüfft. »Mr. Hughes hat zugesagt, einhunderttausend Anteile an TWA-Aktien zu kaufen, die bei Lehman Brothers liegen. Er zahlt 10 Dollar pro Anteil und sagte mir, Sie würden den Scheck über die Hughes Tool Company ausstellen.«

»Das ist mir alles völlig neu, Mr. Frye«, sagte ich. »Ich muß mit Mr. Hughes darüber reden und rufe Sie zurück.«

»Ich verstehe das nicht«, sagte Frye beunruhigt. »Ich dachte, alles sei bereits arrangiert. Es ist sehr wichtig für mich. Ich habe eine Aktionärsversammlung vor mir, bei der es um meine Position geht.«

Später erfuhr ich den Grund für seine Sorge. Nur ein Jahr zuvor war er Präsident der TWA geworden. Er war eine merkwürdige Gestalt, früher einmal Postpilot gewesen und arbeitete auch bei TWA noch als Pilot, obwohl er ihr Präsident war. Frye wollte expandieren, doch konnte er die Aktionäre nicht dazu bringen, seine Pläne zu finanzieren. Hughes hatte er kennengelernt, als Howard sich einmal eine DC-2 von TWA auslieh, um damit zu experimentieren. Hughes war Fryes Hoffnung, einem Versuch, ihn hinauszuwerfen, zuvorzukommen. Frye wollte, daß Howard die 99 293 Anteile normaler Aktien kaufte, die Lehman Brothers für einige ihrer Klienten hielt. Das hätte für eine Kontrolle ausgereicht.

Ich rief Howard an und fragte, was hier vorgehe.

»Oh, Christ, Noah!« sagte er. »Ich habe vergessen, Ihnen Bescheid zu sagen.« Er erläuterte seine Absicht, die Aktienmajorität bei TWA zu übernehmen.

»Wenn Sie das wirklich wollen, Howard, werde ich den Scheck sofort absenden. Frye ist schon sehr unruhig deswegen.«

»Warten Sie einen Moment, Noah«, fügte Howard hinzu. »Ich habe darüber nachgedacht. Ich gab Frye die mündliche Zusage, die Aktien für 10 Dollar je Anteil zu kaufen. Aber ich weiß, daß TWA in Schwierigkeiten steckt. Ich glaube, ich könnte sie auch für 8 Dollar bekommen. Versuchen Sie es. Erzählen Sie ihm irgendeine Geschichte, die mich raushält. Seien Sie der Bösewicht. Ich möchte Frye nicht beleidigen.«

Noah, der Macher, gab sich an die Arbeit. Ich rief Frye in New York an und sagte: »Der Verwaltungsrat der Hughes Tool Company hat die Sache beraten. Wir sind eine Aktiengesellschaft und handeln wie eine Aktiengesellschaft. Wir haben uns Ihre Position in ›Standard and Poor's‹ angesehen und sind zu der Überzeugung gelangt, daß 10 Dollar zur Zeit als Preis für TWA-Aktien zu hoch sind. Wir bieten Ihnen 8 Dollar.«

»Acht!« rief Frye aus. »Aber Mr. Hughes hat bei 10 zugestimmt.«

»Ich bin darüber informiert. Aber alle Entscheidungen der Gesellschaft müssen dem Verwaltungsrat vorgelegt werden, und die Mitglieder sind der Auffassung, daß 8 Dollar ein korrekter Preis sind. Sie können die Sache natürlich mit Mr. Hughes besprechen, wenn Sie möchten. Doch ich kann Ihnen eines sagen: Bisher hat Mr. Hughes noch keine Entscheidung des Verwaltungsrates übergangen.«

Natürlich hatte es gar keine Sitzung des Verwaltungsrates gegeben. Und selbst wenn eine Sitzung stattgefunden hätte, wären die Mitglieder Howards Vorschlägen gefolgt. Aber das brauchte ich Frye ja nicht auf die Nase zu binden.

Er rief mich am folgenden Tag zurück. »Könnte ich achteinviertel bekommen?« fragte er wehleidig.

»Ich werde mit dem Rat sprechen«, sagte ich.

Nach zwanzig Minuten rief ich zurück. »Der Verwaltungsrat hat zugestimmt«, sagte ich.

Auf diese Weise sparte ich Howard 200 000 Dollar. Doch gleichzeitig machte mich dieser Schritt von Anfang an zu Fryes Feind. Frye war davon überzeugt, daß ich das Scheusal war, das Howards Versprechen, die Aktien zu 10 Dollar zu kaufen, aufgehoben hatte. Nun, ich gewöhnte mich an die Rolle. Wann immer Howard ein einmal gegebenes Versprechen aufheben wollte, wenn er einen hochgestellten Mitarbeiter loswerden wollte, wenn er harte Verhandlungen führen wollte oder eine Bitte abschlug, immer ließ er Noah Dietrich die schmutzige Arbeit tun. Wenn das Opfer sich dann beklagte, war er voller Mitgefühl und pflegte zu sagen: »Dieser Noah ist ein harter Bursche.«

Mindestens bei einer Gelegenheit sagte ein Mann, der sich bei ihm beklagte: »Warum setzen Sie diesen hartherzigen Hundesohn nicht einfach an die Luft?«

»Noah rauswerfen?« antwortete Howard. »Unmöglich. Er weiß über meine Geschäfte besser Bescheid als ich selber.«

Jack Frye hätte vor Freude Purzelbäume geschlagen, wenn ich herausgeflogen wäre. Auf Howards Wunsch kam ich sofort nach der Aktienübernahme in den Verwaltungsrat der TWA. Freyes Geschäftsführung beeindruckte mich überhaupt nicht. Damals lautete

TWAs Slogan: »Eine Fluggesellschaft, die von Fliegern geleitet wird.« Geschäftsleute wären besser gewesen. TWA erlitt chronische Defizite, und ich war der Meinung, daß die Schuld dafür bei Frye und seinem ungeeigneten Management lag.

Frye und ich hatten keinen offenen Streit, doch meldete ich Howard meine Kritik an der Geschäftsführung. Und bei Aufsichtsrats-Sitzungen hielt ich mit meiner Meinung nicht zurück.

Nachdem ich dem Verwaltungsrat ein paar Jahre angehört hatte, rief Howard mich zu sich und sagte: »Noah, ich weiß nicht, wie ich das sagen soll, aber Sie wissen, daß Sie Fryes Geschäftsführung sehr kritisch gegenüberstehen. Ich hatte ihm damals zugesagt, er könne TWA so leiten, wie er es für richtig halte. Nun beklagt er sich, Sie wären ein Störungsfaktor.«

»Und will mich aus dem Aufsichtsrat haben, nicht wahr?«

»Nun, ja.«

»Howard, ich wäre überglücklich, wenn ich den Aufsichtsrat verlassen könnte. Er kostet mich sowieso zuviel Zeit.«

»Das ist ja großartig, Noah«, sagte Howard und war sichtlich erleichtert. »Trotzdem möchte ich, daß Sie sich weiterhin um TWAs Probleme kümmern und sie analysieren.«

Ich verließ – zu Fryes großer Freude – den Aufsichtsrat der TWA. Dennoch erhielt ich weiterhin regelmäßige Berichte über die Lage der Gesellschaft und orientierte Howard darüber.

Frye war ein Mann von großer Vorstellungskraft, der ahnte, wie der Luftverkehr sich weltweit entwickeln würde. Doch sein Geschäftssinn war mäßig, und immerzu überstrapazierte er die finanziellen Möglichkeiten der Gesellschaft. Einmal, als zusätzliche Geldmittel dringend benötigt wurden, kaufte Howard weitere Aktien im Wert von 1 500 000 Dollar. Er verbot das öffentliche Anbieten der Aktien, solange er TWA kontrollierte. Dies entsprach nur seiner lebenslang geübten Praxis, keine Verwässerung seiner Inhaberschaft zuzulassen.

Wie bei den meisten anderen Luftgesellschaften begann auch TWAs Lage sich beim Näherrücken des Krieges zu verbessern. Transportmöglichkeiten wurden dringend benötigt, und alle Flugzeuge waren gerammelt voll – dergestalt, daß Sitzprioritäten für Soldaten und andere wichtige Reisende eingeführt werden mußten.

Kurz vor dem Krieg hatte Howard klugerweise sechs Boeing Stratoliners durch die Hughes Tool Company gekauft. Einen behielt er für sich und stellte die anderen bei TWA in Dienst. Er hatte die ersten sechs Maschinen gekauft, die bei Boeing fertig wurden.

Damals war der Stratoliner ein bemerkenswertes Flugzeug. Er war das erste viermotorige Verkehrsflugzeug mit Druckkabine und konnte vierzig Passagiere befördern, gegen 23 bei der DC-3.

Nach dem Angriff auf Pearl Harbor stand der Krieg nicht besonders gut, und Transportmöglichkeiten wurden verzweifelt benötigt. Die Stratoliners, das kommerzielle Gegenstück zur B-17, waren die einzigen lieferbaren Maschinen, die non-stop über den Ozean fliegen konnten. Die Armee benötigte die Hughes'schen Stratoliners, um ihre besten Leute nach Afrika und Europa zu bringen. Doch Howard hatte die hohen militärischen Tiere bei verschiedenen Gelegenheiten schlecht behandelt, und jetzt wollten die Generale ihn nicht wegen der Maschinen fragen.

Dafür suchten sie sich Jesse Jones aus.

Der hartgesottene Jones war Roosevelts Wirtschaftsminister. Die Militärs dachten, Jones, ebenfalls Texaner und ein berühmter Mann, könne Hughes dazu überreden, sich von seinen Stratoliners zu trennen.

Während meiner Jahre in Houston hatte ich mich mit Jesse Jones gut angefreundet; er machte mich sogar zum Direktor seiner National Bank of Commerce. Er rief mich an und erklärte mir die Vorstellung der Militärs.

»Sie brauchen diese Maschinen, Noah«, sagte er. »Ich schlage vor, Hughes zeigt sich als wahrer Patriot und erklärt: ›Meine Herren, die Maschinen stehen zu Ihrer Verfügung; nennen Sie Ihre Bedingungen.‹ Das würde ihm bei der Armee Freunde einbringen, und obendrein würde er seinem Land helfen.«

Ich berichtete Howard von Jones' Vorschlag. Er meinte: »Das klingt großartig. Ich rede mit Frye, er soll sich darum kümmern.«

Doch er rief mich nochmals an und sagte: »Frye meint, wir sollten nichts überstürzen. Wir müssen die Stratoliners mit DC-3-Flugzeugen ersetzen, die nur die halbe Kapazität haben. Er meint, wir sollten uns soviele DC-3-Maschinen sichern lassen, wie wir benötigen, um die verlorene Sitzkapazität zu verdoppeln. Außerdem hat sich TWA um einige neue Routen beworben, die uns zugesichert werden müßten.«

»Möchten Sie das wirklich auf diese Art regeln?« fragte ich Howard.

»Gewiß. Frye hat recht. Wir brauchen eine Gegenleistung.«

Mit einem sehr unguten Gefühl arrangierte ich ein Gespräch zwischen Jack Frye und Jesse Jones im Wirtschaftsministerium in Washington. Frye verlor keine Zeit, seine Bedingungen aufzuzählen: »Wenn TWA mit neuen DC-3-Maschinen die doppelte Sitzkapazität bekommt, und wenn unsere Bewerbungen für die neuen Routen angenommen werden, können Sie die Maschinen haben.«

Ich sah, wie Jesse Jones erstarrte. Mit eisiger Stimme sagte er: »Mr. Frye, würden Sie bitte draußen warten, während ich mit Mr. Dietrich spreche?«

Als Frye draußen war, sagte Jones: »Noah, ich wasche meine Hände in Unschuld. Ich will nichts damit zu tun haben.«

Obwohl ich Howards Gesandter war, kam ich nicht umhin, ihm recht zu geben. Frye wurde hereingerufen, und Jones verkündete: »Die Verhandlung ist beendet. Guten Tag, Gentlemen.«

Rasch berichtete ich Howard am Telefon vom Ergebnis der Konferenz. Er war verlegen.

»Um Gottes willen, Noah, ich habe einen furchtbaren Fehler gemacht«, sagte er.

»Da haben Sie recht, Howard«, antwortete ich.

»Gehen Sie zu Jones zurück. Lassen Sie Frye aus dem Spiel. Sagen Sie Jones, die Regierung könne die Flugzeuge zu jeden Bedingungen bekommen.«

Ich kehrte zu Jones zurück, doch er war unerbittlich. »Die ganze Sache ist für mich erledigt«, sagte er. »Ich habe das der Armee bereits gesagt; sie sollen sich selber um die Maschinen bemühen. Ich habe keine Zeit, um sie mit den Mätzchen dieses Burschen zu verschwenden.«

Schließlich requirierte die Armee die Stratoliners zu ihren eigenen Bedingungen. TWA bekam keine Sonderbehandlung bei den Bewerbungen um neue Routen und bekam auch keine extra Sitzkapazität für die verlorenen Maschinen. Die Armee bekam nur fünf Stratoliners, Howard behielt den sechsten für sich, mit der Begründung, er benötige die Maschine für wichtige Forschungsarbeiten. In der Tat ließ er größere Motoren einbauen.

Bei der Stratoliner-Geschichte gab es ein interessantes Nachspiel.

Während des Krieges und später experimentierte Howard mit diesem Flugzeug. Anfang der 50er Jahre flog er mit Glenn McCarthy, einem anderen berühmten Bürger Houstons, nach Las Vegas. Der Millionenspekulant kaufte damals jede Menge Dinge. Als er das Flugzeug bewunderte, fragte Howard: »Möchten Sie es kaufen?«

»Sicher«, sagte McCarthy. »Wieviel wollen Sie dafür haben?«

»Eine halbe Million.«

»Ich nehme es.«

Howard bestand darauf, McCarthy nach Houston zu fliegen und die Maschine dort abzuliefern. Er hatte nichts in der Hand, nur McCarthys Wort.

Monate gingen vorüber, doch von McCarthy kam kein Geld. Ich erinnerte Howard mehrfach daran; schließlich erlaubte er mir, McCarthy aufzusuchen, um etwas Schriftliches zu bekommen. Nicht ohne böse Vorahnungen begab ich mich in McCarthys Hauptquartier; er stand im Ruf, auf den Tisch zu springen und mit Füßen zu treten, wenn man etwas sagte, was ihm nicht gefiel. Immerhin kam ich mit dem unerfreulichen Auftrag, ihn an seine

500 000-Dollar-Verpflichtung Howard Hughes gegenüber zu erinnern.

McCarthy war überhaupt nicht streitsüchtig, und ich verließ ihn mit seiner Anweisung über 500 000 Dollar.

Howard löste sie niemals ein.

Auch bekam er sein Flugzeug nicht zurück.

McCarthy hatte teure Veränderungen an dem Stratoliner in Auftrag gegeben und konnte nicht dafür bezahlen. Sein auf- und absteigendes Glück hatte einen neuen Tiefstand erreicht. Die Pfändung der Maschine machte es Howard unmöglich, sie zurückzufordern.

Regte er sich über den Verlust einer halben Million auf? Keineswegs.

»Zu schade um den armen Bastard McCarthy«, sagte er mit Schulterzucken. Er wandte sich anderen Dingen mit demselben Gleichmut zu, den er bereits angesichts der Verluste gleicher Höhe beim Hughes-Dampfauto bewiesen hatte.

22. »The Outlaw« und Jane Russell

Im Jahre 1939 war Howard sieben Jahre lang aus dem Filmgeschäft, jetzt zuckte es ihm in den Fingern, dahin zurückzukehren. Ich erfuhr davon auf einer meiner regelmäßigen Besuchsreisen nach Kalifornien.

»Noah, ich weiß, daß ich Ihnen einmal gesagt habe, ich würde keinen Film mehr machen, wenn ich ihn nicht für höchstens 75 000 Dollar machen könnte«, sagte er.

»Ja, Howard«, antwortete ich und erwartete das Unvermeidliche.

»Nun, ich habe hier eine Story gefunden, die einfach zu gut ist, um sie liegen zu lassen. Sie handelt von Billy The Kid. Großartige Story. Und ich mache sie nicht für 75 000 Dollar – das ist einfach nicht möglich – sondern für 250 000 Dollar und keinen Cent darüber.«

»Mehr nicht?«

»Absolut. Glauben Sie, Sie können das Geld beschaffen?«

»Ich denke, ich kann die Summe aufbringen. Wer soll der Regisseur sein?«

»Howard Hawks.«

Hawks hatte bei »Scarface« prima Arbeit geleistet, ich machte mir also nicht allzuviel Sorgen. Ich besuchte ihn und fragte, für wieviel er Billy The Kid wohl drehen könne.

Er zeigte mir sein Budget: 440 000 Dollar.

Ich nannte Howard diese Zahl. »Das bedeutet eine halbe Million, Howard«, sagte ich. »Es scheint, heutzutage gehen alle Filme über ihren Etat hinaus.«

»O nein«, antwortete Howard. »Machen Sie sich keine Sorgen, Noah. Ich halte die Kosten niedrig und schaffe das Ganze für eine Viertelmillion. Beschaffen Sie nur das Geld.«

»The Outlaw« kostete schließlich 3 400 000 Dollar.

Howard suchte eine Hauptdarstellerin für den Film, eine Persönlichkeit, die er zum Starruhm führen konnte, wie er es mit Jean Harlow in »Hell's Angels« gemacht hatte. Doch diesmal war er entschlossen, sich den Star nicht wegschnappen zu lassen.

Eines Tages traf ich Howard im Zustand großer Aufregung.

»Heute«, verkündigte er, »heute habe ich den tollsten Busen entdeckt, den ich in meinem ganzen Leben gesehen habe.«

Er war beim Zahnarzt gewesen. Der bemerkenswerte Busen gehörte der Empfangsdame, einem neunzehnjährigen Mädchen aus Van Nuys namens Jane Russell. Howard gab ihr einen Vertrag und bestimmte ihr Rios Rolle, die Freundin von Doc Holliday. Als Billy The Kid wählte Howard einen anderen Unbekannten, Jack Buetel, den einer der Marx Brothers, Gummo, ein Talentsucher, gefunden hatte.

Klugerweise unterstützte er die beiden Anfänger durch zwei erfahrene Schauspieler, Walter Huston und Thomas Mitchell.

Die Dreharbeiten begannen in Arizona. Das Ergebnis eines jeden Tages wurde in einem Sonderflugzeug nach Hollywood gebracht, wo Howard es in seinem privaten Projektionsraum ansehen konnte.

Sein alter Drang, sich einzumischen, meldete sich wieder. Nach einer Woche flog er nach Arizona und beobachtete Hawks bei der Arbeit. Howard war voller Vorschläge.

Diese Art von Kiebitzen brachte Hawks zur Weißglut. Nach der dritten Woche wandte er sich an Howard und sagte: »Wenn Sie meinen, Sie könnten alles besser, warum drehen Sie den Film nicht selber?«

Howard tat es. Hawks verließ »The Outlaw« und ging zu Warner Brothers, bei denen er »Sergeant York« mit Gary Cooper drehte. »Sergeant York« war der größte Geldbringer des Jahres 1941 und brachte Gary Cooper einen Academy Award ein.

Inzwischen drehte Howard »The Outlaw« in seinem eigenen Tempo. Langsam. Walter Huston und Thomas Mitchell trieb er zur Verzweiflung mit seinen zahllosen Wiederholungen und einer endlosen Drehfolge. Buetel und Jane Russell waren Neulinge in der Filmwelt, sie dachten, alle Filme würden so gedreht.

Howard war entschlossen, aus Miss Russells hervorstechender Ausstattung das beste herauszuholen. In einer der Hauptszenen wurde der verwundete Billy in einer einsamen Hütte von Kälteschauern geschüttelt. Immer wieder mußte sich Jane Russell über Billys Bett lehnen, bis Howard endlich die Einstellung hatte, die er haben wollte. Das war die Szene, bei der ein Soldat während der Ur-Aufführung rief »Bomben los!«, woraufhin das Theater einen Lachsturm erlebte.

Solche Andeutungen und die Ausstellung von Janes Hautoberfläche wären heute, wo auf der Leinwand alles erlaubt ist, eine lahme Angelegenheit. Doch damals zensierte Will Hays durch das Breen Office die Filme mit eiserner Hand und verlangte umfangreiche Schnitte in »The Outlaw«. Wie damals bei »Scarface« versuchte Howard, der Freiheit auf der Leinwand eine Bahn zu brechen – und nebenbei natürlich allerhand Publicity für den Film herauszuholen.

Sein Presseagent war Russell Birdwell, der unerschütterliche Ideen-Mann, der die Suche nach Scarlett O'Hara und andere bemerkenswerte Taten vollbracht hatte. Birdwell gelang es bemerkenswerterweise, aus Jane Russell einen Star zu machen, bevor auch nur ein Mensch sie auf der Leinwand gesehen hatte. Er überflutete Zeitungen und Magazine mit provozierenden Fotos von Jane und machte sie damit zum bevorzugten Pin-up-Girl der Soldaten in aller Welt.

Howard trödelte mit dem Film vor sich hin, verbrachte Nacht um Nacht in seinem Projektionsraum und ließ die gesamte Mannschaft neu antreten, um weitere Szenen zu drehen, die er für nötig hielt.

Buchstäblich bis zur letzten Minute nahm er noch Schnitte vor.

Die Welt-Uraufführung war im Februar 1943 im Geary-Theater in San Francisco. Eine Zugladung bedeutender Persönlichkeiten Hollywoods und der Presse hatte sich nach Norden begeben, um dem Ereignis beizuwohnen. Howard hatte sich krank ins St.-Francis-Hotel zurückgezogen. Sein Cutter, Walter Reynolds, befand sich im Projektionsraum des Theaters. Unmittelbar vor Beginn des Films erhielt Walter einen Anruf von Howard: »Bringen Sie Rolle drei zu mir her.«

Walter war verwirrt, doch brachte er die Rolle ins Hotel. »Ich möchte etwas rausschneiden«, sagte Howard.

Walter blickte um sich, doch konnte er keinen Projektionsapparat im Hotelzimmer finden. »Um Himmels willen, Howard«, sagte er, »Rolle eins läuft in dieser Minute im Theater!«

Howard blieb gelassen. »Nehmen Sie den Film aus der Dose«, befahl er Walter. Er nahm einen Bleistift und drehte den Film darum, betrachtete die Bilder und summte die Begleitmusik dazu.

»Hier schneiden«, sagte Howard. Er fuhr fort, den Film zu betrachten und summte weiter vor sich hin.

»Hier schneiden«, sagte er. Dreieinhalb Meter Film wurden entfernt. Auf einer Schneidemaschine nahm Walter die Schnitte vor und raste zum Theater zurück. Er kam gerade rechtzeitig zum Ende der Rolle Nummer zwei an. Bemerkenswerterweise hatte Howard einen perfekten Schnitt gemacht, denn die Begleitmusik überspielte die fehlende Stelle ohne Sprung. Er hatte die vollständige Begleitmusik im Kopf gehabt.

»The Outlaw« wurde von der Kritik zerrissen, doch Howard war nicht enttäuscht. Er zog den Film aus dem Verleih und begann eine Publicity-Kampagne, die sich auf Jane's Busen und seinen Kampf gegen die Filmzensur konzentrierte.

»Je länger ich warte, desto wertvoller wird der Film«, sagte er mir. »Ich treibe das öffentliche Interesse an ›Outlaw‹ in die Höhe.«

Er versuchte den Eindruck zu erwecken, als verbringe er einen großen Teil seiner Zeit im Kampf mit den Zensoren. In Wirklichkeit legte er »The Outlaw« beiseite und widmete sich anderen Interessen.

Während dieser Zeit bat mich Howard, mit dem New Yorker Kardinal Spellmann in Verbindung zu treten und zu versuchen, den Bann der Catholic Legion of Decency gegen den Film aufzuheben. Ich hatte mehrere herzliche Gespräche mit dem Kardinal, und wir wurden gute Freunde. Eines Tages rief er mich an und sagte: »Noah, ich habe Ihren Film durchgekriegt.«

Schließlich brachte Howard 1946 »The Outlaw« im ganzen Land heraus. Doch all die Jahre der Öffentlichkeitsarbeit waren nicht genug, um einen Erfolg daraus zu machen. Die Kritiker fanden den Film immer noch kitschig, und das Publikum lachte an den verkehrten Stellen. »The Outlaw« brachte ziemlich viel Geld ein, hauptsächlich, weil die Leute neugierig waren, doch nicht genug, um Howards Investitionen wieder einzuspielen.

Wegen Howards Protektion glaubten viele Leute, zwischen ihm und Jane Russell habe es irgendwann eine Liaison gegeben. Das ist unrichtig. Jane liebte den Football-Champion ihrer Schule, Bob Waterfield, und heiratete ihn im Jahre 1943.

Wie bei Howards anderem Sex-Symbol, Jean Harlow, gab es keine Romanze. Doch anders als bei Jean Harlow, die Howard nicht gefiel, bestand zwischen ihm und Jane Russell gegenseitiger Respekt. Er mochte ihre offenherzige und ungekünstelte Art. Und sie war ihm dafür dankbar, daß er ihre Karriere unterstützte.

Howard war der »Eigentümer« seines wichtigen Stars und bestand auf allerbester Behandlung, wenn er sie einmal anderen Produzenten auslieh. Seine eigene Kontrolle über ihre Karriere war umfassend. Wie umfassend, mag man aus einem umfangreichen Memorandum ersehen, daß Howard 1950 verfaßte, als Jane in »Macao« auftrat.

Das Memorandum war an den Mann adressiert, den ich als Geschäftsführer bei RKO eingesetzt hatte, C. J. Tevlin. Howard begann mit einer engbeschriebenen Seite mit Instruktionen über die Verbreitung des Memorandums: an den Produzenten, Sam Bischoff; an den Publicity-Chef Perry Lieber; an die Garderobiere, die Lieber mit diesem delikaten Auftrag betraut hatte.

»Ich möchte, daß diese beiden Notizen über Russell's Garderobe an Sie und anschließend an mich zurückgegeben werden, denn ich will vermeiden, daß sie in irgendwelchen Ablagen landen«, bestimmte Howard.

Er fügte hinzu, er wünsche, daß Lieber sicherstelle, daß die Garderobiere seine Notiz über Jane's Busen »mehrfach liest und vollständig versteht, doch gleichzeitig will ich, daß die Notizen nicht aus Liebers Büro entfernt werden, damit sie nicht durch Zufall einem anderen in die Hände fallen«.

Der Text des Memorandums lautete:

»Ich möchte, daß Harry Wild (der Kameramann) informiert wird, daß ich die Fotos von Jane Russell's Nase für ungünstig halte und daß die ungünstige Form ihrer Nase, worüber ich mit ihm gesprochen habe, in den Aufnahmen zu bemerken war.

Ich bin der Auffassung, daß Russell's Garderobe in diesem Test eine Katastrophe war. Sie enthüllt nichts, steht ihr nicht und ist ganz einfach schrecklich.

Es gibt nur eine Ausnahme, und das ist das Kleid aus metallischem Stoff. Dieses Kleid ist einfach eine Wucht und soll unter allen Umständen benutzt werden.

Doch der Sitz des Kleides an ihrem Busen ist schlecht und erweckt den Anschein, was Gott verhüten möge, daß ihr Busen gepolstert oder künstlich ist. Ihre Brüste scheinen einfach keine natürliche Form zu haben. Es sieht aus, als trage sie einen Büstenhalter aus irgendeinem steifen Material, das die Konturen ihrer Brüste nicht erkennen läßt.

Besonders um die Brustwarze herum sieht es aus, als gebe ein hartes und steifes Material einen künstlichen und unnatürlichen Umriß ab. Ich empfehle nicht, daß sie ohne Büstenhalter auftritt, da ich weiß, daß dies für Jane Russell eine Notwendigkeit ist. Doch glaube ich, daß wir einen Halbschalen-Büstenhalter finden sollten, der ihre Brüste stützt und hebt und sich unter dem Kleid nicht abzeichnet, oder als Ausweg einen Büstenhalter aus einem sehr dünnen Material, der die natürlichen Formen ihrer Brüste erkennen läßt. Das wäre schon eine wesentliche Verbesserung.

Über diese Situation mit dem Büstenhalter hinaus mag es notwendig erscheinen, das Kleid um den Busen herum zu verändern, so daß sich die natürlichen Formen deutlich erkennen lassen.

Außerdem würde es sehr wesentlich sein, daß der Büstenhalter oder das Kleid eine Art von Punkt oder Spitze enthielten, um die Brustwarze zu unterstreichen, was im Fall der Jane Russell nützlich sein könnte, da die Brustwarze nicht immer zu erkennen ist. Ihre Brüste erscheinen immer zu rund oder flach, so daß ein Punkt oder eine Spitze hier sehr wünschenswert wären, wenn man dies anbringen kann, ohne die Linie des Busens zu zerstören.

Mein Einwand gegen die jetzige Situation ist, daß ihre Brüste nicht natürlich wirken. Der Gesamteindruck ist einfach nicht richtig, und da, wo sich die Brustwarze als ein Punkt abheben sollte, was richtig und erstrebenswert wäre, scheint sich unter dem Kleid etwas zu erheben, das mehrere kleine Punkte bildet, als befänden sich auf dem Büstenhalter ein paar Knöpfe, oder unter dem Kleid.

Ein realistischer Punkt als Brustwarze wäre ideal, wenn sich dies in den Büstenhalter einarbeiten läßt und man es durch das Kleid erkennen kann.

Man kann dies alles nur sehr schwer erklären, doch wenn Sie den Film sehen, werden Sie erkennen, was ich meine.

Was wir brauchen, ist ein Büstenhalter aus sehr dünnem Material, der die natürlichen Linien ihrer Brüste unterstreicht, oder, falls möglich, einen Halbschalen-Büstenhalter, der die unteren Hälften ihrer Brüste anhebt.

Diese Bemerkungen beziehen sich direkt auf das Kleid aus metallischem Stoff.

Gleichermaßen gilt dies jedoch auch für alle anderen Kleider, die sie trägt, und ich möchte, daß diese Anweisungen für ihre gesamte Garderobe benutzt werden.

Von den Kleidern ist das aus metallischem Stoff o.k., obwohl es hochgeschlossen ist. Dieses Kleid ist hervorragend.

Bei allen anderen Kleidern wünsche ich einen tiefen Ausschnitt (und mit tief meine ich so tief, wie das Gesetz es erlaubt), so daß das Publikum den Teil von Russell sehen kann, für den es bezahlt und nichts, das von Stoff, Metall oder sonstwas bedeckt ist.

Bei den Probeaufnahmen erschienen Jane Russell und Joyce Mac-Kenzie Kaugummi kauend auf der Leinwand. Wenn dies unabsichtlich geschah und Russell dies lediglich tat, weil sie glaubte, es handele sich nur um einen Garderobe-Test, so hat das keine Bedeutung.

Doch falls (Regisseur Joseph) von Sternberg sie auch im Film Kaugummi kauen läßt, erhebe ich starken Einspruch, da ich nicht sehe, wie eine Frau dabei aufregend wirken kann. Übrigens, auch in

Howard Hughes, Flieger, Millionär und Filmproduzent, im Jahre
1938

Howard Hughes und Noah Dietrich

Die Hughes Tool Company in Houston, Texas, Grundlage des gesamten Hughes'schen Vermögens. Howard Hughes hat diese Firma ein einziges Mal besucht.

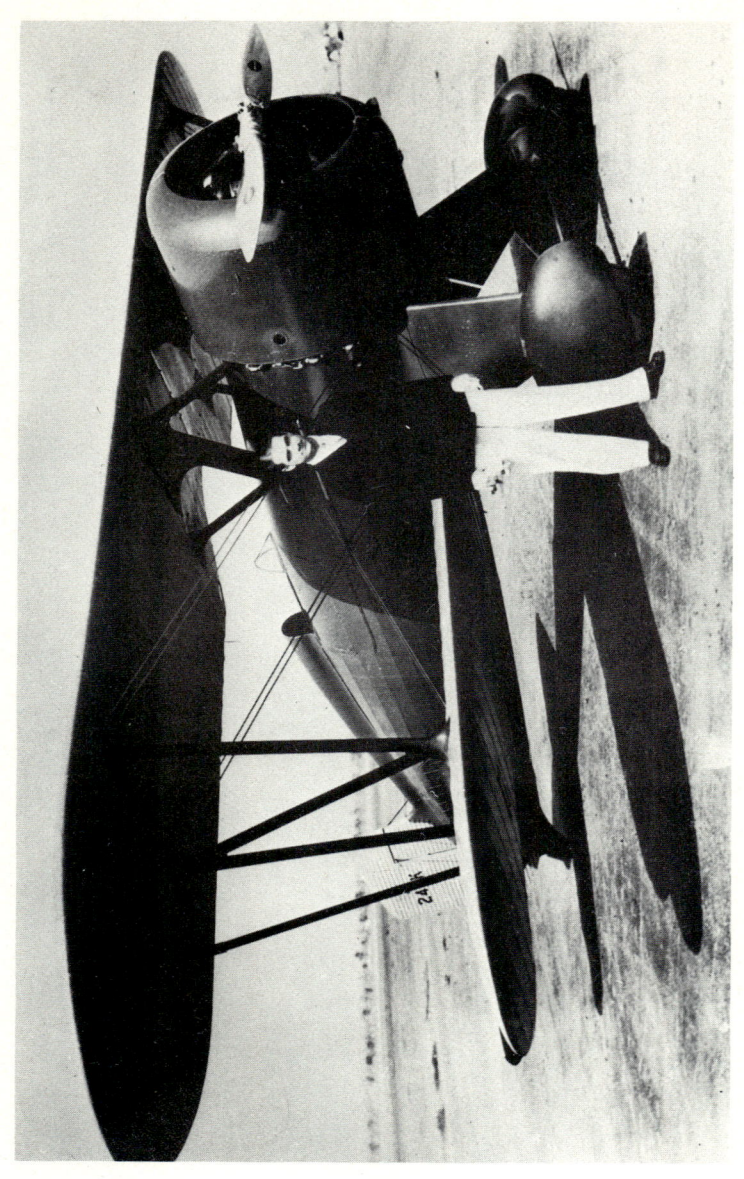

Howard Hughes im Juni 1932. Mit dieser Boeing-Maschine gewann er ein Luftrennen in Miami, Florida.

Howard Hughes nach seinem Absturz am 3. September 1935. Er
hatte soeben einen neuen Geschwindigkeits-Weltrekord aufgestellt.
Beim Absturz blieb er unverletzt.

Ehrenparade für Howard Hughes nach seiner Weltumfliegung, am 15. Juli 1938 auf dem Broadway in New York.

Absturzstelle der F-11 in Beverly Hills, Kalifornien. Howard wurde
schwerverletzt aus den brennenden Trümmern gerettet.

Jean Harlow bekam ihre erste Filmrolle in Howard Hughes' Film »Hell's Angels«.

Ava Gardner. Sie wurde so böse auf Howard Hughes, daß sie ihn
mit einer Bronze-Statue bewußtlos schlug. Das war das Ende ihrer
Romanze.

Jane Russell im Film »The Outlaw«

»Hercules«, das gigantische Fliegende Boot. Der Testflug fand am
1. November 1947 in Long Beach statt.

Das Flugboot, eines der größten Flugzeuge der Welt. Es bestand aus Sperrholz, bot 700 Passagieren Platz und flog nur einmal: ca. 1500 Meter weit.

Im Cockpit der »Hercules«.

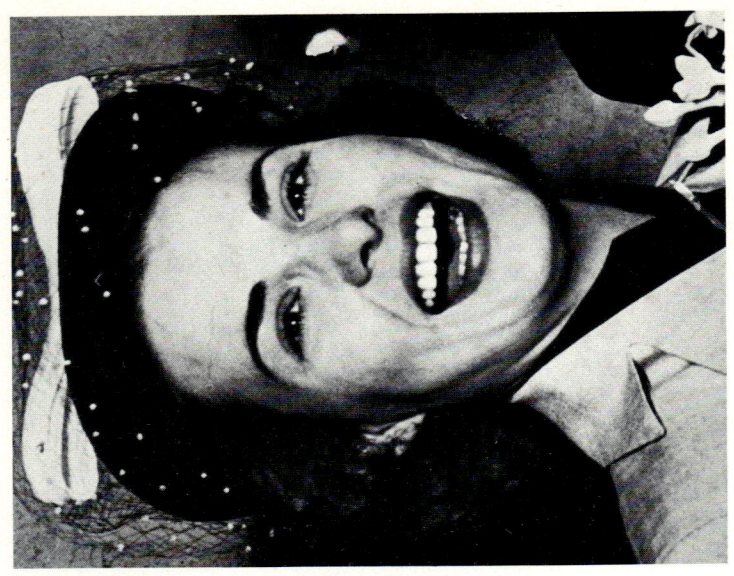

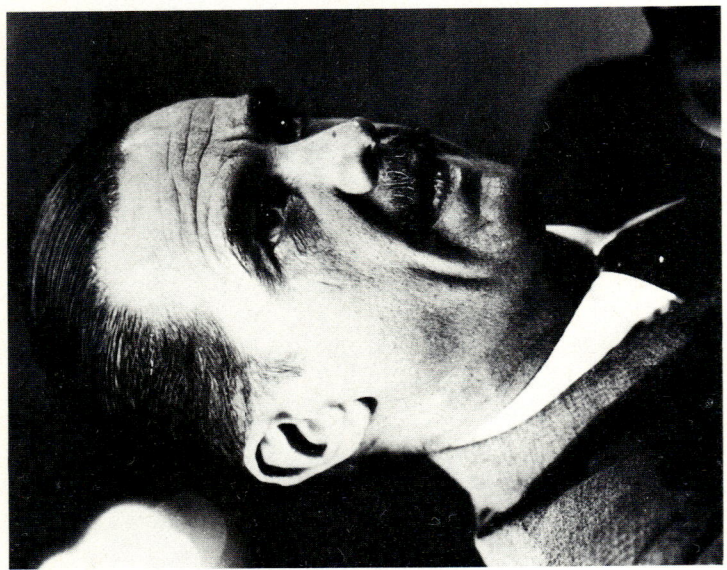

Howard Hughes im Jahre 1947.
Jean Peters, Howard Hughes' zweite Frau.

Howard Hughes mit einem Van-Dyke-Bart, nach einer Zeichnung eines amerikanischen Journalisten. Die Zeichnung basiert auf einem Foto aus dem Jahre 1957.

Das Intercontinental Hotel in Managua, Nicaragua. Hughes hat den gesamten 8. und 9. Stock gemietet. Der Hotelaufzug geht nur bis zur 7. Etage.

einem Garderoben- oder Make-up-Test kann ich besser erkennen, wie ein Mädchen wirkt, wenn sie dergleichen unterläßt . . .«

Wie Sie sehen, war Howard jederzeit der Amateur-Ingenieur, ob er nun eine Lockheed Lodestar umbaute, um die Welt zu umkreisen, oder ob es sich um Jane Russell's Büstenhalter handelte.

Als Jane's Vertrag im Jahre 1955 auslief, brachte Howard es nicht übers Herz, sich von ihr zu trennen, obwohl er sich aus dem Filmgeschäft zurückzog. Immerhin hatte er einen Star aus ihr gemacht, und er ertrug den Gedanken nicht, daß andere Produzenten sich an dem bereicherten, was er geschaffen hatte.

Er bat mich, einen Vertrag aufzusetzen, der Jane für fünf Filme verpflichtete und ihr 1000 Dollar pro Woche für die nächsten zwanzig Jahre einbrachte.

Auf den ersten Blick schien dies übertrieben zu sein, doch Howard erklärte: »Ich bezahle ihr eine Million für fünf Filme – zweihunderttausend pro Film für einen Star ihrer Klasse ist nicht schlecht. Doch da ich sie über zwanzig Jahre hinweg bezahle, benutze ich die Theorie über den ›Zeitwert‹, die Sie mir beigebracht haben. In Wirklichkeit zahle ich ihr nur eine halbe Million, denn ich kann das Geld anlegen und bekomme eine halbe Million an Zinsen wieder herein.«

Howards Vertrag für Jane klang theoretisch hervorragend, doch machte er keinen Film mehr mit ihr. Für nichts und wieder nichts erhielt sie 1000 Dollar pro Woche.

Ihr Vertrag läuft bis 1975. Sie ist immer noch loyal ihm gegenüber. Als ich sie viele Jahre nach dem Vertragsabschluß einmal traf, sagte sie: »Ich möchte immer noch gerne einen Film für Howard machen. Obwohl die Zeit längst abgelaufen ist, würde ich es umsonst machen.«

23. Die Anfänge der Hughes Aircraft

Womit hat alles begonnen?

Mit Howards motorisiertem Fahrrad während seiner Kindheit in Houston? Oder als J. B. Alexander ihn in der alten zweisitzigen Waco das Fliegen lehrte? Oder mit der umgebauten Boeing P-4, die Donald Douglas zur Verzweiflung trieb?

Vielleicht sollte man die Anfänge der Hughes Aircraft in die Zeit verlegen, als Howard sein erstes Flugzeug baute, die H-1. Doch damals gab es nichts, das darauf hinwies, daß die H-1 der Anfang eines Flugzeug-Imperiums wurde. Während all seiner Jahre im Geschäftsleben machte er nie weitreichende Pläne – weder für die Tool Company, Filme, Flugzeugwerke oder irgend etwas anderes, das er anfing. Er handelte nach Instinkt und kümmerte sich immer nur um kurzfristige Ergebnisse. Was in Zukunft geschah, interessierte ihn nicht.

Manchmal funktionierte diese Philosophie hervorragend, doch ebenso oft produzierte sie nichts als ein Chaos. Doch sein Glück behielt die Oberhand, und die guten Ergebnisse überwogen die schlechten.

Als 1939 der Zweite Weltkrieg in Europa begann, erhöhten die Vereinigten Staaten ihr Verteidigungspotential und suchten nach einem Flugzeug, das den deutschen Maschinen, die Polen bombardierten, ebenbürtig war. Howard beschloß, sich um einen Regierungsauftrag zum Bau von Flugzeugen zu bewerben und entwickelte ein Modell eines geplanten doppelrümpfigen Kampfflugzeuges – ein radikaler Entwurf mit doppeltem Leitwerk und dem Cockpit in der Mitte. Wie üblich, arbeiteten er und seine kleine Gruppe von Flugzeugbauern unter absoluter Verschwiegenheit im Hughes-Hangar auf dem Lockheed Airport.

Alles war so geheim, daß selbst der Oberkommandierende des U.S. Army Air Corps nicht hereinkonnte.

Gerüchte über den doppelrümpfigen Abfangjäger erreichten Washington, und General Henry H. (Hap) Arnold beschloß, nach Burbank zu kommen, um sich umzusehen und festzustellen, ob Hughes Anlagen zum Bau von Flugzeugen besaß. Arnolds Gruppe kam an das Tor zum Hughes-Hangar und wurde von einem bewaffneten Torwächter angehalten.

»Tut mir leid, niemand ohne Paß darf hinein«, sagte der Wächter.

»Aber dies ist General Arnold, kommandierender General des U.S. Army Air Corps«, beteuerte ein Begleiter. »Er möchte das neue Flugzeug inspizieren.«

»Tut mir leid, es gibt keine Ausnahmen«, sagte der Wächter standhaft. »Mr. Hughes hat Auftrag gegeben, niemand ohne Paß hineinzulassen.«

Und Hap Arnold und seine Gruppe mußten umkehren. Howard behauptete später, er sei über diesen Vorfall sehr beschämt, niemand habe ihm gesagt, der General wolle ihn besuchen. Ich habe jedoch so meine Gedanken. Es würde gewiß Howard sehr ähnlich sehen, wenn er sein Schnüffel-Verbot auch auf den obersten Flieger ausgedehnt hätte.

Verständlicherweise verschaffte ihm sein Affront gegen General Arnold keine Freunde beim Air Corps. In den Firmen Lockheed und Weddell-Williams, New Orleans, fand er Mitbewerber um die Aufträge für den Abfangjäger. Weddell-Williams war aus dem Rennen, bevor der Auftrag erteilt wurde. Howard wurde mit der Entschuldigung übergangen, er habe keine Produktionskapazität. Der Auftrag ging an Lockheed, und das Ergebnis war die P-38, eines der schnellsten und wirkungsvollsten Jagdflugzeuge des Zweiten Weltkrieges.

Die P-38 ähnelte stark Howards doppelrümpfigem Modell, was ihn sehr verbitterte.

»Verdammt noch mal, ich werde meine Anlagen so dichtmachen, daß kein Schnüffler auch nur in die Nähe kommt«, schwor er. »Und ich werde ein Flugzeug entwickeln, das so verdammt gut ist, daß das Air Corps mich anflehen wird, ihnen dieses Flugzeug herzustellen.«

Man hielt es nicht für möglich, doch wurden die Sicherheitsvorschriften noch strenger. Unter der Leitung von Glen Odekirk arbeitete man an einem zweimotorigen mittelschweren Bomber, dem Howard die Bezeichnung D-2 gab. Ebenfalls in Arbeit war eine Ladevorrichtung für 20 mm Flugzeugkanonen.

Im Jahre 1940 zeigte es sich, daß die Konstruktionsanlagen in Burbank aus den Nähten platzten. Eine größere Anlage war dringend nötig, und Howard versuchte, große Grundstücke in der Nähe Los Angeles zu finden. Zusammen mit Odekirk stiegen sie eines Tages auf, um vom Flugzeug aus geeignete Plätze zu finden. Einer lag im San Fernando Valley und ein anderer bei Culver City in der Nähe der Küste. Howard wählte den Platz bei Culver City und zahlte 400 Dollar pro Morgen. Nach und nach erwarb er 1200 Morgen.

Anfang 1941 war die neue Fabrik im Bau, als Howard mich zu sich rief. »Wir gehen in den Krieg, Noah, und zwar bald«, sagte er. »Roosevelt sorgt dafür, komme was da wolle. Ich sehe keinen Grund, daß wir uns nicht am Rüstungsgeschäft beteiligen sollten. Diesmal können sie mich nicht übergehen, weil ich keine Produktionsstätten hätte. Bald habe ich eine in Culver City.«

Ich fuhr nach Washington und arrangierte ein Treffen mit General Oliver P. Echols, oberster Beschaffungsoffizier beim U.S. Army Air Corps. Ich sah das Treffen mit Angst auf mich zukommen, da ich mich daran erinnerte, wie Howard den General hatte sitzen lassen, als er versprach, sein Rennflugzeug auf dem Wright Field vorzustellen.

Meine Angst war berechtigt. Der General fuhr hoch, als er Howard Hughes' Namen hörte.

»Der Hundesohn bekommt von mir keinen Pfennig an Aufträgen, solange ich dieses Büro leite«, schimpfte Echols.

Ich versuchte zu argumentieren, persönliche Animositäten hätten gewiß bei einem nationalen Notstand keine Bedeutung mehr, doch ich erreichte nichts. Die Antipathie des Generals saß zu tief.

Mit Jesse Jones' Hilfe überging ich ihn. Ich verabredete ein Gespräch mit William Knudsen, dem früheren Produktionschef bei General Motors, der zum Chef des Büros für Rüstungsproduktion ernannt worden war. Er stand meinem Vorschlag, Howards Konstruktionsstätten in Houston und Culver City für Rüstungsaufträge heranzuziehen, schon sympathischer gegenüber.

Die Hughes Tool Company erhielt Aufträge über Verstrebungen für die B-25-Bomber. Ein anderer Auftrag lautete über die Herstellung von Zentrifugal-Kanonen, die der Armee sehr fehlten. Sie wurden lediglich im Watertown Arsenal hergestellt, wo man zwei Jahre für den mühevollen Prozeß benötigte, Schicht auf Schicht aufzubauen.

Wir schickten unsere besten Produktionsleute zum Watertown Arsenal, damit sie sich ansehen konnten, wie die Kanone hergestellt wurde. Der Prozeß war in Frankreich entwickelt worden; dabei wurde heißes Metall in eine Gußform gegossen und mit 1500 Umdrehungen gedreht. Die Geschwindigkeit schleuderte das schwere Material nach außen, während die Asche in der Mitte verblieb, wo sie dann ausgebohrt wurde.

Zunächst zögerte die Armee, der Hughes Tool Company den Auftrag über die Kanonen zu erteilen, und zwar mit der Begründung, wir hätten keine Erfahrung in der Waffenproduktion. Ich rief meinen Freund Jesse Jones an, zusammen besuchten wir Bill Knudsen und überzeugten ihn, daß Hughes Tool der Aufgabe gewachsen sei.

Wir kauften das Grundstück in Houston und errichteten die Produktionshallen, bevor die Auftragsbestätigung uns erreichte. Bald produzierte die Fabrik Kanonenrohre in dreißig Tagen – die gleichen Kanonen, für deren Guß und Ausbohrung man bei dem alten Herstellungsprozeß zwei Jahre benötigte.

An der Westküste wurde ein anderer bedeutender Beitrag zu den Kriegsanstrengungen gemacht. Das Air Corps erteilte Hughes einen Auftrag über Ladevorrichtungen für Maschinengewehre, die von einem jungen Ingenieur namens Claude Slate entwickelt worden war. Die frühere Multicolor-Fabrik auf der Romaine Street Nr. 7000 wurde umgebaut und produzierte beinahe sämtliche Ladevorrichtungen für 20 mm Flugzeugkanonen, die von amerikanischen Bombern während des Zweiten Weltkrieges benutzt wurden.

Howard hatte immer noch die Absicht, einen Bomber zu entwickeln, der allen anderen an Geschwindigkeit überlegen war. Er steckte 3 000 000 Dollar seines privaten Vermögens in den Entwurf, den er D-2 nannte, doch wurde er vom Air Corps verworfen.

Hughes Aircraft war von Anfang an ein Problem, nicht nur, weil Howard von der D-2 besessen war. Gleichzeitig hatte er mit »The Outlaw« zu tun und verbrachte viel zuviel Zeit damit, Jane Russell's Busen zu fotografieren und sich mit Zensoren zu streiten.

Viele der Schwierigkeiten der neuen Flugzeugfabrik lagen an dem fehlenden starken Management. Howard bestimmte seinen Flugkameraden, Glen Odekirk, zum ersten Generaldirektor der Fabrik in Culver City. Glen war mein guter Freund und ein prima Kerl, aber ich mußte ihm sagen: »Glen, du hast dich übernommen.«
Auch Howard sagte ich dies, und schließlich sah er es ein. Danach bekam Hughes Aircraft eine Reihe von Direktoren, die alle von Howard eingesetzt wurden, doch niemand war wirklich geeignet.
Das Problem lag nicht nur in einem ungeeigneten Management; die Eigenart der neuen Fabrik verhinderte bereits eine erfolgreiche Arbeit. Drüben im Lockheed-Hangar hatten Howard und seine kleine geheimnisvolle Mannschaft individuelle Flugzeuge von Hand gebaut. Doch die Dringlichkeit eines großen Krieges erforderte Massenproduktion; dafür war Hughes Aircraft nicht eingerichtet. Während Management und Ingenieur-Teams große industrielle Leistungen hervorbrachten, blieb Howard der unergründliche Einzelgänger. Er schien einfach nicht den Unterschied zwischen der Massenproduktion von Flugzeugen für Bombenteppiche und der Handarbeit an einem Rennflugzeug für die Rekordjagd zu verstehen. Die Technologie war zu weit fortgeschritten, als daß ein einzelner exzentrischer Bastler noch wirkungsvoll arbeiten konnte.
Während der ersten Kriegsjahre wiederholte ich diese Gedanken immer wieder. Schließlich, 1943, sagte Howard: »Ich gebe zu, daß wir in der Flugzeugfabrik nicht das richtige Management gehabt haben. Meiner Vorstellung vom besten Mann für diesen Job entspricht der Mann, der für die Lieferung der meisten Flugzeuggerippe für das wenigste Geld verantwortlich ist.«
Ich hörte ein wenig in der Industrie herum und entdeckte, daß die Consolidated Vultee Company den besten Produktionsrekord aufgestellt hatte. Charles Perelle war der Ingenieur, der für diese Leistung der Firma die Verantwortung trug.
Howard begann nun eine jener geheimnisvollen Operationen, die ihm soviel Vergnügen zu bereiten schienen. Er flog nach Dallas, wo Perelle seine Hauptverwaltung hatte. Die Verhandlungen zwischen Perelle und Howard fanden im Auto auf den Straßen von Dallas und Fort Worth statt.
In diesem Fall hatte Howard einen wirklichen Grund für seine Verschwiegenheit. Die Luftfahrt-Industrie hatte ein Abkommen für die Dauer des Krieges gegen das Abwerben ihrer führenden Mitarbeiter geschlossen.
Gerüchte über Howards Bemühungen um Perelle drangen in den Verwaltungsrat der Consolidated Vultee und brachten die Geschäftsleitung in Rage. Die Verhandlungen wurden summarisch beendet.

Es wurde 1944, bis Perelle Howard eines Tages anrief und sagte: »Ich habe mich entschlossen, Consolidated Vultee zu verlassen. Falls Sie mich noch haben wollen, ich bin frei.«

Er sagte Howard nicht, was in Wirklichkeit geschehen war. Tom Girdler, der von der Republic Steel Corporation an Consolidated Vultee »ausgeliehen« worden war und seinen Vertrag erfüllt hatte, kehrte in seine ursprüngliche Firma zurück. Er sagte Perelle, er gehe in Kürze und könne ihn nicht mehr vor seinen, Perelle's, Feinden bei Vultee in Schutz nehmen. Perelle, eine widersprüchliche Figur, entschloß sich, bei Howard einzusteigen.

Als Howard von Perelle angerufen wurde, war ich gerade in Los Angeles im Chancellor-Hotel. Er kam zu mir und erklärte mir die Lage.

»Sind Sie einverstanden, wenn ich Perelle einstelle?« frage Howard.

»Howard, ich bin mit jedem, den Sie einstellen, solange einverstanden, wie ich den Eindruck habe, daß er Ihnen gute Arbeit leistet«, sagte ich.

»Well, überlegen Sie sich die Sache, und sagen Sie mir morgen früh Bescheid, was Sie davon halten.«

Am nächsten Morgen rief ich ihn an und sagte: »Howard, ich denke heute genauso wie gestern abend. Ich arbeite mit jedem Mann zusammen, den Sie einstellen – bis ich den Eindruck bekomme, daß er nicht der richtige Mann für den Job ist.«

Howard schickte Neil McCarthy nach San Diego, wo Perelle damals arbeitete, und ließ ihn einen Vertrag unterzeichnen. Endlich war Hughes Aircraft auf dem Weg zu einem erfolgreichen Management. War es wirklich so?

24. Die F-11

Howard verstand nicht, warum er keine großen Regierungsaufträge über den Bau von Flugzeugen bekam. Er machte sich nicht klar, daß er so ungefähr alles getan hatte, um das Militär vor den Kopf zu stoßen, einschließlich der Zurückweisung von Hap Arnold vor seiner Fabrik, und daß er sich General Echols zum Feind gemacht hatte.

Als Howard bei der P-38 hinter Lockheed das Nachsehen hatte, arbeitete er verbissen an seiner eigenen Version eines zweimotorigen mittelschweren Bombers weiter. Er nannte sie D-2 und ließ eine große Mannschaft von Ingenieuren unter äußerster Verschwiegenheit daran arbeiten. Als das Ergebnis schließlich vorgestellt wurde, war das Militär nicht gerade begeistert. Am Ankauf bestand kein Interesse.

Howard gab niemals auf. Falls eine direkte Annäherung keinen Erfolg brachte, nahm er zu anderen Methoden Zuflucht. Darin übertraf ihn niemand.

Der Mann, der ihm Freunde auf hoher Ebene beschaffen sollte, war der Freundschafts-Experte Johnny Meyer.

Johnny war ein untersetzter freundlicher Mensch mit einer leichten Hand und freundlichen Worten für jeden, mit dem er zu tun hatte. Warum auch nicht? Er war ausgebildet worden, um sich als Film-Presseagent einzuschmeicheln.

Er ließ die Stars bei Warner Brothers glänzen, als Howard entdeckte, wie Johnny Meyer ihm nützlich sein konnte. Bei seiner ewigen Suche nach der »perfekten Schönheit« hatte er eine junge Dame namens Faith Dorn getroffen, eine dunkelhaarige Schauspielerin. Dummerweise war sie bei Warner Brothers unter Vertrag. Johnny Meyer leitete bei Warner das Junioren-Talent-Programm. Irgendwie schaffte er es, den Vertrag des Mädchens auf Howard Hughes umzuschreiben. Jack Warner erfuhr diesen faulen Zauber und setzte Johnny Meyer vor die Tür. Hughes kam nicht umhin, ihn einzustellen.

Meyer bekam 200 Dollar pro Woche. Offiziell war er mit der Öffentlichkeitsarbeit betraut, doch seine Aufgaben gingen darüber hinaus. Howard gab ihm den Auftrag, sich bei hohen Regierungsstellen einzuschmeicheln, um wichtige Aufträge für Hughes Aircraft an Land zu ziehen.

Ich hielt dies für ein trügerisches Unternehmen und sagte dies auch Howard. Wenn derartiges Einschleichen auch unmittelbare Erfolge haben könne, so sei es auf die Dauer doch Selbstbetrug und nachteilig.

Doch Howard wollte nicht hören. Wenn er durch die Vordertür nicht zum Ziel kam, versuchte er es durch die Hintertür.

Und Johnny Meyer begann, freizügig Geld auszugeben. Von 1942 bis 1946 gab er 170 000 Dollar für die Bewirtung hoher Tiere im ganzen Land aus. Johnny wußte genau, womit man den erschöpften Politiker oder General erfreuen konnte und war mit luxuriösen Hotel-Suites, lukullischen Gelagen, Champagner und Kaviar nicht kleinlich, ganz zu schweigen von Alleinunterhalterinnen für 100 Dollar pro Nacht. Sie wären überrascht, wenn Sie wüßten, wieviel Senatoren, Gouverneure und Generale seine Großzügigkeit in Anspruch nahmen.

Trotz seiner offensichtlichen Absicht brachte Meyer Erfolge für die Hughes Aircraft. Die wichtigste VIP, die er schmierte, war Elliott Roosevelt.

Der Sohn des Präsidenten wurde zu einer wichtigen Figur in Howards Plan, Militäraufträge einzuheimsen. Elliott war vor dem Krieg ein Flugzeug-Fan gewesen, hatte Fliegen gelernt und schrieb für das Hearst-Zeitungssyndikat über Luftfahrtfragen. Er trat als Captain in das Air Corps ein und diente mit Auszeichnung in den Anfängen der afrikanischen und europäischen Operationen. Seine Spezialität war die Luftaufklärung.

Die Kampftruppen begannen, sich über die mindere Qualität der Aufklärungsflugzeuge im Vergleich mit den feindlichen Maschinen zu beklagen. Ein Blitzprogramm zur Verbesserung der Luftaufklärung wurde entwickelt, und General H. H. Arnold beauftragte Elliott Roosevelt, mittlerweile Colonel, mit der Untersuchung der Lage.

Hier kommt Johnny Meyer ins Spiel.

Wie jeder Kriegsveteran war Elliott Roosevelt sehr an Ruhe und Entspannung interessiert, und Johnny Meyer konnte alles bieten. Er arrangierte ein Rendezvous mit einer Schauspielerin namens Faye Emerson, die er bei Warner Brothers gekannt hatte. Das Rendezvous entwickelte sich zu einer handfesten Romanze. Als Elliott Roosevelt Faye Emerson zum Traualtar führte, diente Johnny Meyer nicht nur als Brautführer, sondern übernahm auch alle Kosten der Hochzeitsreise.

Während seiner Arbeit an der Verbesserung der Luftaufklärung inspizierte Elliott Roosevelt ein geplantes Flugzeug der Hughes Aircraft, die F-11. Sie gefiel ihm. Er gab ihr eine starke Empfehlung in Washington. Andere Leute waren nicht so enthusiastisch, hier vor allem General Oliver P. Echols, der alte Widersacher, der jetzt die Flugzeugbeschaffung unter sich hatte. Er argumentierte gegen die F-11, da sie aus Sperrholz bestehe. Dem hielt Howard entgegen, daß die Engländer mit einer Spitfire aus Sperrholz viel Erfolg hatten und der Gebrauch von Holz die arg strapazierte Stahlindustrie entlasten könne.

Elliott Roosevelts Meinung gewann die Oberhand. Gegen Ende des Jahres 1943 erhielt die Hughes Aircraft einen Auftrag auf Lieferung von 100 Exemplaren der F-11 als Aufklärungsflugzeug, zu einem Stückpreis von 700 000 Dollar.

Johnny Meyer machte sich auch anderswo einen wichtigen Freund. Major General Bennett Meyers war ein Soldat, der den einflußreichen Posten des stellvertretenden Generalstabschefs für die Luftwaffe innehatte, und zwar für Ausrüstung, Instandhaltung und Verteilung. Johnny Meyer suchte die Freundschaft des Generals, und zwar mit Erfolg. General Meyers kam als Howards Gast nach Kalifornien gereist und kostete alle Vorzüge eines Luxus-Lebens aus, die Johnny Meyer ihm angekündigt hatte.

Howard zeigte sich von der Beeinflußbarkeit des hohen Generals beeindruckt. Was er nicht wußte, war, daß General Meyers sich bereits bei der Regierung gegen einen Auftrag an Hughes Aircraft über die Lieferung der F-11 ausgesprochen hatte.

Doch dann änderte sich Meyers Haltung. Nun wurde er Howards zuverlässigste Unterstützung. Doch schielte er auf Höheres als Johnnys Steak-Dinners und Hotel-Suites. General Meyers dachte in großem Stil.

Er machte Howard einen Vorschlag. Meyers wollte Regierungs-Schuldverschreibungen zum Selbstkostenpreis kaufen und einen schnellen Gewinn machen. Die Sache sei narrensicher – und gesetzlich, sagte er. Alles, was er brauchte, war das Kapital. Hier sollte Howard einspringen. Meyers wollte sich 2 000 000 Dollar leihen, kurzfristig und zinslos. Damit wollte er die Schuldverschreibungen kaufen und sie festhalten. Wenn die Preise stiegen, machte er einen raschen Gewinn. Wenn sie sanken, erwartete er von Howard, daß er für die Differenz einspringe.

Trotz der Kühnheit des Systems wies Howard es nicht von sich. Er glaubte, General Bennett Meyers könne in Washington, wo er dringend einen guten Freund gebrauchen konnte, viel für ihn tun. Ich wollte mit der Sache nichts zu tun haben. Howard beauftragte Neil McCarthy, die Einzelheiten auszuhandeln.

Neil fuhr ostwärts, um mit General Meyers zu verhandeln. Irgend etwas lief falsch, und die Sache wurde abgeblasen.

Howard war rasend. »Werfen Sie McCarthy heraus!« sagte er. »Ich will, daß er sofort entlassen wird.«

Dies war eine Gelegenheit, wo ich Howards Auftrag nicht befolgte. Neil McCarthy war seit 1925 Howards vertrauter Anwalt gewesen, und es schien mir unsinnig, seine Arbeit summarisch zu beenden. Ganz besonders, wenn er bei einem Auftrag versagt hatte, der mir von Anfang an verrückt vorgekommen war. Neil blieb für ein weiteres Jahr auf der Gehaltsliste.

25. Das fliegende Boot

Der offizielle Name lautete HK-1 oder »Hercules«.

Zeitungsreporter bezeichneten es spöttisch als »Holzgans« oder »Fliegenden Holzplatz«.

Für die Männer, die daran arbeiteten, lief es unter dem Namen »The Jesus Christ«.

Für diese Blasphemie gab es eine Erklärung. Einer der Arbeiter sagte mir einmal: »Wenn Besucher den Hangar zum erstenmal betreten, sind sie einfach überwältigt. Sie stehen da mit offenem Mund und starren zur Spitze des Flugzeugs hinauf. Alles, was sie rausbringen ist ›Jeeesuss Keeristt!‹«

So war es wirklich. Obwohl ich die Hercules viele Male gesehen habe, war ich doch jedesmal wieder von ihrem Ausmaß überrascht. Die Spannweite der Flügel war etwas größer als ein Fußballfeld, das Leitwerk erreichte die Höhe eines achtstöckigen Hauses. Ein Ungeheuer in jeder Beziehung.

Als die Boeing 747 vorgestellt wurde, waren viele Leute von ihrer Größe überrascht. Die 747 faßt 490 Personen. Die Hercules sollte 700 Menschen Platz bieten.

Das Flugboot kann jeden Superlativ für sich beanspruchen. Das größte Flugzeug aller Zeiten. Teurer als jedes andere Flugzeug, das je gebaut wurde. Die längste Zeit im Bau.

Ich hätte noch eine weitere Bezeichnung hinzuzufügen: Howards größte Narretei.

Alles fing – natürlich – mit Henry J. Kaiser an. Der unverblümt offene, provozierende und reklametüchtige Industrielle hatte Aufmerksamkeit erregt, weil er während der Anfangsphase des Zweiten Weltkrieges die so dringend benötigten Frachtschiffe in Massenproduktion herstellte. Kaiser machte es Spaß, Vorschriften und überalterte Konventionen durch geniale Lösungen drängender Probleme über Bord zu werfen.

Eines der brennendsten Probleme Anfang 1942 waren die verheerenden U-Boot-Angriffe der Deutschen auf amerikanische Konvois im Atlantik. Verschiedentlich wurde mehr als die Hälfte aller Schiffe von den schwer faßbaren U-Booten versenkt. Das bedeutete furchtbare Verluste an Menschenleben, dezimierte die verzweifelt benötigten Seestreitkräfte und stellte den Nachschub an Menschen und Material für die kämpfende Truppe in Frage.

Kaiser machte einen grundlegenden Vorschlag: Warum baute man keine Flugzeuge, die in der Lage waren, Menschen und Material in großen Mengen über den Ozean zu transportieren?

Dieser Vorschlag machte Schlagzeilen, fand jedoch nur wenig Unterstützung bei den Offiziellen in Washington. Die zuständigen Stellen waren keineswegs davon überzeugt, daß ein Flugzeug der von Kaiser vorgeschlagenen Größe überhaupt fliegen könne. Im übrigen, so argumentierten sie, habe Kaiser keinerlei Erfahrung im Flugzeugbau, folglich sei es ein erhebliches Risiko, ihn mit einem derartigen Projekt zu betrauen.

Solche Rückschläge konnten einen Mann wie Kaiser nicht von seinem Ziel abbringen. Er war entschlossen, jemand mit Erfahrung im Flugzeugbau zu finden, um seinen Traum Wirklichkeit werden zu lassen. Diesen Mann fand er an einem Augusttag des Jahres 1942 im St. Francis Hotel in San Francisco.

Howard war gerade für eine Zeit von der Bildfläche verschwunden, was er immer dann tat, wenn geschäftliche und persönliche Probleme ihn allzusehr bedrängten. Er hatte eben eine Lungenentzündung überstanden, hatte alles stehen und liegen lassen und sich nach San Francisco abgesetzt, wo er sich im St. Francis Hotel verkroch, um sich auszukurieren.

Eines Tages eilte er durch einen Korridor des Hotels, als er auf Henry J. Kaiser traf – nicht ganz durch Zufall, wie ich annehme. Die beiden berühmten Männer erkannten sich, Howard lud Kaiser in seine Suite ein, und Kaiser begann sein Spiel. Die beiden Millionäre unterhielten sich zwei Tage über das Thema.

Kaisers Vorschlag reizte den Abenteurer in Howard. Es war eine kühne, verwegene und scheinbar unmögliche Aufgabe, das größte Flugzeug zu bauen, um der Bedrohung durch die Nazi-U-Boote zu entgehen. Die scheinbare Unmöglichkeit reizte Howard sehr. Und natürlich die Tatsache, daß die hohen Herrschaften des Air Corps nichts davon hielten. Howard war entschlossen, es dieser feindlichen Bande von Generalen, die er den »Hate Howard Hughes Club« nannte, zu zeigen.

Hughes und Kaiser schlossen eine vorläufige Vereinbarung, ihre Möglichkeiten zum Bau der großen Flugzeuge zu kombinieren. Kaiser beeilte sich mit Pressemeldungen, »das kühnste Luftfahrt-Programm, das die Welt je gesehen habe«, sei angelaufen.

Ich war von Anfang an dagegen. Der Widerstand des Militärs war abschreckend genug – und mit Hughes dabei würden die Generale sogar noch stärker dagegen sein. Doch vor allem kannte ich Howards verzögernde Gewohnheiten. Es gab absolut keine Möglichkeit, Kaisers Zusage auf Lieferung innerhalb von zehn Monaten zu halten.

Doch Howard war fest entschlossen, das große Flugzeug zu bauen, und ich redete es ihm nicht aus. Wie sich herausstellte, wurde das Treffen der beiden im St. Francis Hotel natürlich sehr teuer. Das Endergebnis war, daß Howard 50 000 000 Dollar seines Vermögens dabei verlor.

Die Partnerschaft zwischen Henry Kaiser und Howard Hughes war von Anfang an zum Scheitern verurteilt. Das wurde mir klar, als sie sich nach dem ersten Treffen in San Francisco ein weiteres Mal treffen wollten.

Der Termin war zehn Uhr morgens in meinem Büro in der Romaine Street. Kaiser erschien pünktlich, nicht so Howard. Bis Mittag machte ich Konversation und ging mit Kaiser zum Essen. Ich ging mit ihm auch zum Abendessen. Er wurde immer roter und zorniger, und ich wußte nichts mehr, was ich als Entschuldigung für Howards Benehmen noch hätte anführen können.

Gegen Mitternacht erschien Howard endlich, voller Entschuldigungen und Erklärungen. Howard konnte sehr naiv sein, wenn er in solche Situationen geriet, und meistens gelang es ihm, den beleidigten Partner zu besänftigen. So auch hier; Kaiser nahm seine Entschuldigung gutmütig an.

Die Kaiser-Hughes-Corporation wurde gegründet. Ziel war die Produktion von 500 der großen Flugzeuge. Kaiser wandte sich an das Militär, um Unterstützung zu finden. Wie nicht anders erwartet, blieb die Unterstützung aus. Doch Kaiser kannte sich mit der Regierung Roosevelt aus; er war einer der wenigen Industriellen gewesen, die den Präsidenten unterstützt hatten. Ein Rippenstoß vom Weißen Haus half der Defense Plants Corporation, Kaiser-Hughes einen Auftrag über den Bau von drei Flugbooten zum Stückpreis von 6 000 000 Dollar zu erteilen. Gesamtwert 18 000 000 Dollar.

Es gab zusätzliche Vergünstigungen durch die Regierung. Die Defense Plants Corporation baute den monströsen Hangar von 265 Meter Länge, in dem die HK-1 hergestellt werden sollte; nach dem Krieg kaufte Howard die Halle für einen Bruchteil ihrer ursprünglichen Kosten. Auch ein Teil der Flugzeugausrüstung, zum Beispiel die acht gewaltigen Motoren, wurden von der Regierung gestellt.

Dann konnte die Arbeit an dem Flugzeug-Monster beginnen. Kaiser schickte ein Produktionsteam nach Culver City – die gleichen Ingenieure, die bei den Liberty-Schiffen so erfolgreich gearbeitet hatten. Nach Wochen voller Verzweiflung kehrten sie ins Kaiser-Hauptquartier nach Oakland zurück. Kaiser machte ein paar heroische Versuche, einen Plan aufzustellen, wie er und Hughes ihre Anstrengungen zum gemeinsamen Nutzen kombinieren könnten. Doch nichts kam dabei heraus. Der Termin für die Auslieferung des Flugbootes wurde überschritten. Das Flugboot befand sich noch im Entwurfsstadium auf den Zeichentischen.

Kaiser, der nüchterne Denker, sah die Undurchführbarkeit des Projekts ein und zog sich zurück.

Howard wurde zur Zielscheibe der Spötter. Sie sagten, Hughes werde das Flugzeug niemals fertigstellen; sie sagten, beschichtetes Holz als Außenverkleidung (wegen der Benutzungsbeschränkungen für Metall) sei ungeeignet; sie sagten, die Hercules sei eine kolossale Verschwendung und werde niemals fliegen können.

Angesichts derartiger Kritik war Howard selbstverständlich mehr denn je entschlossen, die Arbeit am Flugboot fortzusetzen.

Die Arbeit an der Hercules wurde auch fortgesetzt, als die Gefahr durch die U-Boote längst beseitigt war, sogar noch nach dem Ende des Krieges. Die Regierung versuchte, das Projekt aufzugeben, doch Howard bestand darauf. Er erreichte eine weitere Bewilligung von 2 000 000 Dollar und nahm zusätzliche Vergünstigungen der Regierung in Form von Materiallieferungen in Anspruch. Als kein Geld mehr aus dem Steuersäckel kam, bezahlte Howard die Rechnungen aus seinem Privatvermögen.

Die Rechnungen waren ungeheuerlich. Bis die Hercules soweit war, daß man mit dem Test beginnen konnte, hatte Howard 7 000 000 Dollar dafür ausgegeben.

Das riesenhafte Ausmaß des ganzen Unternehmens überstieg jede Vorstellungskraft. Schon der Transport des Flugbootes von Culver City zum Hafen von Long Beach war ein monumentales Unterfangen. Die Hercules mußte in drei Teile zerlegt werden; Oberleitungen auf der Strecke wurden getrennt, damit das Flugzeug passieren konnte.

Nachdem die Hercules in einem provisorischen Hangar in Long Beach wieder montiert wurde, machte Howard eine ernüchternde Entdeckung. Das Flugzeug war so riesig, daß kein Pilot die Kontrollgeräte von Hand bedienen konnte. Die Ingenieure mußten hydraulische Geräte entwickeln. Dieser Fortschritt – ähnlich den Lenkhilfen in den heutigen Automobilen – mag ein wesentlicher Beitrag zur Entwicklung der Flugtechnik gewesen sein. Wenn dies der Fall ist, so war es gewiß der einzige Beitrag, den die Hercules geleistet hat.

Es wäre durchaus möglich gewesen, daß Howard das Flugboot mit all seinen schwerwiegenden und scheinbar unlösbaren Problemen völlig aufgegeben hätte, wie er es bei Multicolor und dem Dampfauto getan hatte.

Doch Ereignisse in Washington trugen dazu bei, Howards Entschluß, das Boot zum Fliegen zu bringen, nur noch zu verstärken.

26. Howard verbrennt seine Kleidung zum zweiten Mal

Während der Kriegsjahre begann Howard Anzeichen eines Verhaltens zu zeigen, das mich sehr beunruhigte.

Weiß der Himmel, er war nicht wie andere Millionäre. Seine exzentrische Kleidung, seine übertriebene Geheimniskrämerei, seine waghalsigen Abenteuer und merkwürdigen Unternehmungen hatten ihn zu einer lebenden Legende werden lassen. Doch die Eigenarten, die ihn zunächst so faszinierend machten, konnten sich lähmend auswirken, und genau das befürchtete ich, als sich der Druck auf ihn verstärkte.

Er unternahm zuviel gleichzeitig und dazu noch in einem solchen Durcheinander, daß nichts davon wirklich vollendet wurde. Er trieb die Arbeit an der F-11 vorwärts, obwohl das Militär und seine eigene Mannschaft immer stärker davon überzeugt waren, daß das Flugzeug unpraktisch sei. Er war besessen von seinem Flugboot, das sich zum größten »weißen Elefanten« der Welt entwickelte. Er arbeitete an »The Outlaw« und an Jane Russell's Reizen. Ab und zu beschäftigte er sich mit TWA. Und bei all dem ging er eine Liaison nach der anderen mit den Berühmtheiten Hollywoods ein, von Olivia DeHavilland bis Lana Turner.

Ziemlich viel für einen einzelnen. Bestimmt zuviel für einen Mann, der auch noch nicht ganz gesund war.

Howard litt immer noch unter den Auswirkungen seines Absturzes bei den Dreharbeiten zu »Hell's Angels«. Während des Krieges erlitt er einen schweren Autounfall. Er war mit meinem Wagen auf dem Beverly Boulevard unterwegs und wollte gerade nach links auf den Rossmore Boulevard abbiegen, als ein entgegenkommender Wagen in ihn hineinraste. Das Steuerrad brach und Howard prallte mit dem Kopf gegen die Scheibe.

Obwohl er benommen war, gelang es ihm, sich zum Muirfield-Haus bringen zu lassen, das nur ein paar Blocks entfernt lag. Die Ärzte untersuchten ihn zu Hause, damit die Geschichte nicht in die Zeitungen kam. Als ich ihn besuchte, redete er wirr und war halb bewußtlos. Dieser Zustand hielt ein paar Tage an.

Mein Wagen war ein Totalschaden. Ich kaufte mir einen neuen und ließ die Rechnung über die Gesellschaft bezahlen.

Ich weiß von einem weiteren Autounfall, in den er verwickelt war. Es war im Jahre 1936. Eines Abends brachte Howard eine junge Dame in seinem Duesenberg nach Hause. Als er auf der Third Street nach Westen fuhr, stieg ein älterer Schneider auf dem Lorraine Boulevard vor ihm aus der Straßenbahn. Der Duesenberg fuhr ihn nieder, der alte Mann war auf der Stelle tot. Howard setzte das Mädchen in die nächste Straßenbahn, drückte ihr Geld in die Hand und befahl ihr, nach Santa Barbara zu gehen und sich dort zu verstecken.

Der Polizei erzählte er, er habe nicht bemerkt, daß der alte Mann aus der Straßenbahn ausstieg. Er wurde freigesprochen. Es gelang uns, die Sache aus den Zeitungen herauszuhalten. Der Schneider hatte keine Familie, nur einige Geschwister, die wir mit 20 000 Dollar abfanden.

Die Auto- und Flugzeugunglücke schienen zunächst keine bleibenden Nachwirkungen auf Howard zu haben, doch rückblickend muß ich sagen, daß sie doch ihren Tribut forderten. Die Belastungen begannen sich auszuwirken.

Das Ausmaß seiner Behinderung wurde mir während eines furchtbaren Telefongesprächs 1944 bewußt. Wir besprachen geschäftliche Dinge, wie wir es hundertmal vorher getan hatten. Howard sagte: »Noah, kümmern Sie sich einmal um . . .«, und nannte irgendeine unwesentliche Sache, mit der ich mich befassen sollte.

Eine Minute später sagte er: »Noah, kümmern Sie sich einmal um . . .«

Er wiederholte die Anweisung. Dann sagte er sie immer wieder aufs neue. Ich war fassungslos; es war wie ein Alptraum, in dem die gleichen Worte immer wieder gesprochen werden.

Ich hatte Bleistift und Notizblock vor mir liegen und zählte mit, wie oft Howard sich wiederholte. Nach einer halben Stunde unterbrach ich ihn.

»Howard, ich glaube, Sie wissen nicht, was Sie tun«, sagte ich.

»Was wollen Sie damit sagen?« fragte er abwehrend. »Ich weiß immer genau, was ich tue.«

»Sie haben mir mehrere Male dasselbe gesagt, während wir uns jetzt unterhalten.«

Howard war beleidigt. »Wovon zum Teufel reden Sie eigentlich?« fragte er.

»Ich glaube, Sie sollten einmal mit einem Arzt sprechen. Ich habe mitgezählt. Sie haben denselben Satz zweiunddreißig Mal wiederholt. Sie wiederholen sich überhaupt sehr viel in letzter Zeit.«

Howard schwieg für ein paar Momente. »Im Ernst, Noah, habe ich das getan?«

»Ganz sicher, Howard, irgend etwas stimmt nicht.«

Am nächsten Tag rief er mich an.

»Ich bin froh, daß Sie etwas gesagt haben, Noah. Ich war beim Arzt, und er sagt, ich sei am Rande eines Nervenzusammenbruchs. Er sagt, ich müsse alles stehen und liegen lassen und Anstrengungen vermeiden, oder ich verliere den Verstand.«

»Nun, bringen Sie sich wieder in Ordnung, Howard«, sagte ich. »Machen Sie sich keine Sorgen um die Geschäfte.«

»In Ordnung«, sagte er. »Zum Teufel, Sie leiten ja sowieso alles.«

»Wo wollen Sie hinfahren?« fragte ich.

»Das werde ich Ihnen nicht sagen. Und ich will nicht, daß Sie mich suchen. Ich komme zurück, sobald es mir besser geht. Und während ich weg bin, will ich, daß Sie zwei Dinge *nicht* tun.«

»Was ist das?«

»Werfen Sie Jack Frye nicht heraus und Chuck Perelle auch nicht. Ansonsten tun Sie, was Sie für richtig halten.«

Howard wußte, daß ich Frye nicht besonders schätzte und mit Perelle bei Hughes Aircraft auch nicht sonderlich zufrieden war. Doch er wollte, daß sie blieben, bis er zurückkam.

Und Howard verschwand. Ich machte mir Sorgen um ihn, besonders wegen seiner geistigen Verwirrung. Dennoch hielt ich mein Versprechen und versuchte nicht, seinen Aufenthaltsort herauszufinden.

Unruhige Wochen vergingen; dann bekam ich einen Anruf von Howards Tante, Mrs. Loomis. Sie war aufgeregt, denn sie hatte vergeblich versucht, ihn von Houston aus anzurufen.

»Wissen Sie, wo er steckt, Mr. Dietrich?« fragte sie.

»Nein, ich weiß es nicht«, antwortete ich. Das stimmte auch. Ich sah jedoch keine Veranlassung, sie noch mehr aufzuregen, indem ich ihr die volle Wahrheit sagte.

»Ich mache mir große Sorgen um Howard«, sagte Mrs. Loomis. »Ich habe zwar manchmal ein paar Tage warten müssen, doch habe ich ihn immer erreichen können.«

»Ich kümmere mich um die Sache, Mrs. Loomis«, sagte ich. »Ich rufe Sie an, sobald ich etwas herausgefunden habe.«

Ich telefonierte mit den Dienstboten in seinem Haus. Sie sagten, er sei im Wagen weggefahren, habe jedoch nicht hinterlassen, wohin er fahre. Ich rief sein Büro in Nr. 7000 Romaine Street an – sie hatten ebenfalls keine Ahnung. Am Flughafen erfuhr ich, daß sein Wagen auf dem Parkplatz stehe und das Sikorsky-Amphibienflugzeug verschwunden sei.

Als ich diese Nachrichten Mrs. Loomis mitteilte, wollte sie es nicht glauben. Sie begann mich zu beschuldigen. »Es würde mich nicht wundern, wenn der arme Howard gestorben wäre und Sie seine Leiche versteckten und seine Firmen weiterführten.«

Vernünftige Argumente kamen gegen ihre Hysterie nicht an. Ich konnte ihr nur sagen, sie wisse jetzt alles, was ich hätte erfahren können, und soviel ich sagen könne, sei Howard noch am Leben.

Ein paar Tage danach fuhr ich wegen einer Konferenz von Houston nach Los Angeles. Im Haus Nr. 7000 Romaine Street erhielt ich einen Anruf von einem Mann namens Long, dem Leiter des Büros der Hughes Tool Company in Shreveport, Louisiana.

»Setzen Sie sich hin und halten sich fest, Mr. Dietrich«, fing er an, »denn Sie werden es nicht glauben: Mr. Hughes hat im Gefängnis gesessen.«

Ich tat, wie er gesagt hatte: Ich setzte mich hin und hielt mich fest. Dann rückte er mit der Geschichte heraus.

Howard war mit der Sikorsky nach Louisiana geflogen und bekam einige technische Schwierigkeiten. Er landete in Shreveport und begab sich in die Stadt. Er war unrasiert, trug zerknitterte Sachen und Turnschuhe und hatte eine Milchflasche in einer Papiertüte bei sich.

Verschiedentlich fragte er nach dem Weg, wobei er mit leiser Stimme sprach, als solle niemand etwas davon hören. Er redete davon, er wolle einen Wagen mieten und nach Florida fahren. Die Leute von der Tankstelle schöpften Verdacht und riefen die Polizei herbei. Die Polizisten fanden 1200 Dollar in seinen Taschen – doch keinerlei Ausweise. Er wurde als Landstreicher eingesperrt.

»Ich bin Howard Hughes«, sagte er.

»Selbstverständlich«, antwortete der Polizist.

»Aber ich bin wirklich Howard Hughes«, sagte Howard hartnäckig. »Wenn Sie mir nicht glauben, rufen Sie meinen Assistenten Noah Dietrich an.«

Die Polizisten flüsterten in einer Ecke. Einer von ihnen meinte: »Stell dir vor, er ist es wirklich. Er sieht ihm ähnlich.«

»Ein Landstreicher«, sagte der andere Polizist.

»Wir riskieren besser nichts. Ruf die örtliche Hughes Tool-Vertretung an und frage, ob sie etwas wissen.«

Unser Mann in Shreveport wurde angerufen: »Wir haben einen Landstreicher hier, der behauptet, er sei Howard Hughes. Vielleicht kommen Sie einmal hierher und sehen sich ihn an.«

Long hastete zur Polizeistation. Er befand sich in einer Zwickmühle. Es war unvorstellbar, daß sein berühmter Boß wie ein Landstreicher in einer Polizeistation festgehalten wurde. Wie dem auch sei, während seiner achtzehn Jahre bei der Hughes Tool Company hatte Long seinen Chef kein einziges Mal gesehen. Wie in aller Welt sollte er Howard dann identifizieren können?

»Nun, er gleicht Howard Hughes«, sagte Long, nachdem er den Verdächtigen betrachtet hatte. »Aber wegen seines Bartes bin ich mir nicht ganz sicher.«

»Verdammt noch mal, ich *bin* Howard Hughes«, sagte Howard ärgerlich.

Long beruhigte ihn und sagte: »Darf ich Ihnen ein paar Fragen über die Firma stellen, Sir?« Howard stimmte zu, und Long befragte ihn über Einzelheiten, die nur ein Insider wissen konnte.

»Jawohl, dieser Mann ist Howard Hughes«, verkündete Long.

Die Polizei ließ ihn sofort frei. »Was soll ich tun?« fragte mich Long am Telefon.

»Tun Sie überhaupt nichts«, sagte ich. »Lassen Sie ihn allein.« Das war Howards Anweisung gewesen, und ich war entschlossen, sie solange zu befolgen, bis ich wußte, daß er nicht mehr in der Lage war, selber auf sich aufzupassen.

Mein nächster Kontakt mit Howard war noch merkwürdiger.

Ich erhielt einen Anruf aus Florida. Der Anrufer war ein langjähriger Freund Howards, und Howard war gekommen, um ein paar Tage bei ihm zu bleiben.

»Ich weiß nicht, was ich mit ihm anfangen soll«, sagte der Anrufer. »Howard sieht aus wie ein Landstreicher. Dann ging er in den Garten und verbrannte all seine Kleider.«
Ich erinnerte mich an den Zwischenfall vor einem Dutzend Jahren mit den Wäschesäcken.
»Howard hat unter furchtbarem Streß gestanden«, erklärte ich dem Mann in Florida. »Er war am Rande eines Nervenzusammenbruchs, und die Ärzte haben ihm eine lange Ruhepause verordnet. Ich schlage vor, Sie kaufen Howard ein paar neue Sachen und bringen ihn zu einem Arzt, wenn Sie es für nötig halten. Wenn Sie Hilfe brauchen, rufen Sie mich bitte wieder an.«
Da ich nichts mehr von ihm hörte, nahm ich an, daß sein Problem mit Howard eine Lösung gefunden hatte.
Von Howard hörte ich keine Silbe, bis er nach sechs Monaten wieder auftauchte. Er gab mir keine Erklärung über seine Reisen, und ich stellte keine Fragen. Jedoch rief ich seine Tante an, als er wieder zu Hause war und versicherte ihr, Howard sei nichts geschehen. Ich hatte nicht die Absicht, sie bei dem Gedanken zu lassen, ich führe Howards Geschäfte und behielte ihn in der Versenkung zurück.

27. Ein neues Erscheinungsbild des Hughes-Phänomens

Als ich während des Krieges einmal einen General in Houston besuchte, fand ich ein holzgeschnitztes Motto über seiner Tür. Es lautete: »In einem Notfall ist jede schnelle Entscheidung des gesunden Menschenverstandes einer Verzögerung bei der Suche nach der idealen Lösung vorzuziehen.«
Der General gab mir eine Kopie des Mottos, das ich bei meiner nächsten Reise nach Kalifornien mitnahm. Als ich mit Howard zusammentraf, überreichte ich ihm die Tafel mit den Worten:
»Hier habe ich etwas, das Ihnen gute Dienste tun könnte.«
Howard starrte die Worte an und warf die Tafel ohne zu lächeln in den nächsten Papierkorb.
Es wäre zuviel verlangt gewesen, ihn zu einer Änderung seines Verhaltens zu bewegen. Howard Hughes war Howard Hughes, und es gab nichts, was ihn ändern könnte.
Als er Ende Dreißig war, verdichtete sich sein unstetes Verhalten zu einem bestimmten Muster – einem Muster, das mit den Jahren immer intensiver wurde.

Seine Bazillenangst steigerte sich. Er hatte sich davon überzeugt, daß er das schwache Herz seines Vaters nicht geerbt hatte. Einmal unterzog er sich im St.-Vincent-Hospital ausführlichen Tests, bei denen er unter anderem drei Treppen rauf und runter laufen mußte. Die Ärzte beruhigten ihn, mit seinem Herzen sei alles in Ordnung.

Dann glaubte er, seine einzige Chance, nicht ebenso früh zu sterben wie seine Eltern, liege in der Vorbeugung gegen schädliche Bazillen.

Er lehnte es ab, irgend jemand die Hand zu geben, es sei denn, es ließe sich überhaupt nicht vermeiden. Vor Menschenansammlungen hatte er große Angst, und sein Erscheinen in der Öffentlichkeit wurde immer seltener.

Seine Hypochondrie nahm manchmal eigenartige Formen an. Einmal war er davon überzeugt, irgend etwas passiere mit seinem Hals. Eine Woche lang sprach er kein einziges Wort; mit seiner Umgebung verkehrte er nur durch kleine Zettel. Als seine Kehle sich besserte, begann er auch wieder zu sprechen.

Doch wie bringen Sie seine Bazillenangst in Einklang mit seiner ununterbrochenen Jagd nach Filmschönheiten? Sicher mußte ihm klar sein, daß auch Mädchen Bazillen tragen, seien sie auch noch so hübsch.

Seine Einstellung dem Geld gegenüber war ebenfalls paradox.

Er gab Millionen aus, um einem Irrlicht nachzujagen, gleichzeitig regte er sich über ein paar Dollar auf. Während der Dreharbeiten an »The Outlaw« ließ er eine Tischszene immer wieder neu drehen. Jeden Tag bestellte der Requisiteur ein Brathuhn im Gotham-Delikatessengeschäft. Howard merkte das und regte sich darüber auf. »Warum, zum Teufel, müssen Sie jeden Tag ein Brathuhn bestellen?« fuhr er den Requisiteur an. »Warum stellen Sie es nicht in den Kühlschrank und holen es am nächsten Tag wieder hervor?«

Als »The Outlaw« seine Etatgrenzen zu sprengen begann, machte ich Howard darauf aufmerksam. Wir setzten uns zusammen und kontrollierten die Ausgaben Punkt für Punkt. Howard flog rasch über die meisten Beträge hinweg. Dann kam ein Betrag, bei dem er eine Frage stellte. Es handelte sich um 65 Cents für ein Monats-Abonnement der Zeitung »Hollywood Citizen-News«.

»Was zum Teufel hat das mit der Herstellung eines Films zu tun?« wollte er wissen. Ich mußte ihn davon abhalten, den Produktionschef deswegen an die Luft zu setzen.

Howard nahm nur wenig Rücksicht auf die Leute, die für ihn arbeiteten. Wenn er seine dreitägige Sitzung im Projektionsraum abhielt, erwartete er, daß sein Cutter Walter Reynolds während der ganzen Zeit bei ihm blieb.

Nach einer dieser Marathon-Sitzungen brachte Howards Koch

Eddie das übliche Essen auf einer Silberschüssel – Steaks, Erbsen, Vanille-Eis und Plätzchen. Walter betrachtete das Essen und sagte schließlich: »Christ, Howard, ich bin auch hungrig!«

Howard schien von Walters Bemerkung überrascht zu sein. »Tut mir leid, Walter«, sagte er. Er wandte sich an Eddie und fügte hinzu: »Bringen Sie morgen abend auch Essen für Walter.«

Immerhin gab er Walter ein Plätzchen. Um eine Berührung zu vermeiden, legte er das Plätzchen auf einen Löffel und reichte es Walter hinüber.

Bei einer anderen Gelegenheit rief Howard Walter an und bat ihn, ihn vom Studio nach Hause zu fahren. Walter hatte einen nagelneuen Buick und beschloß, seine Frau und seine beiden kleinen Kinder mitzunehmen, wenn er seinen Boß nach Hause fuhr. Als Walter ankam, sagte Howard, er wolle eine Filmrolle aus »The Outlaw« laufen lassen. Er ließ denselben Streifen wieder und wieder laufen, bis schließlich drei Stunden vergangen waren.

»Howard, meine Familie wartet draußen im Wagen«, bemerkte Walter.

»Wirklich, Walt?« sagte Howard. »Dann wollen wir sofort gehen.«

Drei Häuserblocks vor Howards Haus bekam Walter eine Reifenpanne. »Ich mache das«, sagte Howard. Unter Walters Protesten sprang er aus dem Buick, wickelte das noch nie benutzte Werkzeug aus, bockte den Wagen auf und wechselte den Reifen. Dann fuhr er mit der Familie Reynolds weiter bis zu seinem Haus.

Während des Krieges beschloß er, das Muirfield-Haus zu verkaufen und das gesamte Inventar einschließlich des Tafelsilbers zu versteigern. Er zog in ein gemietetes Haus in Bel-Air und besaß fortan kein eigenes Haus mehr. Aus diesem Haus leitete er viele seiner geschäftlichen Angelegenheiten. Weiterhin hatte er ein Büro in den Goldwyn-Studios, jedoch kleiner als das mit dem Privateingang, das ich ihm während der dreißiger Jahre eingerichtet hatte.

Howards Einstellung zum Krieg war fragwürdig.

Als sich während der Anfänge des Zweiten Weltkrieges auch zu Hause eine Benzinknappheit abzuzeichnen begann, ließ Howard auf seinem Gelände im San Fernando Valley große Tanks versenken, die mit Benzin gefüllt wurden. Außerdem legte er sich einen großen Vorrat an Munition für sein Tontaubenschießen an, um der Munitionsknappheit zuvorzukommen.

Ich nehme an, Sie denken, Howards Haltung der Regierung gegenüber resultiere aus einer Abneigung gegen Steuern. Obwohl er von der Regierung Millionenaufträge für die Rüstung erhielt, machte er keinerlei Gegenleistung.

Zum Beispiel die »Cassania«. Das war eine große Yacht, die Howard vor dem Krieg in Florida für einen Spottpreis gekauft hatte.

Der Besitzer, ein New Yorker Investment-Bankier, behauptete, die Yacht habe einen Wert von 100 000 Dollar. Howard bot 30 000 Dollar. Das Land befand sich in einer Rezession, und Yachten waren schwer verkäuflich.

Als der Besitzer gegen Howards Preis protestierte, sagte Howard: »Ich gebe Ihnen die dreißigtausend und folgenden Vertrag. Wenn Sie innerhalb von vier Monaten einen besseren Preis erzielen können, bezahle ich entweder den höheren Preis oder gebe Ihnen Ihre Yacht zurück, und Sie geben mir meine 30 000 Dollar zurück.«

Der Besitzer wollte unbedingt verkaufen und stimmte Howards Vorschlag zu. Vier Monate vergingen, doch ein besseres Angebot war nicht zu bekommen. So erhielt Howard seine Yacht zu einem Spottpreis – doch benutzte er sie nur selten.

Als der Krieg näherrückte, brauchte die Coast Guard dringend große Schiffe, um die Karibische See zu patrouillieren. Die »Cassania« war für diesen Zweck hervorragend geeignet, doch Howard wollte sich nicht davon trennen. Schließlich drohte die Coast Guard, das Schiff zu beschlagnahmen. Da war Howard bereit, sie zu verkaufen – für 75 000 Dollar.

Die Regierung schaffte es, fünf Stratoliners von TWA loszueisen, doch den sechsten behielt Howard für sich. Den größten Teil des Krieges stand das Flugzeug in einem Hangar bei Lockheed.

Howard versuchte, auch sein Sikorsky-Amphibienflugzeug zu behalten. Das Army Engineering Corps bedrängte ihn, doch machte er Ausflüchte und behauptete, er mache mit der Maschine wissenschaftliche Experimente.

Als er schließlich keine Ausflüchte mehr machen konnte, erklärte er sich bereit, das Flugzeug den Leuten vom Engineering Corps abzuliefern. Doch vor der Lieferung bestand er auf einem letzten Testflug. Er sagte, er wolle die Änderungen, die er an dem Flugzeug angebracht habe, ausprobieren.

Howard flog mit zwei Piloten der Civil Aeronautics Administration, einem Flugingenieur und einem Mechaniker zum Lake Meadows, um Wasserung und Start zu testen. Als er zur letzten Landung niederging, berührte eine Flügelspitze das Wasser. Das Flugzeug wurde auseinandergerissen, und einer der CAA-Piloten wurde auf der Stelle getötet. Der Mechaniker erlag später seinen Verletzungen.

Howard selber wurde schwer verwundet und wäre in der sinkenden Maschine beinahe ertrunken. Er und die anderen wurden in letzter Minute gerettet, bevor die Sikorsky auf den Grund des Lake Meadows versank.

Kaum war Howard wieder genesen, kündigte er seine Absicht an, die Sikorsky aus dem See zu bergen.

»Großer Gott, Howard, warum lassen Sie sie nicht da, wo sie ist?«
schlug ich vor. »Dabei kommt nichts heraus als gewaltige Ausgaben
– und das für ein Flugzeug, dem eine Tragödie anhaftet.«
»Ich möchte sie umbauen.«
»Weshalb? Wozu wollen Sie sie benutzen?«
»Ich möchte sie umbauen«, wiederholte Howard.
Wenn er sich einmal zu einer Sache entschlossen hatte, konnte man
nicht mehr mit ihm argumentieren. Die Bergung der Sikorsky war
eine teure Angelegenheit – und eine schaurige obendrein. Teile
menschlicher Knochen und Fleischfetzen hingen noch an den Trümmern.
Die Sikorsky wurde umgebaut, doch niemals mehr für die Hughes-
Unternehmen in Dienst gestellt. Später wollte Howard sie loswerden und beauftragte mich, sie Del Webb »in den Rachen zu stopfen«. Webb führte zahlreiche Arbeiten für die Fabrik in Culver
City aus, und Howard kalkulierte, Webb würde sich verpflichtet
fühlen, das Flugzeug zu kaufen, ob er es brauchte oder nicht.
Doch so leicht ließ Webb sich nicht dazu bringen. Ich hatte viele
Sitzungen mit ihm und sagte ihm schließlich: »Der alte Junge sagt,
wenn Sie die Sikorsky nicht kaufen – und zwar zu seinem Preis –
würden Sie keine Aufträge mehr von ihm bekommen.«
Selbst dieses Argument hatte keine Wirkung. Nach einiger Zeit
schickte Howard das Flugzeug nach Houston und gab Anweisung:
»Nichts damit unternehmen, bis ich es sage.«
Jahre vergingen. Noch immer steht das Flugzeug in Houston, 35
Jahre alt, und wartet auf Howards Anweisung, was damit gesche-
hen soll.

28. Ich bringe Howards Geschäfte in Ordnung

Ende des Zweiten Weltkrieges befand sich das Hughes Imperium in
einer sehr schlechten Verfassung.
Hughes Aircraft hatte an zwei Projekten zur Unterstützung der
Kriegsanstrengungen mitgearbeitet – der F-11 und der Hercules –
die beide zur Zeit des Sieges über Deutschland und Japan noch
nicht ausgeliefert waren. Die Armee stornierte ihren Auftrag über
100 F-11 und wollte nur noch drei Exemplare davon abnehmen.
Nachdem 20 000 000 Dollar in das Projekt hineingepumpt worden
waren, stoppte die Regierung jede weitere Zahlung. Doch Howard
machte weiter und verschwendete seine eigenen Millionen an das
hoffnungslose Projekt.

Die Hughes Tool Company konnte bessere Leistungen für die Regierung vorweisen, da sie große Mengen an Kanonen pünktlich abgeliefert hatte. Doch Toolco selber litt immer noch unter der Abwesenheit ihres Inhabers und unter schlechter Geschäftsführung. Noch immer erzielte die Gesellschaft nicht die Erträge, die sie hätte erreichen können.

TWA, wie alle anderen Fluggesellschaften, geriet nach dem Krieg in eine Krise. Doch TWAs Schwierigkeiten rührten von Jack Frye's schlechtem Management her. Die Fluggesellschaften hatten sich von der 96 %igen Kapazitätsauslastung in den ersten Nachkriegs-Monaten blenden lassen. Sobald die Truppen wieder zu Hause waren, sank die Auslastung auf 58 %; in den meisten Fällen lag dieser Prozentsatz unterhalb der Rentabilitätsgrenze. Trotz solch harter Tatsachen blieb Jack Frye bei seinen Expansions-Wunschträumen. Eines Tages sandte er seinen Abteilungsleitern eine Notiz mit dem Auftrag, bei der Planung für das kommende Jahr von einer Beschäftigten-Zahl von 45 000 Menschen auszugehen, »wegen der Expansion«. Zu der Zeit beschäftigte TWA 17 000 Menschen. Ein solches Denken war einfach idiotisch. Dennoch setzte Howard weiterhin sein Vertrauen in Jack Frye.

Um alles noch verwirrender zu machen, hatte Howard sich wieder seinem Filmhobby zugewandt.

Er ging eine Partnerschaft mit Preston Sturges ein, dem brillanten, sprunghaften Autor-Regisseur, der »The Miracles of Morgan's Creek« und »Hail The Conquering Hero« gedreht hatte. Howard pflegte junge Damen zum Dinner ins »The Players« zu führen, einem Restaurant am Sunset Strip, das Sturges gehörte. Zusammen heckten sie eine Film-Serie aus, zu der Sturges teilweise das Drehbuch schreiben und Regie führen sollte, bei anderen nur die Regie übernehmen sollte. Howards Hauptgrund war sein Versprechen, aus Faith Dorn, dem Starlet, das er mit Johnny Meyers Hilfe von Warner Brothers weggelockt hatte, einen Star zu machen. Howard gab ihr ihren richtigen Namen Faith Domergue wieder zurück. Inzwischen hatte sie Gesangs- und Tanzunterricht genommen und sich dramatisch ausbilden lassen. Howards nicht eingelöste Versprechen machten sie ungeduldig; deshalb schloß er sich mit Sturges zusammen, um Filme für sie zu finden.

Am schlimmsten aber ging es während der Nachkriegszeit der Firma Hughes Aircraft.

Der Fortschritt bei der Hercules und der F-11 war äußerst gering. Zum Teil lag dies an Howards verzögernden Gewohnheiten, zum Teil an der Betriebsüberwachung. Ich war zu der Überzeugung gelangt, daß Perelle's Ernennung zum Generaldirektor ein Fehler gewesen war. Ich versuchte, auch Howard davon zu überzeugen.

Doch Howard sträubte sich ja immer, Direktoren zu entlassen. Obwohl Hughes Aircraft in Perelle's erstem Jahr etwa 5 000 000 Dollar verlor, wollte Howard ihn nicht entlassen.

Er änderte diese Haltung am ersten Weihnachtsfest im Frieden, 1945.

Ich war zu Hause in Houston und freute mich auf einen ruhigen Weihnachtstag mit meiner Frau und unseren drei kleinen Kindern. Am Heiligen Abend kam Howards Anruf. Typisch für ihn. Heiligabend bedeutete ihm nichts – nicht einmal, daß dies sein vierzigster Geburtstag war.

»Noah«, sagte die hohe dünne Stimme, »ich möchte, daß Sie hierher kommen und Perelle, diesen Hundesohn, an die Luft setzen.«

Ich freute mich, daß sich Howard endlich zu einer Entscheidung durchgerungen hatte, doch ärgerte ich mich wegen des Termins.

»Howard, nichts auf Gottes Erdboden kann mich bewegen, meine Familie am Heiligen Abend allein zu lassen.«

»Aber es ist wichtig«, sagte Howard hartnäckig.

»Das weiß ich, Howard. Aber selbst wenn Sie mich dazu brächten, nach Kalifornien zu fliegen und meine Familie allein zu lassen, würde ich es nicht tun.«

»Warum nicht?«

»Weil es in der Öffentlichkeit einen sehr schlechten Eindruck macht, einen wichtigen Direktor Weihnachten vor die Tür zu setzen.«

Dieser Gedanke war ihm niemals gekommen, und er erlaubte mir, Weihnachten bei meiner Familie zu verbringen. Am Tag nach Weihnachten traf ich in Kalifornien zu Perelle's »Hinrichtung« ein.

Ich war neugierig, was Howard dazu gebracht hatte, ihn auf die Straße zu setzen.

»Nun, ich erinnerte mich daran, daß Sie mir sagten, in Perelle's erstem Jahr hätten wir 5 000 000 Dollar verloren«, sagte er.

»Und das hat Sie jetzt dazu gebracht?«

»Nein.«

»Was war es dann?«

»Der Hundesohn hat mir einen Brief geschickt und mir verboten, meine eigene gottverdammte Fabrik zu betreten!«

»Was?«

»Allerdings! Ich war verschiedentlich in der Nacht nach Culver City gefahren, um herauszufinden, warum die Arbeit nicht richtig vorwärts ging. Die Wächter kannten mich natürlich alle. Irgendwie bekam Perelle Wind davon, daß ich dort Besuche machte. Er hatte die Frechheit, mir diesen Brief zu schicken und mich zu warnen, er würde sämtliche Schlösser verändern und die Wachen beauftragen, mich abzuweisen, wenn ich weiterhin ohne sein Wissen nächtliche Besuche dort machte. Der Bastard hat vielleicht Nerven!«

Das war Perelle's Ende. Natürlich ging er vor Gericht, gab sich jedoch mit einer vernünftigen Abfindung zufrieden. Ich hatte gehofft, Perelle's Hinauswurf wende Hughes Aircraft's Schicksal zum Besseren. Doch das war zuviel der Hoffnung. Howard setzte Frank McDonnell, Toolcos Rechnungsprüfer, zeitweise als Generaldirektor ein. Howard wollte den Betrieb in Culver City immer noch unter eigener Regie führen, obwohl er nicht bereit war, seine Zeit und Aufmerksamkeit der schwierigen Aufgabe der Umstellung von Rüstungs- auf Friedensproduktion zu widmen.

Das Rückgrat seines Imperiums, die Hughes Tool Company, schöpfte immer noch nicht alle Möglichkeiten aus. Schon 1930 hatte ich Howard darauf hingewiesen, wie nötig es sei, die Arbeitsmethoden der Toolco zu modernisieren. Doch er bestand darauf, die Firma weiterhin auf seine systemlose Art zu leiten. Er weigerte sich, erfolgreiche Manager anderer Firmen einzustellen; seine Sucht nach Geheimhaltung ließ nicht zu, daß Außenstehende in die Firma eintraten. Folglich wurde die Gesellschaft von einer Reihe ungeeigneter Manager geführt; einer davon starb bei der Arbeit, ein anderer beging Selbstmord.

Als der Krieg vorbei war, änderte Howard seine Auffassung. Hughes Aircraft, TWA und seine Filme verursachten gewaltige Verluste. Wieder einmal mußte die Goldene Gans sich mit dem Eierlegen anstrengen.

Im Jahre 1946 sagte Howard zu mir: »Noah, wollen Sie die Leitung der Hughes Tool Company übernehmen?«

Das war genau das, worauf ich gewartet hatte. Zunächst einmal brauchte ich einen Herstellungsleiter. Durch Jesse Jones war ich mit General William Knudsen bekannt geworden, der den Vorstand von General Motors verlassen hatte, um das Rüstungsbüro zu übernehmen. Ich besuchte ihn und erläuterte ihm meinen Wunsch nach einem erstklassigen Produktions-Chef.

»Sie haben Glück«, sagte Knudsen. »Fred Ayers ist frei. Er hat die Cadillac-Werke für uns gebaut und ist überhaupt der beste Produktions-Chef, den ich kenne. Während des Krieges ging er als Rüstungsberater nach England und arbeitete auch in der Sowjetunion als Berater. Jetzt ist er wieder im Lande.«

Ich arrangierte ein Treffen mit Ayers, der mich von der ersten Minute an beeindruckte. Er war ein schmächtiger kleiner Mann, wog nicht mehr als 130 Pfund und sprach mit leichtem englischem Akzent, den er sich während seines Kriegsaufenthaltes dort angewöhnt hatte. Er besaß die ästhetische Ausstrahlung eines Künstlers, und was er mit dem Fließband anfangen konnte, war wirklich das Werk eines Künstlers.

Fred gefiel die Aufgabe, Toolco's Chaos in Ordnung zu bringen, und ich zahlte ihm ein hübsches Gehalt als Anreiz. Howard hatte mir freie Hand gelassen, um die Firma zum Erfolg zu führen, und ich begann damit, ohne ihn zu konsultieren. Ich nahm 5 000 000 Dollar aus den Reserven der Firma, um sie zur höchsten Leistungsfähigkeit zu bringen.

Fred Ayers installierte gewaltige Maschinen, die Dutzende von Arbeiten ausführen konnten; das meiste davon wurde bisher von Hand gemacht. Am Ende hatte Toolco ein Fließband, das die Bohrköpfe rasch und sauber produzierte. Ich nahm zahlreiche Bohrkopf-Formate aus der Produktion, stoppte die Herstellung von Artikeln, die nichts einbrachten und intensivierte die Werbung.

Der Erfolg blieb nicht aus. Wieder einmal war die Hughes Tool Company Nummer 1 auf dem Markt, den sie zu 80 % beherrschte. Die Gewinne steigerten sich auf phänomenale 51 % des Umsatzes.

Sie wuchsen in den Himmel. Toolco's größter Jahresgewinn hatte bisher bei 6 000 000 Dollar gelegen. Nach der Umwandlung stieg er auf 9 000 000, dann 13 000 000, dann 22 000 000, dann 29 000 000 und schließlich 35 000 000 Dollar.

Und dann stiegen die Gewinne ins Unermeßliche: 60 000 000 Dollar für drei aufeinanderfolgende Jahre! Und das im großen Ganzen ohne ungewöhnliche Preiserhöhungen!

In den acht Jahren nach den Änderungen schüttete die Toolco 285 000 000 Dollar an Gewinn aus. Howards Becher lief über.

Er bemerkte kaum, was bei Toolco vor sich ging. Ich konsultierte ihn nicht einmal, als ich nach dem Krieg Fabriken in Irland und Deutschland errichtete. Ein oder zwei Jahre danach fragte er mich: »Was höre ich da, wir hätten Fabriken in Europa?«

»Das ist richtig, Howard«, antwortete ich.

»Aber warum denn?«

»Dafür gibt es zwei Gründe: Einmal sind die Lohnkosten dort geringer als hier, und zum zweiten sind die Transportkosten zu unseren Kunden in Arabien und Rußland wesentlich niedriger.«

Er schien sich über diese Entwicklung zu freuen und wollte nicht einmal wissen, warum er nicht vorher befragt worden sei. Ich hatte gute Gründe gehabt, dies nicht zu tun: Es hätte Monate oder Jahre gedauert, ein Ja oder Nein aus ihm herauszubekommen.

Der Aufschwung bei Toolco's Profiten bedeutete einen Wendepunkt in Howards Glück. Hätte die Gesellschaft weiterhin Gewinne von 6 000 000 Dollar oder weniger gemacht, hätte Howard sich die finanziellen Eskapaden der nächsten zehn Jahre nicht erlauben können. Er hätte kein Geld mehr gehabt, um Hughes Aircraft und TWA über Wasser zu halten, wie es ihm mit der Filmproduktion in den frühen dreißiger Jahren ergangen war.

Doch da Toolco weiterhin Millionen ausspuckte, konnte er weiterhin Millionen in die Flugzeugwerke und Fluggesellschaft stecken, bis auch sie begannen, Gewinn zu erwirtschaften.

Howard war auf dem Weg zum Milliardär.

War er dankbar?

Er reagierte in typischer Manier: »Noah, Sie sind ein Genie. Und nun möchte ich, daß Sie als nächstes . . .«

29. Die F-11: Nachspiel

Howard war entschlossen, die F-11 zu verteidigen. Obwohl der Regierungsauftrag für dieses Aufklärungsflugzeug von 100 Stück auf drei verringert worden war, fuhr er fort, Geld in ihre Entwicklung zu stecken. Das Flugzeug brachte ihn beinahe um.

Die Ingenieure der Hughes Aircraft hatten ein neues Propeller-System entworfen – zwei Sätze doppelter gegenläufiger Propeller mit jeweils vier Blättern. Man glaubte, mit acht Blättern auf jeder Seite des Rumpfes eine größere Geschwindigkeit herausholen zu können.

Am 7. Juli 1946 konnte man mit den Tests beginnen. Howard hatte eine ziemlich romantische Einstellung zu den Testflügen seiner eigenen Maschinen und bestand darauf, die F-11 als erster zu fliegen. Nachdem er die Maschine ein paar Stunden auf der Startbahn in Culver City auf- und abrollen ließ, fühlte er sich sicher genug, damit aufzusteigen.

Die F-11 stieg auch herrlich auf und erreichte mehr als 640 km pro Stunde, für die damalige Zeit eine hervorragende Leistung. Dann kam es.

Howard spürte, wie die Maschine unerbittlich nach rechts zog. Keine Gegensteuerung konnte die Bewegung aufhalten. Die F-11 verlor rasch an Geschwindigkeit und Höhe; Abbiegen nach links war unmöglich, da der Steuerbordmotor ausgefallen war. Die Häuser von Beverly Hills kamen näher und näher. Howard erblickte die Grünanlagen des Los Angeles Country Club und versuchte, das Flugzeug in diese Richtung zu zwingen.

Er schaffte es nicht. Das Fahrgestell krachte in das Dach eines Wohnhauses, ein Flügel rasierte einen Telefonmast ab. Dann traf das Flugzeug das Haus 808 Whittier Drive. Beim Aufprall gingen Haus und Flugzeug in Flammen auf. Ein Sergeant der Marines, der in der Nähe war, rannte herbei und zog Howard unter den Trümmern hervor. Howard sagte ihm, er sei allein in der Maschine gewesen.

»Ist irgend jemand durch den Absturz verletzt worden?« fragte Howard. Zum Glück war das nicht der Fall.

Howard wurde zum Good Samaritan Hospital gebracht, wo sein persönlicher Arzt, Verne Mason, ihn untersuchte. Er war schwer verletzt: neun Rippen gebrochen, das Schlüsselbein gebrochen, vermutlich die Nase gebrochen, tiefe Schnittwunden am Kopf, schwere Verbrennungen an der linken Hand, an Brust und Gesäß, Prellungen und Schnitte am ganzen Körper. Seine linke Lunge kollabierte und füllte sich mit Blut.

Am Tage des Absturzes war ich von New York nach Houston mit dem Auto unterwegs; ich übernachtete in Hot Springs, Arkansas, wo Dr. Mason mich erreichte.

»Wie sind seine Überlebens-Chancen?« fragte ich ihn.

»Ungefähr fünfzig zu fünfzig«, sagte Dr. Mason.

»Würden Sie bitte Howard fragen, ob er möchte, daß ich zu ihm komme«, bat ich den Arzt.

Dr. Mason rief mich zurück und berichtete, Howard habe gesagt: »Sagen Sie Noah, er solle nicht hierher kommen. Sagen Sie ihm, er soll sich um alles kümmern.«

Ich fuhr weiter nach Houston, doch dann entschloß ich mich, nach Kalifornien zu fliegen. Ich versuchte erst gar nicht, ihn zu besuchen, da das Krankenhaus jeden Besuch verboten hatte. Dann traf Howards Lieblingstante, Mrs. Annette Loomis, aus Houston ein und besuchte mich in meinem Büro.

»Ich habe versucht, den armen Howard zu besuchen, aber sie haben mich nicht hereingelassen«, sagte sie. »Können Sie mir helfen?«

Ich fuhr mit ihr zum Good Samaritan Hospital und ließ Howard eine Notiz bringen, Mrs. Loomis sei da und möchte nur eben den Kopf zur Tür hereinstecken und ihm sagen »Hallo Howard, ich liebe dich«.

Seine Antwort lautete Nein.

Jetzt saß ich in der Zwickmühle. Mrs. Loomis beschuldigte mich, ich bringe Howard gegen seine Verwandten auf – sie hatte ihre Befürchtungen nicht vergessen, als Howard 1944 verschwunden war.

Ich setzte eine weitere Notiz für Howard auf. Diesmal schrieb ich: »Howard, Sie bringen mich in eine sehr peinliche Lage. Ihre Tante behauptet, ich hätte mich so zwischen Sie und Ihre Verwandten gestellt, daß Sie sie nicht mehr sehen wollten. Mir macht das zwar nichts aus, doch bedeutet es Ihrer Familie offenbar sehr viel. Ich meine, es wäre eine nette Geste, wenn Sie Ihrer Tante erlauben würden, nur eben guten Tag zu sagen.«

Ich zeigte Mrs. Loomis diese Notiz, und sie war damit einverstanden. Doch Howard blieb bei seinem Nein.

Als nächster traf Dr. Fred Loomis aus Houston ein. Er war der

Gatte von Howards Tante, ein distinguierter, in Europa ausgebildeter Arzt. Er bat um die Erlaubnis, Howard zu untersuchen. Die gleiche Antwort.

Bevor er nach Houston zurückkehrte, besuchte Dr. Loomis mich im Büro und zeigte sich verständnisvoll: »Jetzt kann ich Ihre Probleme im Umgang mit Howard besser verstehen. Ihn kann ich überhaupt nicht verstehen!«

Howard überwand das kritische Stadium und war auf dem Weg der Besserung. Er wählte den schwereren Weg: keine Schlaftabletten, keinerlei Narkotika. In dieser Beziehung war er erstaunlich. Obwohl der Schmerz von all den Wunden, Prellungen, Brüchen und Verbrennungen sicherlich grausam war, verweigerte er jede Art von schmerzstillenden Mitteln. Wenn er schon sterben sollte, dann wollte er bei klarem Verstand sein und mitbekommen, was um ihn herum vorging.

Ein merkwürdiger Mensch – ein Hypochonder, voller Angst vor Bazillen, doch nicht bereit, Schmerzstiller zu nehmen. Schmerz schien ihm nichts auszumachen. Ich erinnere mich, daß er während seiner Ehe mit Ella einmal eine schwere Erkältung hatte. Sein Arzt gab ihm jeden Morgen eine Injektion. Eines Tages kam der Assistent des Arztes und bereitete die Injektionsnadel vor. Howard schnappte sie ihm aus der Hand und sagte: »Was soll das Ding dicht unter der Haut? So kommt es nie in die Blutbahn!« Er stieß die Nadel fünf Zentimeter tief in den fleischigen Teil seines Armes. Am anderen Morgen hatte er eine Schwellung so groß wie ein Hühnerei.

Typischerweise suchte Howard nach einer mechanischen Möglichkeit, den Schmerzen seiner Verletzungen zu entgehen.

Bei der kleinsten Bewegung im Bett litt er Höllenqualen. Er glaubte, es müsse einen Weg zur Linderung dieser Schmerzen geben und besprach sein Problem mit Glen Odekirk. »Bauen Sie mir ein Bett, in dem ich mich bewegen kann, ohne das ganze Bett zu erschüttern.« Glen eilte zu Hughes Aircraft zurück und gab sich mit seinen Ingenieuren an die Arbeit. Innerhalb von vierundzwanzig Stunden kamen sie mit einem Spezialentwurf heraus, einer Matratze, die in 32 einzelne Quadrate aufgeteilt war, wovon jedes einzelne mit Hilfe einer Schalttafel bewegt werden konnte. Die Bett-Ingenieure dachten an alles: Sie sparten sogar einen Raum für die Bettpfanne aus.

Trotz eines Rückschlages war Howard auf dem Weg der Besserung. Seine berühmten Freunde aus Hollywood besuchten ihn, aus der ganzen Welt trafen Genesungswünsche ein. Unter anderem von Präsident Truman, der ihm die Medaille schickte, die ihm der Kongreß für seinen Flug um die Welt verliehen hatte. Howard hatte es abgelehnt, die Medaille im Weißen Haus in Empfang zu nehmen und hätte sie ohne den Absturz vielleicht niemals bekommen.

Howard hielt es im Krankenhaus nicht mehr aus und verließ es, obwohl die Ärzte dagegen waren. Er weigerte sich, einer Operation zuzustimmen, die die Haut seiner linken Hand, die teilweise verbrannt war, wieder in Ordnung gebracht hätte. Wegen dieser Dickköpfigkeit war er nicht mehr in der Lage, Golf zu spielen und seine linke Hand normal zu benutzen.

Als er wieder gesund war, wollte er unbedingt herausfinden, was bei dem Test der F-11 falsch gelaufen war. Er entschied, daß der Fehler in den rechten Propellern lag; trotz korrekter Angaben der Armaturen hatten die gegenläufigen Propeller – eine Neuerung jener Zeit – nicht richtig gearbeitet, was zu einem Verlust an Antriebskraft führte.

Howard forderte Schadenersatz von der Hamilton-Standard Division der United Aircraft Company und drohte mit einer Klage, falls keine Entschädigung geleistet würde. Man einigte sich auf 175 000 Dollar; Howard freute sich besonders darüber, daß dies ein Schadenersatz für seine erlittenen Verletzungen war, folglich steuerfrei, und kein Ersatz für die Hughes Aircraft Company.

Diese Zahlung beendete Howards Interesse an der F-11. Er hatte drei dieser Maschinen gebaut – ein statisches Modell, das die Air Force bekam, ein anderes verbrannte bei einem Feuer im Hangar, und das dritte ging in Beverly Hills zu Bruch. Ich habe nie mehr gehört, daß Howard die F-11 noch jemals erwähnte.

Nachwirkungen:

Der Mann, der Howard auf dem Whittier Drive aus den brennenden Trümmern rettete, fand die Bewunderung der Nation. Es war der Marine-Sergeant William Lloyd Durkan. Howards Reaktion auf Durkans heroische Tat war interessant.

Durkan erhielt von Howard 200 Dollar pro Monat, angeblich auf Lebenszeit. Aus irgendeinem Grund drängte Howard den Mann, im Dienst zu bleiben. Ich war dabei, als Howard ihn bedrängte: »Sie müssen Ihre volle Dienstzeit bei den Marines ableisten. Es ist Ihre Pflicht dem Land gegenüber. Wenn Sie dann ausscheiden, helfe ich Ihnen bei der Gründung eines eigenen Geschäftes.«

Der Sergeant befolgte Howards Ratschlag. Jahre später beendete Durkan seinen Dienst bei den Marines. Er rief mich an und sagte: »Mr. Dietrich, erinnern Sie sich an die Vereinbarung, die ich mit Howard Hughes hatte?«

»Ja, ich erinnere mich«, sagte ich.

»Es war zwar nur eine mündliche Vereinbarung, doch er versprach, mir bei einer Geschäftsgründung zu helfen. Nun, ich bin jetzt nicht mehr bei den Marines, ich habe meine dreißig Jahre abgedient. Ich bekomme immer noch die zweihundert pro Monat, doch um etwas zu beginnen, brauche ich etwas mehr Geld.«

»Haben Sie versucht, Mr. Hughes zu erreichen?« fragte ich.

»Das ist es ja gerade«, sagte der Mann. »Ich habe es versucht. Aber seine Sekretärin sagt mir, daß selbst sie ihn nicht erreichen kann. Ich hatte gehofft, Sie könnten mir helfen.«

Ich mußte ihm mitteilen, daß ich mich von Howard Hughes getrennt hatte. Es gab nichts, was ich für ihn tun konnte.

30. Abenteuer in Washington

Für viele Amerikaner war es wie der Film von Frank Capra, »Mr. Smith Goes to Washington« – der schlanke junge Mann, der sich gegen das korrupte Establishment des amerikanischen Senats auflehnt. Doch in diesem Fall war nicht Jimmy Stewart der Held, sondern der barfüßige Millionär, Howard Hughes.

Um die Vorfälle zu verstehen, muß man sich die Zeit vor Augen führen. Es war 1947, die Zeit des 80. Kongresses, derselbe, gegen den Harry Truman 1948 antrat und gewann.

Doch 1947 sah die Sache gut aus für die Republikaner. Zum erstenmal seit zwanzig Jahren hatten sie den Kongreß in die Hand bekommen, und sie wollten auf Biegen oder Brechen ins Weiße Haus. Da sie so lange im Schatten der Macht gestanden hatten, versuchten einige Republikaner um jeden Preis, die Demokraten zu diskreditieren, und so ihrer eigenen Sache zu helfen.

Einer dieser Republikaner war Senator Owen Brewster aus Maine. Er hatte sich vom Abgeordneten zum Senator und Gouverneur von Maine emporgearbeitet und wurde schließlich Mitglied des Unterhauses. 1947 verbrachte er seine zweite Amtsperiode im amerikanischen Senat. Er hatte sich das Ziel gesetzt, 1948 als republikanischer Kandidat für das Amt des Vizepräsidenten nominiert zu werden. Ein ehrgeiziger Mann, doch am Ende ein Narr.

Brewster hatte das Amt des Vorsitzenden des Sonderausschusses zur Untersuchung des Nationalen Verteidigungs-Programms übernommen, dieselbe Position, mit der Harry Truman zu nationaler Bedeutung gelangt war. Sie konnte für ihn dasselbe bedeuten, dachte Brewster. Er brauchte einen großen Fall, damit die Zeitungen etwas hatten, worüber sie schreiben konnten. Gab es ein besseres Ziel als Howard Hughes?

Howard war eine ganz besonders interessante Zielscheibe. Er war weltberühmt, eine sagenumwobene Gestalt, die mit allem, was sie tat, Schlagzeilen machte. Er hatte Aufträge über 90 000 000 Dollar für Flugzeuge angenommen, die niemals geliefert wurden. Darüber hinaus war einer der Aufträge durch Elliott Roosevelt zustande gekommen, den Sohn des früheren Präsidenten.

Den ersten Hinweis auf eine Untersuchung bekamen wir, als Francis D. Flanagan, erster stellvertretender Staatsanwalt des Komitees, in Kalifornien eintraf. Er hatte den Auftrag, Einblick in die Geschäftsunterlagen der Hughes-Firmen zu nehmen. Natürlich wurde Howard wütend. Er duldete es nicht, daß irgend jemand, und sei es ein Regierungsbeamter oder sonstwer, in seinen Firmen herumschnüffelte.

Wie Howard war auch ich über diese Einmischung in die Geschäftsvorgänge erbost. Ich sagte Flanagan: »Warum stellen Sie bei Hughes Aircraft Untersuchungen an? Hughes hatte nur für neunzig Millionen Dollar Rüstungsaufträge. Warum gehen Sie nicht zu General Motors oder General Electric oder Chrysler? Die hatten Milliardenaufträge.«

Flanagan gab sich über seinen Auftrag verschlossen. »Ich bin hier, um Hughes unter die Lupe zu nehmen.«

»Ja, und ich weiß auch, warum«, sagte ich. »Ihr Republikaner versucht, Roosevelts Familie fertigzumachen und glaubt, mit Howard Hughes könnte das gelingen. Die Sache gefällt mir nicht im geringsten.«

Natürlich machten meine Worte keinerlei Eindruck auf Flanagan, der ja auch nur Owen Brewsters Laufbursche war. Und Brewster war der Laufbursche für Juan Trippe und Pan American Airways. Das war kein großes Geheimnis. Senator Brewster hatte bei seiner Unterstützung für Pan Am kein Blatt vor den Mund genommen. Im Senat war er ein starker Fürsprecher der Fluggesellschaft und hatte auf Juan Trippes Geheiß die sogenannte »One-Carrier-Bill« eingebracht. Das war eine Gesetzesvorlage, die Pan Am das Monopol für Übersee-Flugreisen sichern sollte, etwa in der Art der Verträge, die Air France, Lufthansa und BOAC über Luftreisen von Frankreich, Deutschland und England aus hatten.

Brewsters Gesetzesvorlage traf TWAs Pläne, ihr Netz auf die ganze Welt auszudehnen, empfindlich. Howard Hughes ließ sich dergleichen nicht bieten.

In manchen Dingen hätte Howard sogar dem Meister der Manipulation, Machiavelli, noch etwas beibringen können.

Howards erster Gegenzug war die Eröffnung von Verhandlungen mit Juan Trippe, dem Chef der Pan Am, über eine Verschmelzung von TWA mit Pan Am. Trippe ging darauf ein. Zum ersten Treffen flog er in seiner Privatmaschine nach Palm Springs, Howard reiste

160

in seinem eigenen Flugzeug an, und auch ich kam mit meiner eigenen Maschine.

Wir trafen uns in einem Privathaus in der Wüste. Howard war sehr freundlich zu Trippe, obwohl er ihn wegen der Frechheit, Übersee-Flugreisen für Pan American als Monopol zu verlangen, geradezu haßte. Die Gespräche dauerten bis zum Abend und wurden am folgenden Morgen fortgesetzt.

In Trippes Augen handelte es sich um ernsthafte Verhandlungen über die Verschmelzung zweier großer Fluggesellschaften. Doch Howard hatte keineswegs diese Absicht. Alles, was er wollte, war Zeit zu gewinnen, um seine Strategie gegen die Brewster-Vorlage planen zu können.

In New York verhandelten Trippe und ich weiter. Wir trafen uns in meinem Hotel in Manhattan und gingen sogar soweit, gegenseitig Bilanzen auszutauschen. Doch dann merkte Trippe, daß Hughes gar nicht die Absicht hatte, die Gesellschaften zu verschmelzen. Jetzt setzte Brewster seine Inquisition auf uns an.

Ich fuhr nach Washington und hatte mehrere Zusammenkünfte mit den Leuten, die die Untersuchung durchführten. Wichtigster Mann war William P. Rogers, der später Richard Nixons Außenminister wurde. Eines Tages saßen wir in seinem Büro und überprüften Howards Bankauszüge, die vor dem Ausschuß offengelegt werden mußten. Während wir sprachen, steckte Senator Brewster den Kopf durch die Tür und erkundigte sich, was wir machten.

Als Rogers ihm erklärte, wir überprüften gerade Howards Bankauszüge, fragte Brewster: »Nennen Sie das Erfüllung Ihres Auftrags?«

Rogers gab ihm die richtige Antwort: »Senator, das nenne ich Erfüllung des Auftrages.« Brewster zog sich rasch zurück.

Senator Homer Ferguson, ein Republikaner aus Michigan, war zweiter Vorsitzender des Komitees. Ich traf ihn einige Male, bevor die Hearings begannen. Als wir uns zum erstenmal trafen, schien er von meiner Auffassung der rechtlichen Lage beeindruckt zu sein und fragte: »Sind Sie Rechtsanwalt, Mr. Dietrich?«

Wahrscheinlich wirkte ich wie ein Rechtsanwalt; da Howard immerzu irgendwelche Rechtsstreite hatte, eignete ich mir im Laufe der Zeit Kenntnisse an. »Nein, ich bin kein Rechtsanwalt«, antwortete ich dem Senator. »Ich möchte auch gar keiner sein – ich möchte nicht einmal Senator sein.«

Senator Ferguson amüsierte sich darüber, und wir kamen gut miteinander aus. Er fragte mich, ob ich die Anwesenheit von Johnny Meyer sicherstellen könne. Ich hatte ein ungutes Gefühl bei dem Gedanken, Johnny aussagen zu lassen, doch ein Versuch, ihn davon abzuhalten, wäre einem Schuldbekenntnis gleichgekommen.

»Johnny Meyer ist in Cannes«, sagte ich. »Aber ich will versuchen, ihn kommen zu lassen.«

Ich kabelte Johnny, zurückzukehren und traf mich mit ihm in New York, bevor er weiter nach Washington reiste. Ich wollte sichergehen, daß Johnny sich selber – und der Hughes-Organisation – im Zeugenstand keine Falle stellte. Ich hatte bei meiner Buchprüfer-Denkweise Johnny den Auftrag gegeben, jede Ausgabe auf der Suche nach Wohlwollen für Howard zu verbuchen.

»Johnny, eines müssen Sie unbedingt klarstellen, bevor Sie aussagen«, sagte ich. »Machen Sie den Leuten klar, daß Sie die Aufstellung der Ausgaben meistens erst einen Monat oder sechs Wochen später fertiggestellt haben, so daß Sie nur ganz vage sagen können, was wann geschah. Auf diese Art kann man Sie nicht erwischen, wenn Sie Leute mit Orten in Verbindung bringen, wo sie niemals waren.«

Meyer folgte meinem Rat, als er im Sommer 1947 vor dem Senatskomitee erschien. Das rettete zwar seine Haut. Doch die Wirkung seiner Aussage war verheerend.

Johnny Meyer war eine leichte Beute für die Kopfjäger des Senats. Seine Aussagen lieferten jede Menge Schlagzeilen über wilde Parties mit losen Frauen und ihren Beitrag zu den Rüstungsaufträgen für Howard Hughes.

Senator Ferguson überprüfte Johnny Meyers Spesenabrechnung vor den Augen der Nation. Hier ein Auszug aus den Aussagen:

F. Welches ist Ihr nächster Punkt?

A. Der nächste Punkt ist Samstag abend. Es heißt hier: »Ein paar Mädchen spät abends im Hotel.« Offensichtlich hatten sie kein Dinner gehabt.

F. Wieviel haben Sie bezahlt?

A. Fünfzig Dollar.

F. Was soll das heißen: »Sie hatten kein Dinner gehabt«, wenn Sie fünfzig Dollar bezahlt haben?

A. Ich meine, sie trafen uns später im Statler.

F. Wie erklären Sie die fünfzig Dollar?

A. Wahrscheinlich einige Geschenke.

F. Was hat das mit der Produktion von Flugzeugen zu tun?

A. Ich war der Meinung, dies betreffe Hughes Aircraft, deshalb habe ich es auch so verrechnet.

F. War dies eine Bewirtung für Colonel Roosevelt, auch die Party die Sie gegeben haben? Haben Sie es aus diesem Grund so verrechnet?

A. Ja.

Ferguson befragte Johnny Meyer weiterhin über einige Ausgaben, die Faye Emerson betrafen.

F. Der nächste Punkt.

A. An diesem Nachmittag kaufte ich ein paar Nylonstrümpfe als Geschenk für Miß Emerson – 132 Dollar.

F. Und der nächste Punkt?

A. Bargeld, um nach Hause zu fahren – 20 Dollar.

F. Können Sie mir einmal sagen, warum Sie Hughes Aircraft mit 132 Dollar für Nylonstrümpfe für Miß Emerson belasten und mit 20 Dollar, um nach Hause zu fahren?

A. Weil sie ganz reizend gewesen war.

F. Ganz reizend?

A. Junge Damen sind sehr angenehm.

F. Was hat das mit der Flugzeugproduktion zu tun?

A. Einfach so. Jede Firma tut das. Wir waren da nicht anders.

Die Boulevard-Zeitungen brachten Meyers Aussagen auf der ersten Seite, und Howard und ich waren entsetzt über den Eindruck, den die amerikanische Öffentlichkeit bekam. Hughes Aircraft wurde als eine halbseidene Gesellschaft dargestellt, die mit Schnaps und Callgirls arbeitete, um Regierungsaufträge zu bekommen.

Howards erste Reaktion war, sich irgendwo zu verstecken. Er hatte es zu einer Meisterschaft gebracht, zu entsprechenden Gelegenheiten einfach zu verschwinden und wollte es auch jetzt tun, bis die Schlagzeilen wieder abgeflaut waren. Ich überzeugte ihn davon, daß eine solche Handlungsweise in der Öffentlichkeit den allerschlechtesten Eindruck machen würde – ein Eingeständnis seiner Schuld. Es wäre viel besser, er würde seine Sache bei einer öffentlichen Gegenüberstellung mit den Senatoren selber verteidigen.

Er befolgte meinen Rat und flog in einer B-23, die er selber steuerte, während der Nacht von Kalifornien nach Washington. Erschöpft traf er dort ein, trug einen Anzug seines Dieners, der ihm eine oder zwei Nummern zu klein war, und hatte ein Hemd zum Wechseln in einem Pappkarton bei sich. Er hatte zugesagt, um zehn Uhr morgens vor dem Komitee zu erscheinen, aber er sagte: »Noah, ich muß mich etwas ausruhen; bitten Sie die Leute um eine Verschiebung der Konferenz auf den Nachmittag.«

Ich bat also um Aufschub, der auch bewilligt wurde. Dann ging ich in ein Kaufhaus und kaufte ein paar neue Hemden und Krawatten für Howard und kehrte zum Carlton Hotel zurück, um Howard zu wecken.

Doch ich konnte ihn nicht wach bekommen. Ich klingelte an seiner Suite, die aus einem Salon und zwei Schlafzimmern bestand. Keine Antwort. Ich ging zum Telefon und rief ihn an, erhielt jedoch auch hier keine Antwort.

Langsam begann ich mir Sorgen zu machen. Ich holte den Hotel-

Manager, den Hausdetektiv und den Hausmeister herbei. Sie öffneten die Tür, doch Howard hatte von innen die Sicherheitskette vorgelegt. Ich rief seinen Namen, doch Howard antwortete nicht.

Während die Hotelleute ihren nächsten Schritt besprachen, sagte ich: »Geben Sie mir einen Kleiderbügel.« Der Hausmeister brachte mir einen, den ich so verbog, daß ich die Sicherheitskette damit aushaken konnte. Ich lief in Howards Schlafzimmer und sah ihn dort unbeweglich liegen. Einen Moment lang fürchtete ich, er sei tot. Schließlich schaffte ich es, ihn zu wecken. Seine teilweise Taubheit und seine Erschöpfung hatten meine Weckversuche vereitelt.

Howard traf eine Stunde zu spät bei dem Komitee ein, das für 13 Uhr angesetzt war. Doch dann spielte er eine glänzende Rolle und übernahm die Verhandlungsführung mit einer Sicherheit, die alle, auch mich, erstaunte.

Er lehnte es ab, sich durch Johnny Meyers verheerende Aussage über die Beschaffung von Vorteilen fangen zu lassen.

»Alle Luftfahrtgesellschaften handeln so«, sagte er hartnäckig. »Ich bin der Auffassung, daß Meyer seine Arbeit nach dem ausrichtete, was er bei anderen Gesellschaften sah. Es wäre gewiß nicht fair gewesen, wenn all meine Konkurrenten so verfuhren und nur ich hätte ruhig dagesessen und die Regierung und ihre Beauftragten nicht beachtet.

Wenn Sie ein Gesetz durchbringen und es auch durchsetzen können, das verbietet, Militärpersonen zu bewirten, will ich mich gerne einem solchen Gesetz unterwerfen. Wenn Sie die anderen dazu bringen können, ihre Geschäfte so zu führen, will ich das gleiche tun.«

Als nächstes wandte Howard die klügste aller Taktiken an: er verwandelte seine Verteidigung in einen Angriff – auf Senator Owen Brewster.

Während seiner Versuche, für den Kampf gegen die »One-Carrier-Bill« Zeit herauszuholen, hatte er nicht nur wegen der gar nicht geplanten Zusammenlegung von TWA und Pan Am verhandelt, er hatte auch den Befürworter der Gesetzesvorlage, Senator Owen Brewster, bewirtet.

»Insbesondere behaupte ich«, sagte Howard in dem von Flutstrahlern erleuchteten Saal, »daß Senator Brewster während eines Essens in seiner Suite im Mayflower Hotel in der Woche vom 10. Februar 1947 mir gesagt hat, daß es keine weiteren Untersuchungen in dieser Angelegenheit geben würde, wenn ich der Zusammenlegung von TWA und Pan American zustimmen und mit seiner Gesetzesvorlage einverstanden sein würde.«

Wie erwartet, reagierte Brewster mit äußerster Empörung. Er stritt ab, jemals einen solchen Vorschlag gemacht zu haben. Das hieß, daß entweder er oder Howard Hughes ein Lügner war. Die Reporter schrieben sich die Finger wund.

Nach langer Debatte erlaubte der Vorsitzende Ferguson Howard, dem Senator einige Fragen vorzulegen. Zunächst parierte Brewster die Fragen mit der Eleganz eines routinierten Parlamentariers. Doch dann geriet er in gefährlicheres Fahrwasser.

Brewster gab zu, daß er seine Gesetzesvorlage mit Hughes diskutiert habe, daß er sowohl von TWA wie auch von Pan Am Flugreisen erhalten habe, daß er in Florida im Haus eines Vizepräsidenten der Pan American einen Urlaub verbracht habe. Ich beobachtete, wie er nervös und wütend wurde, als könne er sehen, wie sich sein Traum vom Posten des Vizepräsidenten vor seinen Augen in Luft auflöse.

Nachdem Brewster den Zeugenstand verließ, war Howard an der Reihe. Er faßte seine Meinung über seinen Gegner zusammen: »Ich höre, daß Senator Brewster im Rufe steht, ein kluger, findiger und dazu noch hervorragender Redner zu sein, ein Mann, der seine Zuhörer fesselt, ein Mann, von dem behauptet wird, einer der trickreichsten Männer in Washington zu sein, eine gewaltige Kraft im Hintergrund.«

Dann wandte Howard die Aufmerksamkeit auf seine eigene Person: »Ich möchte nun meinen eigenen Ruf einmal unter die Lupe nehmen. Es heißt, ich besitze viele Eigenschaften, die nicht gerade schmeichelhaft sind. Man sagt, ich sei launisch. Man nennt mich einen Playboy, exzentrisch, aber gewiß kann man mich keinen Lügner nennen. Soweit mir bekannt ist, hat noch niemand in dreiundzwanzig Jahren – bis zum gestrigen Tag – mein Wort angezweifelt. Tatsächlich bin ich der Meinung, daß ich gerade in dieser Beziehung den Ruf habe, den die meisten Texaner hoch einschätzen. Damit will ich sagen, ich glaube, die meisten Leute halten mein Wort für eine Verpflichtung.«

Im Verlauf der Verhandlung wurde immer deutlicher, daß Howard die Oberhand gewann. Es war ihm gelungen, Brewster als Lügner hinzustellen und es zu beweisen. Senator Ferguson bemühte sich redlich, seinen Kollegen zu retten, hatte aber kein Glück. Wie Captain Queeg hatte auch Senator Brewster sich mit seiner eigenen Aussage am meisten geschadet. Howard fegte jeden Versuch, zum wirklichen Zweck der Untersuchung zu kommen, vom Tisch: Es war eine meisterhafte Vorstellung.

Der Höhepunkt seines Kampfes gegen die Untersuchungsbehörde kam, als Senator Ferguson versuchte, Johnny Meyer zur Aussage herzuzitieren. Die Zeitdauer der Vorladung war abgelaufen, und wir hatten ihn wieder nach Europa geschickt, um ihn dem Zugriff der Senatoren zu entziehen.

»Wo ist Johnny Meyer?« fragte Senator Ferguson.

»Ich weiß nicht, wo er ist«, antwortete Howard.

Der Senator verlangte eine Antwort, doch Howard sagte: »Ich habe 28 000 Angestellte. Ich kann einfach nicht wissen, wo jeder von ihnen zu irgendeiner Zeit steckt.«

»Wissen Sie, wo Meyer ist?« fuhr der Senator fort.

»Nein.«

»Werden Sie dafür sorgen, daß er um 14 Uhr hier ist?«

»Ich wüßte nicht, warum. Nur um ihn hier neben mich auf den Zeugenstand zu bringen und eine Schau abzuziehen? Meine Gesellschaft ist mittlerweile genug belästigt worden. Ich habe Meyer zweimal hierher geschafft. Sie hatten jede Menge Zeit, ihm genügend Fragen zu stellen.«

»Der Vorsitzende ist der Meinung, daß Sie als Präsident der Gesellschaft wissen müßten, wo Meyer steckt. Ich muß Sie vor einer Mißachtung des Gerichtes warnen. Beantworten Sie meine letzte Frage.«

Ferguson bekam einen roten Kopf und wurde ungeduldig.

»Ich erinnere mich nicht«, antwortete Howard fröhlich.

»Ich habe Sie nach Ihrer Antwort gefragt.«

»Ich erinnere mich nicht. Schauen Sie im Protokoll nach.«

»Werden Sie dafür sorgen, daß Mr. Meyer um 14 Uhr hier ist?«

Der Senator war rasend.

»Nein«, sagte Howard ruhig. »Ich glaube nicht, daß ich das tun werde.«

Das Publikum genoß den Augenblick. Desgleichen die Zeitungsleser im ganzen Land. Obwohl Howard Hughes ein reicher und mächtiger Mann war, symbolisierte er den kleinen Mann, der gegen die tiefverwurzelte korrupte Autorität ankämpfte. Er hatte sich gegen »das Rathaus« gestellt – und gewonnen.

Auch ich war aufgefordert worden, vor dem Senatskomitee über finanzielle Angelegenheiten auszusagen. Am Abend vor meiner Aussage hatten Howard und ich eine Sitzung in seiner Suite im Carlton Hotel. Wir unterhielten uns zunächst in seinem Salon, doch dann schüttelte er den Kopf und sagte: »Wir wollen hier hinein gehen.«

Er führte mich ins Badezimmer und begann von vorne. Dann legte er den Finger an die Lippen.

»Wahrscheinlich haben sie ein Abhörgerät im Badezimmer, Noah«, sagte er. »Man könnte leicht ein Mikrophon im Ventilatorschacht unterbringen. Am besten fahren wir im Auto umher, während wir uns unterhalten.«

So fuhren wir durch die dunklen Straßen Washingtons und diskutierten unsere Strategie für den Rest der Untersuchungen. Howard wußte, daß ich über bestimmte Ausgaben für die Gesellschaft aussagen mußte und drängte mich, die Tatsachen so darzustellen, daß die Firma dabei besser abschnitt.

Das lehnte ich ab. »Howard, vielleicht habe ich ein Gehirn, das ab und zu einmal gewisse Dinge vergessen kann«, sagte ich, »aber Lügen kommt für niemand in Frage.«

Damals amüsierte ich mich über Howards Hartnäckigkeit, unsere Unterhaltung im Geheimen durchzuführen. Es zeigte sich, daß er recht hatte. Sowohl in seinem Zimmer im Carlton wie auch in meinem im Mayflower Hotel waren von einem Polizeidetektiv, der dafür 1000 Dollar bekam, Abhörgeräte eingebaut worden. Von wem? Es gibt wohl keinen Zweifel, daß ein gewisser Senator und eine konkurrierende Luftfahrtgesellschaft hinter dieser Angelegenheit steckten.

Die Hearings dauerten den ganzen Sommer des Jahres 1947 an, doch der Höhepunkt war vorbei. Senator Brewster hatte es auf Howards guten Ruf abgesehen, doch am Ende wurde nur sein eigener beschädigt. Er hatte aber nur wenig zu befürchten. Im November 1946 war er gewählt worden, hatte also noch fünf Jahre vor sich, bis er den Wählern von Maine wieder gegenübertreten mußte.

Der einzige, dem die Untersuchungen wirklich schadeten, war General Bennett Meyers.

Er war eine bedauernswerte Figur, ein Mann, den man in eine Position manövriert hatte, die er nicht ausfüllen konnte, und dessen Habgier seine Urteilskraft geschwächt hatte. Es war kein Geheimnis, daß Howard ihn benutzt hatte, indem er ihn mit Gefälligkeiten umschmeichelte und ihm versprach, ihn zum Boß der Hughes Aircraft zu machen. Die Versprechungen erwiesen sich als falsch, und Meyers war schwer enttäuscht.

Vor den Verhören traf ich mich mit Benny in New York. Er war aufgeregt und verlangte, daß Howard sein Anstellungsversprechen einlöste.

»Er hat mir einen Vertrag versprochen, und ich will ihn haben«, verlangte der General.

»Benny, wir stehen vor einer Untersuchung der Rüstungsaufträge, die Hughes Aircraft von der Regierung erhalten hat. Das Schlimmste, was Ihnen jetzt passieren könnte, wäre, während all der Verhöre auf unserer Gehaltsliste zu stehen.«

Ich überredete ihn, seinen Wunsch zurückzustellen, obwohl ich während der ganzen Zeit genau wußte, daß Howard gar nicht die Absicht hatte, ihn überhaupt einzustellen. Dieses Problem tauchte gar nicht erst auf. Bei den Untersuchungen stellte sich heraus, daß er von einem Unterlieferanten Zahlungen angenommen hatte. Benny wurde vor Gericht gestellt und verurteilt. Er erhielt sieben Jahre Zuchthaus.

Ein weiteres Nachspiel.

Howard vergißt niemals einen Feind. Fünf Jahre lang wartete er auf eine Chance, es seinem Gegner, Senator Owen Brewster, heimzuzahlen. Im Jahre 1952 ließ Brewster sich wieder als Kandidat für die Wahl zum Senator von Maine aufstellen. Sein Hauptgegner war Frederick Payne, ein Zeitungsverleger.

»Geben Sie Payne, was er braucht«, sagte Howard, »und zum Teufel damit, wieviel es kostet.«

Howard hatte die Carl-Byoir-Werbeagentur genommen, hauptsächlich, um gegen ihn geplante Zeitungs- und Zeitschriftartikel abzuwenden. Die Agentur erfüllte auch andere Dienste. Zum Beispiel die zweimalige Übergabe von 30 000 Dollar an den Staat Maine zum Zweck der Unterstützung der Kandidatur Frederick Paynes. Payne erhielt außerdem zahlreiche Unterlagen über die schändlichen Aktivitäten Owen Brewsters.

Maine ist kein großer Staat, und 60 000 Dollar können hier in einer Wahlkampagne viel ausrichten. Paynes Wahlplakate erschienen allerorts, und das Radio brachte am laufenden Band Werbesendungen für den Kandidaten.

Owen Brewster, der einst geglaubt hatte, eine gute Chance zur Nominierung als Vizepräsident zu haben, wurde an den Wahlurnen besiegt. Seine lange politische Laufbahn war beendet – durch Howard Hughes' gutes Gedächtnis und seine unbegrenzten Mittel.

31. Das fliegende Boot: Nachspiel

»Ich kann Ihnen nur sagen, daß ich an diesem Flugzeug jede Schraube und jede Niete entworfen habe. Ich habe mehr an diesem Flugboot getan als je ein Mann zuvor an einem der neueren großen Flugzeuge – bis hinunter zur halben Größe ...

Wenn das Flugboot nicht zum Fliegen kommt, werde ich dieses Land wahrscheinlich verlassen. Ich habe die Arbeit meines Lebens in dieses Ding gesteckt und dafür sieben Millionen zweihunderttausend Dollar aus meinem Privatvermögen ausgegeben. Mein guter Ruf hängt davon ab. Ich habe gesagt, daß ich das Land verlasse, falls das Flugboot nicht fliegt. Und es ist mir Ernst damit.«

Dies war Howards Abschlußrede am Ende der Anhörung durch den Kongreß. Und es war ein teures Stück Theater.

Howard arbeitete wie ein Besessener an der Hercules. Kosten hatten keine Bedeutung; er ließ seine Mannschaft rund um die Uhr an dem Boot arbeiten, um es für die Testflüge fertigzustellen.

Schließlich, am 1. November 1947, hielt er die Zeit für gekommen. Howard veranstaltete die Tests der Hercules nach dem Muster seiner Film-Uraufführungen. Dutzende von Zeitungsleuten wurden auf seine Kosten nach Los Angeles geflogen und wie Würdenträger bewirtet. Der Wein floß in Strömen, Starlets mischten sich unter die Besucher.

Es konnte keinen Zweifel daran geben, daß Howard den Test selber vornehmen würde. Das Meer war bewegt bei Long Beach an jenem Tag, und Howard verkündete, der erste Lauf werde wahrscheinlich nicht über 60 Stundenkilometer hinausgehen. Er bot den Besuchern eine Fahrt von etwa fünf Kilometer Länge durch den Hafen, dann kehrte er zum Dock zurück, damit sie das Boot verlassen konnten.

Howard lenkte das gewaltige Flugboot zum Hafen zurück. Als er den letzten Start begann, merkten die Beobachter, daß seine Geschwindigkeit zunahm. Die Hercules raste mit hundertfünfzig Stundenkilometer durchs Wasser, dann gab Howard Vollgas, und das Flugzeug erhob sich majestätisch in die Luft.

Die Hercules ging auf etwa 25 Meter Höhe, dann brachte Howard sie nieder und wasserte. Er hatte die Maschine wenig mehr als anderthalb Kilometer geflogen, lange genug für die Fotos für die ersten Seiten der Weltpresse.

Vielleicht war dies der größte Augenblick in Howards Leben. Er hatte seine Ehre und sein technisches Können verteidigt. Er hatte seine Feinde geschlagen, die bestechlichen Politiker in Washington, die feindlichen Generale des »Hate-Howard-Hughes-Clubs«. Er hatte bewiesen, daß er kein exzentrischer Playboy war, sondern ein einsamer Träumer, der das größte Flugzeug der Welt zum Fliegen gebracht hatte.

Wenn er es damit nur hätte gut sein lassen!

Aber nein. Er mußte weiter an der Hercules arbeiten, mußte weiter sein Geld in ein Flugzeug stecken, das bereits veraltet war, als es seinen kurzen Flug machte – niemand wollte ein Flugzeug aus Sperrholz, in keiner Größe.

Doch Howard ließ sich nicht überzeugen. Er baute in Long Beach einen massiven Hangar und beschäftigte 300 Leute an diesem Projekt. Das Flugzeug gehörte der Regierung – gehört ihr immer noch –, doch wurden keine Mittel mehr bewilligt. Er mietete die Maschine für 800 Dollar im Monat, mit der Begründung, er führe wissenschaftliche Untersuchungen durch.

Meine einzige Verbindung zur Hercules waren die Rechnungen, die ich bezahlte. Bald erreichten sie die Höhe von 3 000 000 Dollar im Jahr. Diese Ausgaben erschienen mir unsinnig. Drei Millionen Dollar im Jahr, ohne die Möglichkeit, diese Investition wieder hereinzuholen. Es war ein schwerer Aderlaß an seinem Vermögen; nur die gewaltigen Gewinne der Hughes Tool Company konnten solche Ausgaben wettmachen.

Howard sprach nie über das Flugboot. Seine anderen Mitarbeiter merkten, wie empfindlich er in dieser Beziehung war und vermieden es, darüber zu sprechen. Doch es war meine Aufgabe, Howard mit den harten Tatsachen zu konfrontieren.

Eines Tages fragte ich ihn: »Wann machen Sie den abschließenden Test?«

»Ich weiß es nicht«, antwortete er. »Ich zögere, einen wirklichen Testflug damit zu machen.«

»Howard, dieses Flugzeug kostet Sie drei Millionen Dollar im Jahr. Wie in aller Welt wollen Sie dieses Geld jemals wieder hereinholen?«

»Ich weiß nicht«, sagte er. »Darüber habe ich noch nicht nachgedacht.«

Es hatte keinen Zweck, darauf hinzuweisen, daß andere Flugzeughersteller bereits ins Düsenzeitalter vordrangen und Pfeilflügel entwarfen für Flugzeuge, die mehrere hundert Kilometer pro Stunde erreichten. Im Vergleich dazu war die Hercules ein monströses T-Modell von Ford – eine Propellermaschine aus Sperrholz, deren Höchstgeschwindigkeit bei 270 Stundenkilometern lag.

Obwohl die Hercules keinerlei Geheimnisse barg, an denen ein Konkurrent interessiert gewesen wäre, bestand Howard auf Sicherheitsmaßnahmen, die einer Atomfabrik würdig gewesen wären. Während der Jahre unternahm er phantastische Anstrengungen, um das Flugboot unter Verschluß zu halten.

Er zahlte einem Rechtsanwalt aus Long Beach 35 000 Dollar, um einen noch nie dagewesenen Mietvertrag für den Hangar mit der Stadt abzuschließen. Der Vertrag war absolut »wasserdicht« und verbot jedem, auch den Mitgliedern des Stadtrates, die dem Vertrag zustimmten, den Hangar zu betreten.

Der Vertrag erlebte seine Feuerprobe, als ein Feuer-Inspektor kam, um eine Routine-Untersuchung der Anlage durchzuführen. Die Wächter behandelten ihn wie einen Landstreicher. Der Feuerdirektor von Long Beach war rasend; nie zuvor war seine Zuständigkeit in Frage gestellt worden. Ein neuer städtischer Rechtsanwalt steuerte den Beitrag bei, seiner Meinung nach sei der Vertrag ungültig, da er die Feuerwehr ihrer verbrieften Rechte beraube. Eine Kontroverse erhob sich in Long Beach; doch am Ende siegte Howard Hughes. Er behielt seinen Vertrag, und der Feuerinspektor durfte den Hangar nicht betreten.

Howards Machtanspruch Besuchern gegenüber entwickelte sich kopfüber zu einem Versicherungsproblem, das Howard 200 000 Dollar hätte kosten können.

Im Hangar brach ein Feuer aus. Glücklicherweise war die Mannschaft in der Lage, das Feuer zu löschen, doch die Hercules hatte erhebliche Schäden davongetragen. Als Howard den Schaden schätzte, bestand er darauf, die Feuerversicherung habe dafür aufzukommen. Dennoch erlaubte er dem Inspektor der Versicherung nicht, den Schaden zu begutachten.

Es war eine Situation, die ich auf Grund einer merkwürdigen und zufälligen Namensgleichheit löste. Der Name des Inspektors war George Strake. Ein langjähriger und geschätzter Kunde der Hughes Tool Company, ein Öl-Mann aus Houston, trug ebenfalls den Namen George Strake. Er kam, um in Kalifornien einen Urlaub zu verbringen.

Ich rief Howard an und sagte: »George Strake kommt her und möchte gerne das Flugboot ansehen.«

»Das möchte er, wie?« sagte Howard. »Ich denke, das läßt sich einrichten, falls er keine genaue Untersuchung des Flugzeugs anstellt.«

Er gab Anweisung, einen Passierschein zu den heiligen Hallen der Hercules auszustellen, für George Strake. Der Versicherungsmensch machte seine Inspektion, und wir waren in der Lage, 200 000 Dollar für Brandschäden zu kassieren.

Howard machte große Anstrengungen und gab viel Geld aus, um die Hercules aus den Zeitungen herauszuhalten. Von Zeit zu Zeit erschien ein Reporter von der Ostküste mit dem Auftrag, einen Artikel zu schreiben: »Was geschah mit Howard Hughes' Holzgans?« Bei solchen Gelegenheiten erschien die Carl Byoir Anti-Publicity-Gesellschaft auf der Bildfläche.

Der Reporter wurde verwöhnt und umworben und erhielt jede Menge Freiflüge bei TWA. Wenn er dann in einer besonders beeinflußbaren Verfassung war, sagte man ihm: »Wissen Sie, im Grunde will niemand mehr etwas von dem Flugboot hören – das ist ja eine alte Geschichte.« Manch ein Reporter fiel darauf herein.

Andere jedoch nicht. Für die Widerspenstigen unter ihnen gab es einen anderen Weg. Man trat an den Herausgeber oder Verleger der betreffenden Zeitung oder Zeitschrift heran und erklärte, Mr. Hughes werde es gar nicht zu schätzen wissen, einen Artikel über sein Lieblingsprojekt in der Öffentlichkeit zu sehen. Es gab viele Möglichkeiten der Überzeugung. Ich erinnere mich an einen Verleger, der einen Artikel über das Flugboot in Auftrag gegeben hatte. Gleichzeitig besaß er noch eine Filmzeitschrift, die von einer berühmten Schauspielerin, einst eine Freundin Howard Hughes', wegen Verleumdung verklagt worden war. Die Verleumdungsklage wurde aufgehoben und der Flugboot-Artikel stillschweigend abgelegt.

Durch die Bemühungen der »Unterdrückungs-Agenten« vergaß die Öffentlichkeit das Flugboot größtenteils – bis zum 17. September 1953. An diesem Tag erhielt ich aus dem Hangar einen Anruf. Der Aufseher war halbwegs hysterisch und brüllte irgend etwas von einem Unglück. Ich beruhigte ihn, und er rückte mit der Geschichte heraus.

»Ein Leichter wurde an dem Hangar vorbeigeschleppt und riß sich los«, berichtete er. »Der Leichter geriet außer Kontrolle und rammte den Senkkasten außerhalb des Hangars. Wasser brach ein, und das Flugzeug ist ein Trümmerhaufen. Es ist ganz schrecklich, Mr. Dietrich. Der Rumpf, die Stabilisatoren, die Querruder, die Flügel und das Heck, alles ist zertrümmert. Der Hangar ist voller Wasser, der Schlamm liegt anderthalb Meter hoch.«

Ich lauschte seiner traurigen Geschichte, und mein Herz tanzte vor Freude. Endlich eine Möglichkeit, den verheerenden Kosten des fliegenden Wals zu entkommen!

Ich rief Howard im Beverly Hills Hotel an und sagte, ich sei auf dem Weg zu ihm. Unterwegs kaufte ich eine Nachmittagszeitung mit der schreienden Überschrift: »Gigantisches Hughes-Flugzeug ein Totalverlust.«

Ich präsentierte Howard diese Überschrift und begann: »Howard, das ist das beste, was überhaupt passieren konnte. Jetzt können Sie das Flugzeug verschrotten, und niemand könnte Sie möglicherweise kritisieren oder die Frage stellen, warum es eigentlich nicht fliegt.«

»Verschrotten, zum Teufel!« antwortete Howard. »Ich werde es reparieren. Ich werde Long Beach um Höll' und Teufel verklagen und soviel Geld herausholen, daß ich das Flugzeug so reparieren kann, wie es war.«

Meine Hoffnungen waren dahin. Howard war bereit, eine weitere ruinöse Runde monumentaler Verluste zu beginnen.

Er verklagte die Stadt Long Beach auf Schadenersatz in Höhe von 12 000 000 Dollar, obwohl der Leichter sich in Privatbesitz befand. Die unerhörte Klage verärgerte die Stadtväter, die sich sowieso schon durch Howards anmaßende Art brüskiert fühlten. Howard erlaubte nicht einmal den städtischen Inspektoren Zutritt zu dem Hangar, um den Schaden zu inspizieren.

Da Howard unzugänglich war, mußte ich den Ansturm des städtischen Zorns über mich ergehen lassen. Nichts, das ich sagte, vermochte die wütenden Politiker zu beruhigen. Sie sannen auf Rache, indem sie seinen Vertrag nicht erneuern wollten, dessen Zeit bald abgelaufen war.

Ein Mitglied der Hafenkommission rief mich an und berichtete mit eisiger Stimme: »Ich wäre Ihnen dankbar, wenn Sie Mr. Hughes davon in Kenntnis setzen würden, daß es ihm verdammt schwer fallen wird, seinen Vertrag erneuert zu bekommen. Sobald er ausläuft, ist sein Hangar weg und auch sein großes hölzernes Flugzeug.«

»Ich werde ihn benachrichtigen«, sagte ich.

»Und Sie können ihm noch sagen, hoffentlich müßte er persönlich hierherkommen und es auf dem Rücken wegschleppen.«

Ich berichtete Howard, was der Mann gesagt hatte. Er war entschlossener denn je. Wenn er es mit dem Senat der Vereinigten Staaten aufnehmen konnte – und gewinnen konnte –, hatte er gewiß keine Angst vor Long Beach.

Sein Gegenzug zeigte Howards ganze Verschlagenheit. Er wußte, daß die Stadt Long Beach seit Jahren mit dem Staat Kalifornien einen erbitterten Streit führte, bei dem es um die Watt-Ölfelder ging, die unter dem Hafen lagen. Hunderte von Millionen Dollar an Lizenzen waren in den langjährigen Streit verwickelt. Schließlich hatte man sich auf eine Formel geeinigt, nach der die Lizenzerträge zwischen Long Beach und dem Staat aufgeteilt werden sollten. Diese Lösung schien jedermann recht zu sein, und die Gesetzesvorlage war von Senat und Unterhaus schon so gut wie verabschiedet.

Howard rief seine beiden hochbezahlten Lobbyisten zu sich.

»Gehen Sie nach Sacramento, und treten Sie Long Beach wegen dieser Watt-Öl-Geschichte in den Hintern«, befahl er.

Die Lobbyisten begannen ihr trickreiches Spiel. Mit Howards Geld hatten sie für viele der Unterhaus-Mitglieder und Senatoren die Wahlkampfrechnungen bezahlt. Die unterbezahlten Volksvertreter waren Howard verpflichtet, und über Nacht kam die Watt-Vorlage zum Stehen.

Long Beach geriet in Panik. Nach jahrelangen Versuchen war man endlich in Reichweite jener Ölmillionen. Und jetzt blockierte ein gereizter Millionär den gesetzgebenden Apparat.

Man rief zum Waffenstillstand auf. Long Beach garantierte Howard einen Zehn-Jahres-Vertrag für die Hercules. Als Gegenleistung ließ Howard seine 12 000 000 Dollar-Klage gegen die Stadt fallen und begnügte sich mit einer halben Million. Und die Öl-Vorlage segelte rasch durch die Instanzen. So erhielt Long Beach Millionen, mit denen man spielen konnte. Aus dem Glücksfall kam ein weiterer riesenhafter Weißer Elefant, der ein Nachbar der »Holzgans« wurde. Ich spreche von der »Queen Mary«.

Eine hübsche Ironie. Die »Queen Mary« kostete die Stadt Long Beach 50 000 000 Dollar, und ihr Nachbar hatte 50 Millionen von Howards Vermögen verschlungen. Doch wenigstens Long Beach hat eine Chance, einen Teil dieser Summe durch Touristen und Konvente wieder hereinzuholen. Wie kann Howard etwas von seinem Geld bekommen?

Während all der Jahre bin ich sehr oft gefragt worden, was Howard mit dem Flugboot eigentlich vorhatte. Warum steckte er soviel Geld hinein?

Die Hercules war die Quelle unzähliger Gerüchte. Howard wolle das Flugzeug in einem Film verwenden. Howard wolle das Flugzeug mit einem Atomreaktor ausstatten. Howard wolle es zu einem Düsenflugzeug mit Pfeilflügeln umbauen.

Soviel ich weiß, hatte er keinen dieser Pläne. Weder diese noch sonst irgendwelche Pläne.

Howard erklärte nie, warum er ein Vermögen in ein nutzloses Unterfangen steckte. Er erklärte nur selten das, was er tat. Seine Einstellung war stets die gleiche: »Es ist mein Geld, und es geht niemand etwas an, was ich damit mache.«

Ich glaube, im Anfang befand er sich in einem echten Dilemma. Er hatte vor Gott und jedermann geschworen, das Land zu verlassen, falls das Flugboot nicht fliegen könnte. Gleichzeitig hatte er Angst, das Flugzeug könne so unsicher sein, daß er darin umkomme. So behielt er das ganze Projekt in der Schwebe, beendete es weder – was einer Niederlage gleichgekommen wäre und eine Absage an seinen Schwur, das Land zu verlassen, bedeutet hätte – noch versuchte er, es zu vollenden – was sein eigenes Grab hätte werden können.

Ein anderes Element spielt hier hinein.

Als langjähriger Beobachter des Hughesschen Phänomens habe ich eine Theorie entwickelt, die man das Dietrich-Gesetz nennen könnte. Es ist ganz einfach: »Ein Auftrag von Howard Hughes muß solange ausgeführt werden, bis er durch einen anderen Auftrag von Howard Hughes aufgehoben wird – was nicht der Fall sein wird.«

Klingt lächerlich, nicht wahr? Doch habe ich genau das immer und immer wieder gesehen in den Jahren, seit ich von Howard fort bin. Zum Beispiel gab er Befehl, das Sikorsky-Amphibienflugzeug, mit dem er in den Lake Meadow gestürzt war und das er umbauen ließ, in Houston zu belassen bis er bestimmen würde, was damit geschehen solle. Er bestimmte nichts dergleichen, und so steht die Sikorsky Jahr um Jahr in Texas und wartet.

Desgleichen standen zwei B-25, eine Convair und eine A-20 in Santa Monica auf dem Flugplatz. Sie werden bewacht und rosten im kalifornischen Klima vor sich hin. Andere Flugzeuge stehen auf einem Flugplatz bei San Francisco. Howard hat sie vergessen, wie auch verschiedene Autos, die alle unter dem gleichen Befehl stehen. Niemand in der ganzen Hughes-Organisation hat den Mut, die ungenutzten Flugzeuge und Autos wegzuschaffen; Millionen Dollar an Gerät verrottet.

Das gleiche passiert mit der Hercules.

Ich bin völlig sicher, daß niemand, der zu Hughes Zutritt hat, ihn seit Jahren an die Sikorsky-Maschine erinnert hat. Das Dietrich-Gesetz bleibt bestehen. Die Arbeit an der Hercules wird solange fortgesetzt, bis Howard Hughes den Auftrag widerruft.

32. Howard in den Vierzigern

Das Abenteuer in Washington hatte tiefgreifende Wirkung auf Howards Verhalten. Die Bestätigung, daß unsere Hotelzimmer mit Abhörgeräten gespickt waren, ließ ihn noch verschwiegener werden als je zuvor.

»Ich will nicht, daß irgend jemand mich bespitzelt«, sagte er und unternahm umfassende Vorsichtsmaßnahmen, um seine Privatsphäre zu schützen. Eine dieser Maßnahmen bestand im Kauf von zwanzig Chevrolets.

»Was in aller Welt wollen Sie mit zwanzig Chevrolets?« fragte ich ihn.

»Ganz einfach«, antwortete er. »Ich benutze sie als meine Privatwagen. Jeden Tag einen anderen. Niemand ist in der Lage, in zwanzig Autos Abhörgeräte einzubauen – das ist einfach unmöglich. Und niemand kann wissen, wann ich welchen Wagen nehme.«

Außerdem dachte Howard, in den unauffälligen Chevrolets könne er incognito reisen.

Zu Weihnachten schenkte er mir einmal einen herrlichen Mercedes 300 SL. Als ich ihn zum erstenmal darin spazierenfuhr, war er begeistert wie damals von seinem Duesenberg, den ich vor den Multicolor-Gläubigern gerettet hatte.

»Das ist ein Teufelswagen, Noah«, sagte er. »Kaufen Sie mir morgen genau das gleiche Modell.«

Am Abend rief er mich mit einem neuen Plan an.

»Kaufen Sie mir doch besser keinen Mercedes, Noah«, sagte er. »Ich habe darüber nachgedacht, es ist doch keine so großartige Idee. Wenn ich damit durch die Stadt fahre, sagt jeder sofort ›Da fährt Howard Hughes‹«.

Nach den Untersuchungen in Washington richtete Howard sein berühmtes Nachrichten-Center im Haus Nr. 7000 Romaine Street ein. Er betrat es kein einziges Mal, bestand jedoch darauf, daß es rund um die Uhr besetzt sein müsse. Der Zweck bestand einzig und allein darin, vierundzwanzig Stunden am Tag für ihn bereit zu sein. Wenn Howard um vier Uhr morgens ein Steak wünschte, mußte das Center eines für ihn beschaffen. Wenn er mit einer Filmschauspielerin auf dem Filmfestival in Cannes zu sprechen wünschte, wurde das Telefongespräch für ihn vermittelt. Jeder Wunsch konnte erfüllt werden.

Das Nachrichten-Center verlangte geübtes und loyales Personal. Als seine Sekretärin hatte er Nadine Henley ausgesucht, eine kühle, ruhige und fähige Frau, die vorher für einen der Ingenieure bei Hughes Aircraft gearbeitet hatte. Howard bewunderte ihre gelassene tüchtige Art und übernahm sie für sein eigenes Büro. Nadine arbeitete zufriedenstellend, bis die Arbeit für einen so exzentrischen Chef eine zu große Belastung für sie wurde. Sie kündigte und zog sich nach Arizona zurück. Howard verlangte, daß ich ihr nachreise und all meine Überredungskünste spielen ließe, um sie zurückzuholen: Und es gelang mir.

Die ersten Jahre des Nachrichten-Centers im Haus Nr. 7000 Romaine Street brachten seine Mormonen ins Spiel.

»Ich glaube, die Mormonen sind die rechtschaffenste Bevölkerungsgruppe im ganzen Land«, sagte Howard. »Sie kümmern sich selber um ihre Leute und nehmen keinerlei Hilfe von Organisationen oder der Regierung an. Und dann gefällt mir, daß sie keinen Alkohol trinken. Man kann sich auf sie verlassen.«

Howard besetzte das Nachrichten-Center und seine Chevrolet-Flotte ausschließlich mit Mormonen. Einer von ihnen war Bill Gay, der später in der Hughes-Organisation eine wichtige Rolle spielte.

Howards Geheimnis-Manie erstreckte sich auch auf sein eigenes Haus. Niemand durfte sein Schlafzimmer betreten, nicht einmal das Zimmermädchen, das die Laken wechseln wollte. Sie wurden außerhalb des Zimmers hingelegt, und Howard bezog sein Bett selber. Von seinem Schlafzimmer aus besprach er viele geschäftliche Dinge am Telefon und fürchtete, die Dienerschaft entferne versehentlich oder absichtlich Notizzettel von seinem Nachttisch.

Während einiger Jahre nach dem Krieg wohnte Howard im Hause Cary Grants in Beverly Hills. Grant selber verbrachte viel Zeit in Europa, wo er Filme machte. Grant war einer der wenigen echten Freunde, die Howard hatte.

Später entschloß sich Howard, in einem der luxuriösen Bungalows hinter dem Beverly Hills Hotel zu wohnen. Es gab zwei Apartments in jedem Bungalow, und Howard wünschte natürlich, daß niemand neben ihm wohnte – zuviel Angst vor Bespitzelung.

Howard wollte eine Hälfte des Bungalows mieten, bestand jedoch darauf, daß die Hotelleitung die andere Hälfte unbesetzt hielt, und zwar ohne Kosten für ihn. Ich argumentierte, daß dies für das Hotel kein besonders interessantes Arrangement sei.

»Warum sollte ich für eine Suite bezahlen, die ich nicht benutze?« sagte Howard.

»Dann lassen Sie sie doch die andere Hälfte vermieten«, schlug ich vor.

»Unter gar keinen Umständen! Jemand könnte von dort aus meine Gespräche abhören.«

Es hatte keinen Zweck, zu argumentieren. Ich hatte also die Aufgabe, mit dem Hotel zu verhandeln. Taktvoll machte ich den Manager darauf aufmerksam, daß die Bungalows ja nicht immer vermietet waren; daß sie sogar außerhalb der Saison wochenlang leerstanden. Wenn Howard eine Suite für die Dauer eines ganzen Jahres mieten wolle, würde der Hotelleitung gewiß kein Verlust entstehen, wenn sie die andere Suite unbesetzt hielte.

Der Manager sah ein, daß ich Recht hatte. Ganz zu schweigen von der Publicity, Howard Hughes zu seinen Dauergästen zählen zu können.

Zur gleichen Zeit, als er das Beverly Hills Hotel um die Miete für ein halbes Apartment brachte, zahlte er die Mieten von fünf teuren Häusern für seine Schützlinge.

Tatsächlich setzte Howard seine Suche nach der »Frau mit dem perfekten Gesicht und der perfekten Figur« weiter fort. Dabei wurde er von einer Reihe von Talentsuchern unterstützt, die nach Fotomodellen, Schauspielerinnen von kleinen Theatern, Studentinnen und Filmstarlets »fahndeten«, die Howards Aufmerksamkeit erregen könnten. Unter denen, die in dieser inoffiziellen Tätigkeit handelten, waren Pat DiCicco, Cubby Broccoli, Johnny Meyer, Greg Bautzer und Walter Kane.

Wenn ein Mädchen Howards Anforderungen genügte, wurde sie in einer der Wohnungen untergebracht und erhielt Schauspiel-, Tanz-, Sprach- und sonstigen Unterricht. Einige bekamen Howard niemals zu Gesicht. Sie erhielten den Unterricht monatelang, manchmal sogar jahrelang, und verschwanden dann wieder in der Anonymität. Einige trafen mit Howard zusammen, und ein paar von ihnen erreichten wirklich Starruhm.

Ob er nun mit einem seiner Schützlinge eine Liaison hatte oder nicht, jedenfalls wünschte Howard nicht, daß jemand sich mit dem Mädchen zu schaffen machte. Aus diesem Grunde beschäftigte er ein halbes Dutzend »sicherer« Gesellschafter, die die jungen Damen zum Dinner führten, in eine Show, und sie gesund wieder nach Hause brachten, und zwar ohne Hokus-Pokus.

Howard hatte eine besondere Vorliebe für Reklameschönheiten, und zwar ganz besonders, wenn sie gerade erst ihre Ehemänner verlassen hatten. Das traf zu im Fall von Susan Hayward, die sich gerade wütend von Jess Baker getrennt hatte. Und als Ava Gardner Mickey Rooney verließ. Ava und Howard begannen eine leidenschaftliche Romanze, doch schaffte er es nicht, ihr genügend Zeit zu widmen – er war zu sehr mit dem Flugboot und anderen Ablenkungen beschäftigt. Ava fühlte sich vernachlässigt und nahm sich einen mexikanischen Stierkämpfer. Howard erfuhr davon, stürmte in ihr Haus und konfrontierte sie mit dieser Tatsache.

Avas Temperament ist bekannt, und sie sagte Howard ordentlich und unzweideutig die Meinung. Er ohrfeigte sie so fest, daß sie auf das Sofa fiel, dann drehte er sich auf dem Absatz herum und stürmte aus dem Haus. Sie packte eine bronzene Statue, rannte hinter ihm her und schlug ihn damit über den Kopf. Howard verlor das Bewußtsein. Ich glaube, sie hätte ihm noch mehr getan, wenn das Dienstmädchen, das den Tumult hörte, nicht gekommen wäre und sie weggerissen hätte.

Solch stürmische Zwischenfälle waren selten in Howards Leben, denn er wünschte, daß seine Liebesverhältnisse innerhalb einer bebestimmten Ordnung verliefen. Die meisten Schauspielerinnen – es waren immer Schauspielerinnen – waren bereit, auf Howards Gunst zu warten. Ein paar Auserwählten versprach er sogar die Ehe. Er hielt sie damit hin, daß er sagte, er wolle heiraten, doch der Druck der Geschäfte mache es im Augenblick unmöglich. Er machte diese Versprechungen solange, bis den Damen das Warten zuviel wurde und sie sich anderen Weidegründen zuwandten. Ihr Verlust schien Howard nie besonders zu berühren.

Seine Bazillenangst wurde schlimmer.

Er begann strenge Vorschriften für alle zu erlassen, die mit ihm persönlichen Kontakt hatten. Die Stenotypistinnen, die Unterlagen ausstellten, die ihm vorgelegt werden sollten, und die Boten, die sie ihm aushändigten, mußten weiße Baumwollhandschuhe tragen. Diese Handschuhe wurden en gros bei einem Lieferanten für Bestattungsunternehmer bestellt. Keine Papiere, die für ihn bestimmt waren, durften mit der nackten Hand berührt werden.

Für mich war es schwer, seiner Logik zu folgen. Falls er auf eine antiseptische Atmosphäre Wert legte, verfuhr er gewiß nicht nach wissenschaftlichen Methoden. Die weißen Baumwollhandschuhe waren zwar sauber, doch gewiß nicht steril. Es gab keinen Beweis, daß sie weniger Bazillen trugen als unbehandschuhte Hände.

Ich sah nur noch selten, daß Howard jemand die Hand gab. Beim Vorstellen trat er immer zurück und machte keine Anstalten, die Hand auszustrecken. Wenn sein Gegenüber die Hand ausstreckte, benutzte Howard irgendwelche Entschuldigungen – er habe sich in den Finger geschnitten oder etwas über die Hand gegossen.

Er hatte eine Abneigung gegen Türgriffe. Meistens manövrierte er solange, bis jemand anderer die Tür öffnete. Wenn ihm das nicht gelang, nahm er verstohlen ein Taschentuch heraus und wickelte es um den Türgriff.

178

Eines Tages fragte ich ihn wegen dieser Bazillenangst.
»Jeder Mensch trägt Bazillen mit sich herum«, sagte er. »Ich möchte länger leben als meine Eltern. Deshalb vermeide ich Bazillen.«

33. TWAs Schwierigkeiten

Howards größtes Problem nach dem Kriege war TWA. Schon immer unter Jack Frye's Management war die Gesellschaft ein Problem gewesen, jetzt wurde es noch schlimmer.
Damals hatten alle Fluggesellschaften Schwierigkeiten, sich auf Friedenswirtschaft umzustellen; TWA hatte es noch schwerer als die meisten anderen. Frye's Kostenkontrolle, seine erfolglosen Unternehmungen, seine Extravaganz beim Kauf neuer Ausrüstungen – all diese Faktoren trugen dazu bei, TWA-Aktien von 71 bei Kriegsende auf 9 im Jahre 1947 fallen zu lassen.
Howard weigerte sich immer noch, Frye zu entlassen. Die beiden begaben sich zusammen auf eine Einkaufstournee für neue Flugzeuge.
Während andere Fluggesellschaften hauptsächlich die Douglas DC-4 und Lockheed Stratocruisers kauften, nahm Howard die Constellation von Lockheed. Er hatte eine Schwäche für Lockheed, nachdem er deren Lodestar für seinen Flug um die Welt benutzt hatte. Manchmal behauptete er, er habe den Flügel der Constellation entworfen. Der Hintergrund der Geschichte war folgender. Ein Erfinder besuchte mich eines Tages mit einem neuen Entwurf für einen Flugzeug-Flügel. Ich ließ den Entwurf von Experten prüfen, die mir sagten, er könne gewisse Vorzüge haben. Folglich zahlte ich dem Erfinder 2500 Dollar für den Entwurf. Ich legte ihn Howard vor, und der wiederum brachte ihn zu Bob Gross von Lockheed. Vielleicht hat Howard eigene Vorstellungen hinzugefügt, doch davon weiß ich nichts.
Jedenfalls bestellte er vor dem Krieg vierzig Constellations für TWA. Der Peis von 425 000 Dollar po Stück war vernünftig, doch die Flugzeuge wurden nie geliefert – der Krieg kam dazwischen.
Kaum war der Krieg vorbei und Flugzeuge für den Zivilbedarf wieder lieferbar, wiederholte Howard seine Bestellung auf die Constellation. Doch inzwischen hatte sich der Preis von 425 000 auf phantastische 2 700 000 Dollar pro Stück erhöht.
Die einzigen »Connies«, die Howard billig erwarb, waren vier Maschinen aus Armee-Beständen. Er ließ sie bei der Firma Hughes Aircraft abliefern und begann Verhandlungen mit Lockheed, um

sie zu Verkehrsmaschinen umbauen zu lassen. Howard führte den größeren Teil der Verhandlungen persönlich mit Bob Gross, dem Präsidenten von Lockheed. Sie einigten sich auf einen Gesamtpreis von 400 000 Dollar pro Flugzeug, bis Howard mit den kleinlichen Details seiner Änderungswünsche anfing.

Eines Abends dinierte ich mit meinem Bruder in Hollywood, als ich einen Telefonanruf von Howard bekam.

»Sie werden es nicht glauben, Noah«, sagte Howard, »aber man hat mich heute aus Bob Gross' Büro hinausgeworfen.«

»Sie haben recht, Howard«, sagte ich, »ich glaube es nicht.«

»Aber es stimmt!«

»Howard, Bob hat sich vielleicht über Sie geärgert und die Sitzung beendet, aber ich kann mir einfach nicht vorstellen . . .«

»Noah, ich sage Ihnen, es ist passiert! Ich bin hinausgeflogen. Körperlich. Er ließ zwei Männer seiner Sicherheitstruppe kommen und befahl ihnen, mich vom Fabrikgelände zu führen. Sie packten mich an den Armen und ließen mich erst los, als ich im Auto saß. Sie gingen nicht eher fort, bis ich das Gelände verlassen hatte.«

»Howard, was um Himmels willen haben Sie denn getan, daß man Sie so behandelte?«

»Nichts. Ich habe Bob nur gesagt, was ich an Änderungen haben möchte.«

»Es muß doch wohl ein wenig mehr als nur das gewesen sein.«

»Jetzt sitze ich fest. Er erlaubt mir nicht, sein Gelände zu betreten, und ich möchte den Vertrag mit ihm abschließen. Was soll ich jetzt machen?«

»Howard, ich komme morgen früh zu Ihnen, und wir sprechen darüber.«

Am Morgen kam ich zu ihm. Er präsentierte mir eine Liste von 34 Änderungen, die er von Lockheed haben wollte. Elf davon hatte er mit »unbedingt« gekennzeichnet.

»Sie müssen mit Gross reden«, sagte Howard. »Wenn ich die elf bekomme, ich bin zufrieden. Die anderen sind nicht ganz so wichtig.«

»In Ordnung, ich will sehen, was ich tun kann. Schreiben Sie einen Zettel, daß ich befugt bin, den Vertrag zu unterzeichnen.«

Am nächsten Abend rief Howard mich an und fragte: »Wie sind Sie mit Gross zurechtgekommen?«

»Der Vertrag ist bereits unterzeichnet«, sagte ich. »Ihre elf Wünsche habe ich durchbekommen.«

»Großartig!«

»Und noch neunzehn andere.«

»Dreißig von vierunddreißig Punkten! Wie zum Teufel haben Sie das geschafft?«

»Ganz einfach. Bei jedem schwierigen Punkt sagte ich: ›Bob, wollen Sie das mit mir regeln oder wollen Sie noch eine Dosis Howard Hughes bekommen?‹ Und jedesmal sagte er: ›In Ordnung, Sie können den Punkt haben.‹«

Nie habe ich Howard so lachen hören. Er hielt es für einen großartigen Witz, besonders, weil es ihm Vorteile brachte.

Die vier umgebauten Constellations waren für TWA eine kleine Hilfe, doch die Kosten der neuen »Connies« brachten die Firma in die Knie. Das Defizit wuchs.

TWA war nicht meine Sorge, da ich höchst erfreut ihren Aufsichtsrat verlassen hatte. Meine Hauptaufgabe lag bei Hughes Tool Company, deren Gewinne für TWA und Howards sonstige Unternehmungen herhalten mußten. Während ich damit beschäftigt war, rief mich Howard voller Sorge um die Zukunft der Fluggesellschaft an.

»TWA braucht Geld, Noah«, sagte er. Er berichtete mir von dem Finanzplan, den Jack Frye und sein Schatzmeister, Lee Tallman, ausgeheckt hatten. Sie hatten einen Kredit in Höhe von 17 000 000 Dollar von Banken und Versicherungen geplant.

»Aber das ist nur ein Tropfen auf den heißen Stein«, gab Howard zu.

»Was wird denn insgesamt benötigt?« fragte ich Howard.

»Mindestens 30 Millionen«, sagte Howard. »Vierzig Millionen wären besser.«

»Wenn Frye nur siebzehn Millionen schafft, werden dreißig Millionen nicht so einfach zu bekommen sein.«

»Sehen Sie zu, was Sie machen können.«

Frye hatte sich auch an die Export-Import Bank wegen eines Darlehens von 150 000 000 Dollar gewandt, mit der Begründung, TWA sei jetzt eine internationale Fluggesellschaft. Er war fest davon überzeugt, das Darlehen werde bewilligt. Ich war nicht seiner Meinung.

Nach dem Gespräch mit Howard griff ich zum Telefon. Innerhalb von zwei Stunden hatte ich Zusicherungen in Höhe von 40 000 000 Dollar auf dem Tisch liegen. Die Ehre für meinen finanziellen Scharfsinn gebührt mir nur zum Teil; Glück spielt dabei eine große Rolle.

Ich telefonierte mit meinem Freund Maury Bent von Merrill, Lynch, Pierce, Fenner und Beane und berichtete ihm von TWAs Zwangslage.

»Das ist wirklich ein Zufall«, sagte er. »Erst gestern speiste ich mit Parkinson, dem Chef der Equitable Life Insurance. Er sagte, Equitable wolle ins Finanzierungsgeschäft für Fluggesellschaften einsteigen, weil er es für das kommende Geschäft hält. Er bat mich, ihm gute Unternehmen zur Investition zu benennen.«

Ich versicherte Maury, daß Equitable keine bessere Firma zur Investition im Fluggeschäft finden könne als TWA.

Innerhalb einer Stunde rief Maury mich zurück. »Teufel auch, Parkinson sagt, du könntest dreißig Millionen auf einen einfachen Schuldschein haben und weitere zehn Millionen, falls nötig. Wie gefällt dir das für den Anfang?«

Ich mußte zugeben, daß dies schon mehr als hervorragend sei. Ich rief Howard an und sagte: »Erinnern Sie sich an die vierzig Millionen, die ich für TWA auf die Beine bringen sollte? Ich habe ein Telefongespräch geführt und alles arrangiert. Sagen Sie Frye, er könne zu Equitable gehen und alles fertigmachen.«

Ich nahm an, Howard sei erfreut. Er sagte zwar nichts Derartiges, doch tat er das ja fast nie.

Eine der Bedingungen für das Darlehen von Equitable lautete, daß nichts davon zur Finanzierung von Defiziten verwendet werden dürfe. Howard hatte mich beauftragt, TWA auf die Finger zu schauen, und ich hatte mir ein Büro in Washington, D. C. genommen, um TWA im Auge halten zu können. Es dauerte nicht lange, bis ich bemerkte, daß Frye die Bedingungen des Darlehens verletzte. Er benutzte das Geld, um TWAs wachsendes Defizit damit zu begleichen.

Ich zog die Notbremse.

Als ich Howard berichtete, TWA verliere in diesem Jahr zwanzig Millionen Dollar, und ein großer Teil davon werde durch den Mißbrauch des Darlehens von Equitable wieder ausgeglichen, verlor er schließlich die Geduld.

»Okay, Noah«, sagte er. »Ich habe genug davon. Werfen Sie Frye hinaus. Es ist mir egal, wie Sie das machen. Werfen Sie ihn auf seinen dicken fetten Hintern.«

Ich hatte Howard ein Versprechen entlockt, 10 000 000 Dollar von der Hughes Tool Company für einen Notfall bei TWA verwenden zu können. Dann besuchte ich Parkinson und berichtete ihm, daß das Darlehen von Equitable zur Begleichung der TWA-Schulden gebraucht worden war.

»Die Gesellschaft hat kein Geld mehr und kann nicht einmal mehr die Gehälter bezahlen«, sagte ich Parkinson. »Hughes ist bereit, zehn Millionen für TWA auf den Tisch zu legen, aber nicht, solange Frye noch Präsident der Gesellschaft ist. Entweder geht Frye, oder Hughes rückt kein Geld raus. Er will ihn raus haben – und der Aufsichtsrat ebenfalls.«

Frye hatte sein Versprechen nicht gehalten, das er Howard damals machte, als ich auf seinen Wunsch aus dem Aufsichtsrat der Gesellschaft ausschied. Er hatte Howard versprochen, Rücktrittsgesuche aller Aufsichtsrats-Mitglieder zu erzwingen und sie in einem

Safe aufzubewahren, bis Howard ihm Bescheid sagte. Als Howard nun diese Schreiben verlangte, weigerte sich Frye, sie auszuhändigen. Parkinson zögerte, sofort etwas zu unternehmen. Er akzeptierte zwar meine Argumente, wies jedoch darauf hin, daß der Darlehens-Vertrag halbjährliche Berichte über die Finanzlage der Gesellschaft vorschreibe. Bis zum nächsten Bericht habe Equitable offiziell keine Kenntnis von TWAs Vergehen. Er argumentierte, er könne nicht handeln, bevor das Vergehen offiziell zur Kenntnis gelangt sei.

»Wir können nicht mehr länger warten«, sagte ich eindringlich. »Die Kasse ist so gut wie leer, und Howard will erst zahlen, wenn Frye weg ist.«

Schließlich versprach Parkinson, mit Frye zu sprechen und zu sehen, ob Frye nicht von sich aus seinen Abschied nehmen würde. Er kannte Jack Frye nicht.

Am nächsten Tag rief Parkinson mich an und sagte: »Ich machte Frye den Vorschlag, Howards Angebot anzunehmen. Da brach die Hölle los.«

Parkinson hatte nicht mit Fryes guten Beziehungen in Washington gerechnet. Jahrelang hatte Frye immense Summen ausgegeben, um sich in Washington gute Freunde zu machen und die Gesetzgebung zu beeinflussen. Jetzt zahlten sich seine Bemühungen aus.

Der erste Anruf kam von Robert E. Hannegan, dem Postminister der Vereinigten Staaten. Er erhob heftigen Protest gegen die geplante Absetzung Fryes als Präsident der TWA. Der Postminister hatte großen Einfluß, denn alle Fluggesellschaften hingen von Luftpost-Verträgen ab.

Als nächster rief Tom Clark, Generalstaatsanwalt, an. Auch er hatte großen Einfluß auf die Fluggesellschaften, immerhin war er oberster Ankläger der Nation. Clark drängte Parkinson, Frye nicht zu entlassen.

Jack Frye war nicht der einzige mit politischen Verbindungen.

Ich rief meinen guten Freund Jesse Owens an. Er war immer noch wütend darüber, daß er als Wirtschaftsminister von Henry Wallace verdrängt worden war und suchte nach einer Gelegenheit, den Demokraten eins auszuwischen.

»Hannegan und Clark haben keine Berechtigung, sich in diesen Fall einzumischen. Falls sie darauf bestehen, sollte es eine Untersuchung ihrer Handlungsweise vor dem Kongreß geben. Ich bin sicher, daß man das arrangieren kann.«

Man konnte. Es war im Jahre 1947, und die Republikaner hatten den Kongreß in der Hand. Einer meiner guten Freunde war Charlie Halleck, Führer der Republikaner im Unterhaus, mit dem ich in Texas Truthähne gejagt hatte. Ich erläuterte ihm TWAs Schwierigkeiten, die ihn entrüsteten.

»Ich bin auf deiner und Jesse Jones' Seite«, erklärte er. »Ob Frye als Präsident von TWA bestehen bleibt oder nicht, geht den Postminister und den Generalstaatsanwalt nichts an. Wenn sie darauf bestehen, wird es garantiert eine Untersuchung durch den Kongreß geben.«

Das war alles, was ich brauchte. Ich kehrte zu Parkinson zurück und erklärte ihm, die Opposition sei bereit, Drohungen der Demokraten in der Verwaltung zu bekämpfen.

»Hannegan und Clark müssen bluffen«, argumentierte ich. »Sie könnten ihre Stellung gar nicht verteidigen, wenn es zu einer öffentlichen Entscheidung käme.«

Ich sagte Parkinson, er könne Jones und Halleck anrufen und sich ihre Haltung bestätigen lassen. Er tat es auch und war bereit, zu handeln.

Er schickte jedem Aufsichtsratsmitglied von TWA gleichlautende Briefe, die besagten, man werde sie für die finanziellen Verluste bei TWA zur Verantwortung heranziehen, falls sie Hughes' Angebot einer Finanzspritze von 10 000 000 Dollar ablehnten und Equitable bei seiner Investition Geld verliere.

Während meiner Verhandlungen mit Parkinson ereignete sich ein glücklicher Zufall. TWAs Arbeitsdirektor sagte mir: »Jetzt sind wir richtig in Schwierigkeiten, Mr. Dietrich. Die Piloten-Gewerkschaft hat uns gerade von ihrer Streikabsicht informiert.«

»Großartig! Ich bin sehr damit einverstanden!« antwortete ich. Der arme Kerl dachte sicher, ich hätte den Verstand verloren. Er wußte nicht, was ich wußte: TWA stand bei den Ölgesellschaften tief in der Kreide und lief Gefahr, keinen Treibstoff für ihre Maschinen mehr zu bekommen. Die Firma konnte einfach ihre Rechnungen nicht mehr bezahlen. Ein Streik wäre geradezu ideal.

Kaum streikten die Piloten, schickte ich die gesamte Belegschaft in Urlaub. Durch diesen glücklichen Umstand wurde die finanzielle Belastung der Gesellschaft aufgehoben – wenigstens für den Augenblick.

Nun wandte ich mich dem Problem mit dem Aufsichtsrat der Gesellschaft zu. Persönlich überreichte ich ihnen Parkinsons Brief. Sie verstanden den Wink, Frye wurde entlassen und Howards Angebot über 10 000 000 Dollar angenommen. Der Aufsichtsrat erhielt elf weitere Mitglieder, und Howard bekam volle Kontrolle.

Howards starke neue Stellung bei TWA basierte auf einem enormen unerwarteten Gewinn, der dank meiner Manöver zustandekam.

Zunächst hatte Howard nicht die Absicht, für seinen zehn Millionen-Zuschuß zu TWA weitere Aktien zu übernehmen. Auf meinen Vorschlag hin räumte ihm der Aufsichtsrat das Recht ein, das Darlehen innerhalb der nächsten drei Jahre in TWA-Aktien zu verwandeln, wann immer er wolle. Der Preis sollte dem Durchschnitts-Schlußkurs der letzten zehn Tage vor der Umwandlung entsprechen. Hätte er das Darlehen sofort nach Fryes Abgang in Aktien umgewandelt, hätte er eine Million Aktien erhalten, denn der Preis bewegte sich um 10 Dollar. Doch Howard zögerte.

Auf Grund der Führungsreformen, die ich mit durchgesetzt hatte, begann TWA, sich finanziell zu erholen. Der Preis der Aktie stieg auf 15. Howard ärgerte sich und regte sich auf, daß er seine zehn Millionen nicht früher umgewandelt hatte. Jetzt konnte er nur noch zwei Drittel der Million Aktien bekommen.

»Howard, warum schützen Sie sich nicht, indem Sie die Hälfte der Anleihe in Aktien verwandeln?« schlug ich vor. »Aller Voraussicht nach wird der Preis weiter klettern, je besser das Geschäft läuft.«

Doch Howard hatte wieder eine jener enervierenden Phasen, in denen er sich einfach nicht entscheiden konnte. Die Gelegenheit ging vorüber.

Bald stand die Aktie auf 20. Jetzt wurde er hektisch. Der Erfolg der Fluggesellschaft »kämpfte« gegen seine Chance, durch die Übernahme neuer Aktien ein großartiges Geschäft zu machen. Als TWA bei 21 stand, war Howard außer sich.

»Wir müssen etwas unternehmen, Noah«, sagte er.

Was ich nun tat, entsprach nicht gerade den Vorschriften der Börsenaufsichtsbehörde. Doch war es ein Kinderspiel, verglichen mit manchen Umtrieben des Marktes.

Zunächst eröffneten wir in Washington und New York zwei Courtagekonten und begannen, TWA-Aktien in Paketen zu hundert Anteilen unter dem Marktpreis zu handeln. Wenn Aktien zwei Punkte unter dem Marktpreis verkauft wurden, würde gewiß nichts zu 21 Punkten verkauft werden.

Sodann begann TWA Berichte zu verbreiten, die von einer ungünstigen Atmosphäre innerhalb der Gesellschaft sprachen. Zum Beispiel ließen wir verlauten, TWA müsse die nächste Zinsenrate für den vierzig Millionen Dollar-Kredit von Equitable überspringen.

Plötzlich fiel TWA auf 18 Punkte.

Gleichzeitig kündigte die National Gypsum eine öffentliche Aktienausgabe mit einem Vorkaufsrecht für Aktionäre an, bei der der Preis für diese um 3 Dollar unter dem Angebotspreis lag. Die Wertpapierbörse hatte nichts einzuwenden. So besprach ich mit Howard die Möglichkeit, sein Darlehen in Aktien zu einem Preis von 15 Dollar umzuwandeln.

»Als TWA-Direktor kann ich für diese Sache nicht stimmen, sagte ich, »doch ich kann dafür sorgen, daß sie dem Aufsichtsrat vorgelegt wird.«

Inzwischen diskutierte ich die Sache mit einem Börsenmakler.
»Solange Howards Umwandlungsrecht über TWAs Haupt schwebt, werden Sie mit einer öffentlichen Aktienausgabe Schwierigkeiten haben«, sagte er. »Wenn Howard jetzt umwandelt, wäre es zu TWAs zukünftigem Nutzen. Vielleicht bekommen Sie eine Zustimmung für weniger als 15 Dollar.«

Ich erwähnte nicht, daß Howard jede Verwässerung seines Besitzanspruchs ablehnen würde und alles tun werde, um eine öffentliche Aktienausgabe zu verhindern.

Die Auffassung des Maklers wurde dem Aufsichtsrat vorgetragen. Während der Abstimmung entschuldigte ich mich und verließ das Sitzungszimmer. Zu meiner Überraschung kam der Aufsichtsrat überein, das Darlehen für 10 Dollar pro Anteil umzuwandeln.

Howard hatte mir Vollmacht erteilt, so daß ich die zehn Millionen sofort umwandeln konnte. Er erhielt 1 039 000 Anteile in TWA-Aktien, wobei die 39 000 Anteile seine Zinsen für das Darlehen darstellten.

Ich konnte meine Freude über diesen Coup nicht unterdrücken. Statt des Marktpreises von 18 oder des Diskontpreises von 15 Dollar, war es mir gelungen, ihm 1 039 000 Anteile zu 10 Dollar zu beschaffen – eine Einsparung von mindestens 5 000 000 Dollar. Als Howard die Anteile schließlich im Jahre 1960 verkaufte, waren diese Anteile 83 000 000 Dollar wert.

Ich reiste voller Eile nach Kalifornien, um Howard dieses Geschenk persönlich überreichen zu können. Als ich ihm die Aktienzertifikate zeigte, warf er einen flüchtigen Blick darauf und sagte: »Okay, Noah, legen Sie sie in den Safe.«

Sonst nichts. Mein Gott, welch ein Mann!

Am folgenden Tag hatte Howard eine andere Sache mit mir zu besprechen und fuhr mit mir in einem seiner abhörsicheren Chevrolets durch die Stadt. Er sprach eine Zeitlang über sein Problem und bemerkte, daß ich aus dem Fenster starrte.

»Sie hören mir überhaupt nicht zu, Noah«, sagte er. »Was ist Ihnen über die Leber gekrochen?«

»Sie!« antwortete ich.

»Ich? Was zum Teufel habe ich denn getan?«

»Es dreht sich um das, was Sie nicht getan haben. Dieses Aktiengeschäft war eine hervorragende Operation. Jeder andere Mann an Ihrer Stelle hätte irgend etwas getan – oder wenigstens gesagt –, um seine Dankbarkeit auszudrücken. Mein Gott, ich habe mir den Hals verrenkt, um das für Sie durchzuziehen. Und alles, was Sie zu sagen wissen, ist: ›Okay, Noah, legen Sie sie in den Safe‹.«

»Um Himmels willen, Noah«, sagte er. »Wenn Sie so darüber denken, warum nehmen Sie nicht die 39 000 Anteile für sich?«

Mein störrischer Stolz behielt die Oberhand. Ich fauchte: »Ich will Ihre gottverdammten 39 000 Anteile nicht, wenn ich sie auf diese Art bekommen muß!«

Was Howard betraf, so war die Angelegenheit damit beendet.

»Also, was diese andere Sache betrifft . . .«

Es war ein sehr seltener Moment in Howard Hughes' Leben, und den ließ ich verstreichen. Ich spreche nicht nur vom Geld, obwohl auch das einen Gedanken wert war; TWA-Aktien stiegen später auf 100 Dollar pro Anteil, was mir 3 900 000 Dollar eingebracht hätte.

Viel wichtiger war, daß ich Howard seiner einzigen Chance, danke zu sagen, beraubt hatte. Selbstverständlich hätte er das nur auf die einzige Art tun können, die er kannte – mit Geld. Doch immerhin hätte er danke gesagt, und für ihn hätte es – wenn auch nur einen Augenblick lang – einen Unterschied bedeutet.

Die Gelegenheit bot sich nie wieder.

Es gab ein Nachspiel, wie immer.

Sechs Monate später befand ich mich zu einem der seltenen Besuche bei meiner Familie in Houston; die meiste Zeit verbrachte ich in Kansas City, um TWA in Ordnung zu bringen. Howard rief mich von Los Angeles aus an.

»Ich habe mit Jack Frye gesprochen«, sagte er.

Ich war sprachlos. »Jesus, das letzte, was Sie mir über Jack Frye gesagt haben, war, daß Sie diesem Burschen keine Chance mehr geben würden, wieder an Sie ranzukommen«, sagte ich.

»Yeah, ich weiß, daß ich das gesagt habe«, antwortete er. »Aber, zum Teufel, er hat mein Geld ausgegeben, um sich in Washington Einfluß zu verschaffen. Warum soll all das Geld verloren sein? Ich denke nicht daran, ihn wieder in die Geschäftsführung der Fluggesellschaft einzusetzen. Ich dachte, es wäre eine gute Idee, ihn als unseren politischen Repräsentanten einzusetzen.«

»An welche Summen denken Sie dabei?«

»Nun, er verlangt hunderttausend pro Jahr, die Lockheed Lodestar mit einem Piloten und ein unbegrenztes Spesenkonto.«

»Howard, da kommt eine Viertelmillion auf Sie zu.«

»Das ist genau, was ich mir gedacht habe.«

»Nun, ich sage niemals ja dazu, Howard. Aber Sie sind der Boß.«

»Ich will Ihre Antwort heute abend nicht, Noah. Überdenken Sie alles, und sagen Sie mir morgen früh Bescheid.«

Der folgende Tag brachte den Ausbruch eines nationalen Telefonstreiks, so daß ich Howard nicht sprechen konnte. Ich schickte ihm ein Telegramm mit folgendem Wortlaut: »Was mich betrifft, Howard, müssen Sie zwischen Dietrich und Frye wählen. Beide können Sie nicht haben. Punkt.«

Ich habe ihn nie mehr ein Wort über diese Angelegenheit verlieren hören.

34. Howards neues Spielzeug: RKO

Howards Filmpartnerschaft mit Preston Sturges war zu Bruch gegangen. Sturges war ein unstetes Genie, der einige blendende Gesellschaftskomödien für Paramount gemacht hatte. Als unabhängiger Filmproduzent geriet er jedoch ins Schwimmen, da ihm die Disziplin eines großen Studios fehlte. Er kam auf die Idee, Harold Lloyd wieder herauszubringen, der seit zehn Jahren von der Leinwand verschwunden war.

Sturges heckte den Plan aus, den Film mit Lloyd's altem Stummfilm »The Freshman« zu beginnen und mit dem Lloyd von heute fortzufahren. Der moderne Teil des Films bestand aus einer hektischen Komödie, die er in gemächlichem Tempo drehte, im Vertrauen darauf, daß Howard die Rechnung ja bezahle. Darunter befand sich eine Zahlung über 150 000 Dollar an Lloyd für seine Arbeit und die Benutzung seines Filmes »The Freshman«.

Zunächst hieß der Film »The Sin of Harold Diddlebock«. United Artists verlieh ihn und erntete breiteste Ablehnung. Er wurde zurückgezogen, mit dem neuen Titel »Mad Wednesday« versehen und bekam eine völlig neue Werbekampagne. Das gleiche Resultat.

Der Hauptgrund für Howards Rückkehr zum Film war sein jugendlicher Schützling Faith Domergue. Sturges schöpfte ein Verkleidungsabenteuer namens »Vendetta«, das ihren schmalen Talenten entsprach. Zu Anfang führte der berühmte deutsche Regisseur Max Ophüls Regie. Howards fortwährende Einmischung brachte Sturges und Ophüls zur Verzweiflung, und beide zogen sich von dem Projekt zurück.

Während der nächsten drei Jahre mußte »Vendetta« eine Reihe von Änderungen über sich ergehen lassen, da Howard neue Köche heranzog, die diesen sizilianischen Brei anrühren sollten. Inzwischen erblühte Faith Domergue zu einer schönen Frau, so daß ihre Erscheinung in den ersten Teilen des Films der des zweiten Teils nicht mehr entsprach.

Howard pumpte 5 500 000 Dollar in »Mad Wednesday« und »Vendetta«, die beide komplette Verluste wurden.

1948 rief Howard mich in Houston an.

»Noah, ich habe etwas sehr Wichtiges mit Ihnen zu besprechen. Es ist so wichtig, daß ich am Telefon nichts davon sagen will.«

»In Ordnung, Howard«, antwortete ich. »Ich reise sofort nach Kalifornien ab.«

Während der Reise in meinem Privatflugzeug überlegte ich, was wohl Howards neuester Geniestreich sein würde. Ein Entwurf für ein neues Flugzeug? Ein Atombomben-Vertrag? Es hatte keinen Sinn, darüber nachzudenken, denn Howard besaß die Fähigkeit, mit den unmöglichsten Vorschlägen herauszukommen.

Als ich in Los Angeles landete, rief ich Howards Anwalt Loyd Wright an. »Was hat Howard jetzt wieder vor?« fragte ich.

»Er möchte die RKO-Studios kaufen«, sagte Wright. »Aber verraten Sie ihm um Himmels willen nicht, daß ich Ihnen das gesagt habe. Er ließ mich absolutes Schweigen geloben.«

Also das war es! Howard wollte ein größeres Studio kaufen. Ein schlechteres Objekt als RKO hätte er gar nicht finden können, denn RKO war traditionsgemäß die schlechteste der großen Filmgesellschaften. Doch immerhin hatte RKO einige bedeutende Vermögenswerte, einschließlich eines Bestandes an alten Filmen und einer Theaterkette.

Am nächsten Tag holte mich Howard in einem seiner Chevrolets ab und fuhr mich schweigend durch die Stadt. Auch ich sagte kein Wort. Schließlich hielt er an einer einsamen Stelle am Strand. Er schien sich unbehaglich zu fühlen, als versuche er, die besten Worte zu finden, um seinen Vorschlag am günstigsten vorzutragen.

»Noah, ich möchte gerne wissen, was Sie von meinem Vorschlag halten«, fing er an.

»Ich weiß Bescheid. Sie wollen RKO kaufen.«

Es war eines der wenigen Male, an denen ich Howard überrascht sah. »Sie und Ihre verdammte Gestapo, Noah!« sagte er. »Sie wissen alles, was vor sich geht. Nun, was halten Sie davon?«

»Ich halte es für eine großartige Idee.«

Jetzt war er noch mehr überrascht. »Wirklich?«

»Sicher.«

»Aber wieso? Ich dachte, Sie würden zetern, daß ich überhaupt daran gedacht habe.«

»Howard, wenn Sie wieder Filme machen wollen, ist es viel besser, wenn Sie es mit A-L-G machen – anderer Leute Geld. Sie haben Millionen an Filmen verloren; jetzt sind Sie endlich in der Lage, Ihre eigenen Verluste zu stoppen. Und so schlecht ist RKO gar nicht. Es hat einige Vermögenswerte, die Ihnen Ihr Geld wieder einbringen, wenn Sie später einmal verkaufen wollen.«

Obwohl Howard von meiner Argumentation nicht begeistert war, freute er sich doch über meine Zustimmung.

Nun tauchte die Frage auf: Wie sollte man diesen Kauf finanzieren? Howard hatte in seiner typischen Nacht-und-Nebel-Manier mit seinem Freund Floyd Odlum, dem Chef der Atlas Corporation, verhandelt. 1935 hatte die Atlas Corporation die Aktienmehrheit an RKO von der Radio Corporation of America gekauft. Atlas besaß 929 000 Anteile von fast 4 000 000, und Odlum war in Sorge, daß RKO im besonderen und die Filmindustrie im allgemeinen auf dem absterbenden Ast saßen.

Howard bat mich, Odlum auf seinem Besitz bei Indio zu besuchen und den Kaufpreis auszuhandeln. Odlum wollte für 10$^1/_2$ verkaufen, doch Howard wollte nur 9$^1/_2$ ausgeben. Ich hatte ein paar Sitzungen mit Odlum, doch dann mußte ich nach Houston zurück und mich um Toolco-Angelegenheiten kümmern. Howard schloß die Verhandlungen mit etwas weniger als 10 ab. Die Gesamtsumme kam auf 8 825 000 Dollar.

Diesmal wollte er kein Geld der Hughes Tool Company für den Kauf nehmen. »Ich möchte das mit meinem Privatvermögen machen«, sagte er. Ich beantragte bei der Mellon-Bank in Pittsburgh einen Kredit von 10 000 000 Dollar für ihn. In Wirklichkeit war es eine richtige Ringelreihen-Transaktion. Hughes Tool Company hatte bei der Mellon-Bank eine gewaltige Einlage und lieh in Wirklichkeit Howard sein eigenes Geld zu erheblichen Zinsen.

Der Handel zwischen den beiden Freunden Howard Hughes und Floyd Odlum war abgeschlossen. Jeder von ihnen versuchte, aus RKOs Verlust der Theaterkette Profit herauszuschlagen. Auf Grund der Anti-Trust-Gesetze zwang die Regierung alle Filmgesellschaften, sich von ihren Theatern zu trennen. Howard hatte beim Justizministerium eine Zustimmungserklärung unterzeichnet und erklärt, er werde entweder die Produktionsgesellschaft oder die Theaterkette behalten. Odlum wußte, daß Howard an den Studios und nicht an den Theatern interessiert war und brachte einen besonderen Passus in den Kaufvertrag. Falls Howard ein Angebot auf die Theater bekäme, sollte Odlum das Vorkaufsrecht bekommen.

Hier tauchen Stanley Meyer, Theatermann und Schwiegersohn des Aufsichtsratsvorsitzenden von Universal, Nate Blumberg, und Matty Fox, ein alter Hase im Filmgeschäft, auf. Meyer und Fox wollten die 124 RKO-Theater kaufen, und Howard beauftragte mich mit den Verhandlungen.

Ich traf mich mehrmals mit ihnen. Meyer und Fox hinterlegten 1 500 000 Dollar in einem Treuhandvertrag als Anzahlung für den Kauf der Theater.

Dann brach Howard sein Wort. Ich erfuhr erst später, daß er gar nicht die Absicht hatte, an Meyer und Fox zu verkaufen. Er wollte einfach nur einen Kaufpreis aufstellen, um so das Vorkaufsrecht seines Freundes Odlum loszuwerden. Dann verkaufte RKO seine Filmtheater an Albert A. List.

190

Hollywood wartete gespannt darauf, was mit RKO geschehen würden, sobald Howard Hughes an der Macht war. Peter Rathvon, den Odlum eigens als seinen Präsidenten ausgesucht hatte, verkündete kühn, Howard habe versprochen, die Finger von der Gesellschaft zu lassen.

Ich wußte es besser. Es war, als lasse man einen kleinen Jungen in einem Süßwarenladen los und erwarte, daß er nichts anrühre.

Der erste »Todesfall« war Dore Schary. Er war Produktionsleiter bei RKO gewesen und hatte gute Arbeit geleistet. Doch er und Howard vertrugen sich nicht. Schary war ein liberaler Denker mit der Auffassung, Filme könnten sowohl sinnvoll als auch unterhaltend sein. Er brachte in seine Filme Appelle zur Toleranz ein. Howard wünschte grundsätzlich andere Filme.

Die Entscheidung kam mit »Battleground«.

Schary hatte eine Geschichte über »The Battle of the Bulge« aus dem letzten Krieg geplant. Howard behauptete, das Filmpublikum wünsche keine Kriegsfilme mehr. Er beauftragte Schary, »Battleground« einzustellen. Schary kündigte und ging als Produktions-Chef zu MGM. Er überredete Howard, ihm »Battleground« zu verkaufen. »Battleground« wurde MGMs größter Erfolg im Jahre 1950.

Peter Rathvon war der nächste. Als Howard auf einen Schlag 700 Angestellten kündigte, trat Rathvon zurück.

Howard suchte einen Aufsichtsratsvorsitzenden für RKO, der der Gesellschaft finanzielle Stabilität geben konnte. Seine Wahl begeisterte mich überhaupt nicht: Noah Dietrich.

Ich hatte keine Ahnung von den inneren Vorgängen einer Filmgesellschaft und hatte auch weder Lust noch Zeit dazu. Aber Howard bestand darauf, und ich versprach, mein Bestes zu tun. Ich holte mir Sid Rogell als Produktions-Chef, den ich als vernünftigen Filmveteran kannte und der die Arbeit in den Studios in geordneten Bahnen halten konnte.

Alles wäre gut gegangen, wenn es nicht einen Mann namens Howard Hughes gegeben hätte.

Howard bestand darauf, jede Arbeit selber zu überwachen. Er las alle Scripts, machte die Besetzungen, kontrollierte Kostüme und Bühnenbilder und ließ eine kleine Armee von Möchte-gern-Starlets durch das Studio rennen. Entscheidungen von ihm zu erhalten, war auch nicht einfacher geworden. Das Ergebnis? RKO, die bisher durchschnittlich dreißig Filme pro Jahr gemacht hatte, schaffte in Howards erstem Jahr gerade neun.

Zur chaotischen Situation bei RKO trug weiterhin bei, daß Howard die Studios nicht ein einziges Mal besuchte. Orte voller Menschen setzten ihn der Ansteckungsgefahr durch Bazillen aus; folglich dirigierte er RKO aus seinem gewohnten Büro in den Goldwyn-Studios, zwei Meilen entfernt.

Dieses Management aus der Distanz erbrachte einige merkwürdige Situationen. Damals hatte er romantische Absichten mit Janet Leigh. Er lieh sie sich von MGM für ein Musical aus, »Two Tickets to Broadway«. Janet konnte nicht tanzen, und Howard beauftragte die bekannten Tänzer Marge und Gower Champion mit dem Unterricht. Natürlich nicht bei RKO, wo der Film gedreht wurde. Howard ließ bei Goldwyn Kulissen aufbauen und sah ihr abends beim Üben zu, manchmal stundenlang.

Obwohl er offenbar keinen Wert darauf legte, daß RKO für die Aktionäre ein gewinnbringendes Unternehmen wurde, hatte er nichts dagegen, wenn für Howard Hughes Gewinne abfielen.

Er entwarf einen Plan, wie man seine unabhängig gedrehten Filme, einschließlich »Hell's Angels« und »Scarface«, an RKO verkaufen konnte. Natürlich hätten diese Verkäufe einen hübschen Kapitalgewinn für Howard bedeutet. Ich war bereit, dem Aufsichtsrat seinen Vorschlag zu unterbreiten, und der Aufsichtsrat war einverstanden. Um den Wert der Filme zu bestimmen, wurden drei Schätzer konsultiert, alle drei führende Persönlichkeiten der Filmindustrie. Howard besuchte sie und bestand auf einem überhöhten Preis für die Filme. Die Schätzer weigerten sich, mit der Arbeit fortzufahren – Howards Plan blieb eine Totgeburt.

Howards Verschlagenheit konnte sich bis ins Extreme steigern.

Eines seiner Lieblingsprojekte war »Jet Pilot«, von dem Howard sagte, es würde die »Hell's Angels« des Düsenzeitalters werden. Wieder schadete er sich selber. Über zwei Jahre lang bastelte er an diesem Film herum; inzwischen waren Düsenflugzeuge etwas Alltägliches geworden, und der Film verlor seine Durchschlagskraft.

Dennoch war Howard um seinen Film besorgt. John Wayne und Janet Leigh waren die Stars darin, und Howard befürchtete, John Wayne werde einen anderen Film drehen, der vor »Jet Pilot« in die Kinos käme.

So entwickelte Howard einen raffinierten Plan, um John Wayne von der Arbeit abzuhalten. Er schlug eine »Good-Will«-Reise nach Südamerika vor, die von RKO bezahlt wurde. Glen Odekirk kutschierte Wayne in einer PBY, ließ ihn alle größeren Städte besuchen und Angeln und Jagen gehen. Wayne genoß einen großartigen Urlaub, merkte jedoch nicht, daß alles nur ein Vorwand war, um ihn von der Kameras anderer Produzenten fernzuhalten.

In einem anderen Beispiel von Howards Schutz seines Eigentums spielte ich eine Rolle.

Howard hatte die Absicht, sein wertvolles Filmkapital Jane Russell in teuren RKO-Filmen einzusetzen. Zu diesem Zweck sollte sie von der Firma Hughes Productions zu einer angemessenen Gebühr, die ihrem Starruhm entsprach, ausgeliehen werden. Zuvor jedoch hatte Howard sie an einen unabhängigen Produzenten, Hunt Stromberg, ausgeliehen, der mit ihr einen Western, »Montana Belle«, drehte. Howard fürchtete nun, daß Stromberg seinen Film frühzeitig in die Kinos bringen und Jane Russell's Attraktionswert dadurch schmälern würde.

Ich war das Instrument seiner Täuschung. Als Vorsitzender des Aufsichtsrats der RKO sollte ich mit Stromberg in Verhandlung treten, und seine Interessen – und besonders »Montana Belle« – in RKO einzubringen. Die Gespräche sollten in New York stattfinden. Da mir klar wurde, wie Howard vorgehen wollte, nahm ich von Weib und Kindern Abschied und bereitete mich auf einen längeren Aufenthalt in New York vor.

Die Erfahrungen der Stromberg-Verhandlungen hatten nur ein Gutes: Ich erfuhr alles über das Eheleben der Tauben.

Als ich meine Suite im Mayfair Hotel belegte, beobachtete ich zwei Tauben auf dem Fenstersims. Sie waren mit heftigen Liebesspielen beschäftigt.

Gemäß Howards Plan begann ich die Verhandlungen mit Hunt Stromberg. Er machte einen Vorschlag. Ich machte einen Gegenvorschlag. Er machte einen Gegen-Gegenvorschlag. Ich machte . . . Dies dauerte mehrere Wochen.

Inzwischen waren die Tauben nicht untätig. Sie brachten Zweige und Bindfäden auf ihr Fenstersims und konstruierten ein hübsches kleines Nest. Nach einer langen Sitzung mit Stromberg kam ich ins Hotel zurück und entdeckte die Taube brütend auf dem Nest. Im Nest lagen zwei Eier.

Weitere Vorschläge, Einwände, Gegenvorschläge.

Die jungen Tauben schlüpften aus. Mutter und Vater schleppten Würmer für die hungrigen Schnäbel heran.

Zurück zu Stromberg und den Angeboten zur Übernahme der »Montana Belle«. Er macht einen Vorschlag. Ich bitte um Zeit, um den Vorschlag zu studieren. Ich reise unter dem Vorwand dringender Geschäfte ab.

Bei der Rückkehr ins Mayfair Hotel beobachte ich, wie die jungen Tauben aus dem Nest gedrängt werden, um fliegen zu lernen.

Schließlich wird Stromberg von Enttäuschung überwältigt und fliegt nach Hollywood zurück. Ich folge ihm, nachdem ich den Lebenskreis der Tauben vollendet habe, wie auch meinen Auftrag für Howard Hughes.

Am Ende kaufte Howard Stromberg »Montana Belle « für 600 000 Dollar ab, um sie solange zurückhalten zu können, bis sein gewichtigerer RKO-Film mit Jane Russell erschienen war.

Hier noch ein Nachsatz dazu. Der Rechtsanwalt aus Hollywood, der den Kaufvertrag aufgesetzt hatte, verlangte ein Honorar von 60 000 Dollar für seine Bemühungen. Später erfuhr ich, daß derselbe Rechtsanwalt auch von Stromberg 60 000 Dollar kassiert hatte.

»Howard, das ist ein Doppelspiel«, protestierte ich. »Der Mann hat kein Recht, zehn Prozent Kommission von beiden Vertragspartnern zu verlangen.«

Howard ließ sich von meiner Entrüstung nicht anstecken.

»Was interessiert mich das?« sagte er. »Ich habe bekommen, was ich haben wollte.«

35. Politik

Man hat mich oft gefragt: Wie war Howard Hughes' politische Einstellung? Ich mußte stets antworten: Er hatte keine.

In meinem ganzen Leben habe ich keinen so unpolitischen Menschen getroffen. Er scherte sich nicht um Kandidaten und Kampagnen – es sei denn, sie hatten Auswirkungen auf Howard Hughes. Und wenn das so war, so glaubte er, sich seine Vorteile erkaufen zu können. »Jeder Mensch hat seinen Preis«, sagte er stets. Und Howard war bereit, diesen Preis zu bieten – einem städtischen Abgeordneten genauso wie dem Präsidenten der Vereinigten Staaten.

Ob Demokrat oder Republikaner, war ohne Bedeutung. Ich erinnere mich an keinen Fall, in dem Howard einem Kommunisten oder einem Verfechter des Alkoholverbotes Geld gegeben hätte. Ich bin jedoch sicher, daß er genau das getan hätte, wenn es ihm irgendeinen Vorteil gebracht hätte.

Ein Beispiel seiner Zwiespältigkeit mag man in seinem Verhalten Harry Truman gegenüber sehen.

Als Truman sich 1944 als Vizepräsident aufstellen ließ, übernahm er einen großen Teil der Wahlkampf-Arbeit für den kranken Präsidenten Franklin D. Roosevelt. Als er einmal nach Los Angeles kam, statteten ihm Howard Hughes und sein Rechtsanwalt Neil McCarthy im Biltmore Hotel einen Besuch ab. Howard wartete im Vorzimmer, während McCarthy mit Truman konferierte, ihm Glück im Wahlkampf wünschte und einen Wahlkampf-Beitrag von 12 500 Dollar in bar überreichte.

Während des Gesprächs stürzte Howard ins Zimmer und sagte ungehobelt: »Hoffentlich wissen Sie, Mr. Truman, daß das Geld, das McCarthy Ihnen gegeben hat, mein Geld ist.«

Truman schaffte es, Howards mangelnde Diplomatie lachend zu übergehen, doch McCarthy erlebte ein paar unangenehme Augenblicke.

1944 siegten die Demokraten. Als Roosevelt im Jahre 1945 starb, wurde Truman sein Nachfolger. Als Truman sich 1948 um seine Wiederwahl bemühte, hatte seine Popularität nachgelassen, und die Meinungsumfragen besagten, daß der republikanische Kandidat, Thomas E. Dewey, siegen werde.

Howard las die Meinungsumfragen und entschied, sich den Republikanern anzuschließen. Er rief mich zu sich und sagte: »Wir sollten doch etwas Geld für Dewey's Wahlkampf beisteuern.«

Ich reiste mit 25 000 Dollar nach New York zurück, um es Harold Talbott, dem New Yorker Investment-Bankier, zu überreichen. Ich hatte ein wenig Angst, Talbott gegenüberzutreten. Sein Bruder Nelson gehörte dem Aufsichtsrat der TWA an, als er einen Herzanfall erlitt und starb. Harold rief mich damals an und sagte: »Noah, es gibt nichts, was ich mir mehr wünschte als den Sitz meines Bruders bei TWA zu übernehmen.«

Ich sagte ihm, ich hielte das für eine großartige Idee, und sprach mit Howard darüber. Er war einverstanden. Ich informierte den Präsidenten von TWA, Ralph Damon, um es auf die Tagesordnung der nächsten Aufsichtsratssitzung zu bekommen. Ich konnte an der Sitzung nicht teilnehmen, um der Sache Nachdruck zu verleihen. Damon war zu der Zeit gerade wütend auf Howard und nominierte seinen Freund, den Direktor einer Brennerei. Natürlich weigerte Talbott sich, meine Entschuldigungen zu akzeptieren.

Wie erwartet, wurde ich von Talbott eisig empfangen. Der Wahlkampf war ins Endstadium getreten, und das gesamte Lager Dewey's befand sich bereits im Taumel der Vorfreude auf einen sicheren Sieg. Als ich Talbott die 25 000 Dollar anbot, schlug er sie aus.

»Bringen Sie Howard Hughes das Geld zurück«, sagte er überheblich, »und sagen Sie ihm, wir brauchten seine Hilfe nicht.«

Ich kehrte mit Howards ungespendeten 25 000 Dollar nach Kalifornien zurück. Ich denke, man wird mir an jenem Novembertag ein befriedigtes Lächeln verziehen haben, als Harry Truman die Experten zum Narren hielt und zum Präsidenten der Vereinigten Staaten gewählt wurde.

Während der späten vierziger und fünfziger Jahre beliefen sich Howards politische Beihilfen auf Beträge zwischen 100 000 und 400 000 Dollar pro Jahr. Er finanzierte städtische Abgeordnete aus Los Angeles, Bezirksgouverneure, Steuerbeamte, Sheriffs, Senatoren und Mitglieder des Unterhauses, Staatsanwälte, Gouverneure, Kongreßabgeordnete und Senatoren, Richter – ja Vizepräsidenten und sogar Präsidenten. Neben Bargeld war Howard großzügig in der Bereitstellung von Flugzeugen für die Kandidaten.

Die Beihilfen wurden meistens von einem der Hughesschen Rechtsanwälte oder einem anderen bedeutenden Mitglied der Organisation persönlich überreicht. Einige Leute erhielten regelmäßig jedes Jahr einen Scheck über 5000 Dollar, ob sie nun im Wahlkampf standen oder nicht. Man bewertete dies als Beihilfe zu einem früheren Defizit oder zu einer zukünftigen Kampagne.

Bundesgesetze verboten es Aktiengesellschaften, politische Beihilfen zu gewähren. Ich achtete streng darauf, daß die Hughes Tool Company nicht in diese Beihilfen verwickelt wurde. Da fand ich eines Tages einen großartigen Weg, die Gesetze zu umgehen.

Erinnern Sie sich an die Gespräche mit Juan Trippe über eine Verschmelzung von Pan American und TWA? Sie erbrachten nichts – außer einem sehr wertvollen Hinweis.

Nach einer langen Sitzung mit Juan Trippe fragte ich ihn einmal, wie er es anstelle, in Washington einen derartigen Einfluß zu besitzen – Pan Am's Lobby war äußerst erfolgreich.

»Nun, wissen Sie«, vertraute er mir an, »das Gesetz sagt nichts über Beihilfen ausländischer Firmen. Wir haben eine Tochtergesellschaft in Südamerika, die an amerikanischen Wahlen großes Interesse hat.«

Beim nächsten Gespräch mit Howard berichtete ich ihm davon. »Großartiger Gedanke!« sagte er. »Handeln Sie.«

Unsere Rechtsanwälte bestätigten uns, daß Trippe's Plan nicht ungesetzlich war. So richtete ich es ein, daß unsere kanadischen Kunden von unserer Tochtergesellschaft in Kanada bedient wurden. Deren Einkommen bestritt das, was Howard an politischen Beihilfen gab: zwischen 350 000 und 400 000 Dollar pro Jahr.

Es war eine merkwürdige Operation: Das Geld aus der Nutzung der Hughes-Bohranlagen in Kanada floß in die Zweigstelle West Hollywood der Bank of America und von da in die Taschen der Politiker von Sacramento bis Washington.

Wenn für einen Politiker ein Bankett gegeben wurde, belegte die Hughes-Organisation einen Tisch – ob das Gedeck nun 100 oder 1000 Dollar kostete. Hughes' Lobbyisten hatten aus Johnny Meyers Lektion gelernt und gaben sich nicht mehr mit Alkohol und losen Frauen ab. Doch Hotelrechnungen und die Kosten für Steakdinners wurden all denen bezahlt, die wichtige Positionen innehatten.

Die Lobbyisten waren klug genug, Überredungsversuche und Bestechungen in dunklen Gassen zu vermeiden. Sie gaben sich geschäftsmäßig und sagten: »Wir wollen nur das, wozu Mr. Hughes nach dem Gesetz berechtigt ist – nicht mehr und nicht weniger.«

Nun, manchmal war es schon ein wenig mehr.

Zum Beispiel die Sache mit Marina Del Rey. Der Bezirk Los Angeles wollte das Gebiet um Playa Del Rey zu einem Bootshafen für Segelfreunde umbauen. Zu diesem Zweck mußte man ein Zehntel der 1200 Morgen Land kaufen, die Howard seinerzeit für Hughes Aircraft erworben hatte.

Er wollte sich auch nicht von einem Zentimeter seines Grundbesitzes trennen. Zwei Jahre lang vereitelte er die Bemühungen der Stadtväter, die sein Land haben wollten. Schließlich, nach langen und ermüdenden Verhandlungen, entschieden die Politiker, daß Howard sie hinhalte. Sie klagten auf Zwangsenteignung.

Nun wurde Howard klar, daß er den Hafenbau nicht mehr durch politische Beihilfen verhindern konnte. Das hatte er zwei Jahre lang geschafft, indem er den richtigen Leuten das Richtige – nämlich Bargeld – zukommen ließ.

»Für weniger als 30 000 Dollar pro Morgen wird dieses Land nicht verkauft«, sagte Howard hartnäckig. Er selber hatte damals durchschnittlich 2000 Dollar pro Morgen bezahlt.

Howard machte Ausflüchte. Die Stadtväter gerieten in Panik, denn die Baggerarbeiten am Kanal mußten beginnen. Sie fragten an, ob sie eineinhalb Morgen Küstenstreifen zu einem Preis von 54 000 Dollar bekommen könnten. Da Howard nicht da war, nahm ich den Stier bei den Hörnern und unterzeichnete einen Vertrag über anderthalb Morgen für 84 000 Dollar.

Als Howard zurückkam, berichtete ich ihm über den Verkauf.

»Um Himmels willen, Noah«, sagte er. »Ich wollte nicht, daß sie etwas von dem Land bekämen.«

»Howard, es gab nur eines: entweder ein Geschäft zu machen oder das Land zu ihren Bedingungen beschlagnahmen zu lassen. Sie sagten, Sie wollten 30 000 Dollar pro Morgen haben. Ich habe sogar mehr als das herausgeholt.«

»Wieviel?«

»Vierundfünfzigtausend«.

Es gab ein langes Schweigen am anderen Ende des Telefons.

»Na ja«, sagte er schließlich. »Geben Sie ihnen nicht noch mehr davon.«

Am Ende der Geschichte bekam Los Angeles doch das Land, das sie haben wollten; Howard machte einen enormen Gewinn.

Bei einer anderen Gelegenheit gelang es Howard, zu verhindern, daß sein Grundbesitz in Culver City angetastet wurde.

Der kalifornische Staat plante den Verlauf des Highway 1 zur Küste genau durch Grundbesitz der Firma Hughes Aircraft. Obwohl das vom Staat gewünschte Land brachlag, weigerte sich Howard, etwas davon abzugeben. Er argumentierte, diese Rollbahn sei die längste Rollbahn an der Westküste und werde im Falle eines feindlichen Angriffs gute Dienste tun. Doch niemand bedrohte die Rollbahn.

Er setzte seine Lobbyisten aus Sacramento an die Sache. Ein wenig Überredungskunst bei den richtigen Stellen sorgte dafür, daß Highway 1 einen Verlauf nahm, der an Howards Grundbesitz vorbeiführte.

Den Loyola-Campanile konnte Howard allerdings nicht verhindern.

Auf einem Berg oberhalb der Betriebsanlagen der Hughes Aircraft hatten die Jesuiten die Loyola-Universität gegründet. Howard ertrug das Eindringen der katholischen Erzieher – solange sie ihre stillen Studien auf dem Berg fortsetzten. Doch dann beschlossen die Jesuiten, auf der Bergspitze einen Glockenturm zu errichten. Howard ging in die Luft.

Er war davon überzeugt, daß der Campanile für Flugzeuge, die bei Hughes Aircraft landen wollten, ein Hindernis sein würde. Der Gedanke entwickelte sich zu einer fixen Idee, und er beauftragte mich, alles in meiner Macht Stehende zu versuchen, um den Bau des Turmes zu verhindern.

Ich tat, was ich konnte. Ich besuchte die Katholischen Väter und stiftete ein Ölgemälde für die Universität. Dennoch waren die Jesuiten entschlossen, den Glockenturm zu bauen.

»Ein Hindernis für den Flugverkehr«, behauptete Howard. »Benachrichtigen Sie das Civil Aeronautics Board und die Federal Aviation Agency.«

Ich benachrichtigte das CAB und die FAA. Beide Regierungsstellen untersuchten die Verhältnisse und kamen zu dem Schluß, der Turm stelle keine Behinderung des Flugverkehrs dar. Und so errichteten die Jesuiten – zu Howards großem Verdruß – ihren Glockenturm als Zeichen der menschlichen Ehrfurcht vor Gott.

Ob es sich um Gott oder den Präsidenten der Vereinigten Staaten handelte, Howard gab seine Versuche nie auf. TWA stellte fest, daß Pan American bei Übersee-Routen im Vorteil war. Howard gefiel das überhaupt nicht; er meinte, er könne etwas Druck auf das Civil Aeronautics Board ausüben, wo man über die Routen-Genehmigungen entschied.

Der beste Startpunkt war ganz oben, dachte Howard. Er beauftragte Jack Frye, der damals noch Präsident von TWA war, bei Truman vorstellig zu werden und ihn an die 12 500 Dollar zu erinnern, die Howard seinerzeit gestiftet hatte. Frye zögerte, doch Howard bestand darauf.

Frye schaffte es, eine Einladung auf die Präsidenten-Yacht zu erhalten. Während einer Fahrt auf dem Potomac erwähnte Frye seinen Wunsch und erinnerte an Howards Stiftung von 12 500 Dollar.

Später erzählte mir Frye, Truman sei explodiert. Frye selber konnte froh sein, daß er nicht an Land schwimmen mußte.

Ein bemerkenswertes Beispiel von Howards politischem Schlag zeigte sich nach einer unglücklichen Episode, die Angestellte der Hughes Tool Company betraf.

Am 23. April 1948 wurde die Hughes Tool Company, zwei ihrer Angestellten und zwei weitere Personen vom Obersten Gerichtshof der Vereinigten Staaten in Honolulu angeklagt, sechs Douglas C-47-Flugzeuge aus dem Besitz der Militärischen Vermögensverwaltung unter falschen Voraussetzungen bezogen zu haben. Das Gericht behauptete, die Tool Company habe Kriegsveteranen vorgeschoben, um Flugzeuge aus Armeebeständen zu Vorzugspreisen zu bekommen.

Insbesondere wurde behauptet, Hughes habe 105 000 Dollar für Flugzeuge bezahlt, die 600 000 Dollar wert waren.

Einer der Kriegsveteranen hatte sich als Kronzeuge zur Verfügung gestellt. Alles deutete auf einen klaren Fall hin, der dem Ruf der Hughes-Organisation ernsthaften Schaden zufügen würde. Howard behauptete, er habe keinerlei Kenntnis von dieser Angelegenheit. Ich hatte ganz sicher keine Ahnung davon; ich hatte unsere Angestellten sogar ausdrücklich davor gewarnt, Veteranen in irgendeiner Weise für die Firma heranzuziehen.

»Bringen Sie Hughes Tool Company frei«, sagte Howard. »Es ist mir völlig egal, wie Sie das machen und was es kostet.«

Ich rief Tom Clark an, den Generalstaatsanwalt, den ich in Houston flüchtig gekannt hatte. Er führte mich ins Büro des Anklagevertreters. Ich legte gewaltigen Protest gegen die Anklage ein, doch der Anklagevertreter war keineswegs davon überzeugt, daß Hughes Tool Company von der Anklage freigesprochen werden solle.

Ich traf noch mehrmals mit ihm zusammen, doch immer noch zeigte er sich unzugänglich. Dann erfuhr ich, daß er sich als Kandidat für den Senatssitz seines Heimatstaates aufstellen ließ. Nun besuchte ich eine hochgestellte Persönlichkeit der Nationalen Demokratischen Partei und bot ihm eine Beihilfe in Höhe von 100 000 Dollar an, die er mit jeweils 5000 Dollar auf zwanzig Kampagnen verteilen konnte.

»Das ist sehr großzügig von Mr. Hughes«, sagte er. »Sagen Sie mir, können wir irgend etwas für ihn tun?«

Darauf hatte ich gewartet. Ich wiederholte meine Rede, daß die Hughes Tool Company in der Honolulu-Anklage unschuldig sei und von der Anklage freigesprochen werden sollte. Der Mann hob den Telefonhörer und rief den Anklagevertreter an. Er erläuterte den Fall, und ich konnte hören, daß er am anderen Ende der Leitung auf Opposition stieß.

Die Stimme der hochgestellten Persönlichkeit bekam einen schärferen Unterton. »Hören Sie, Sie möchten Senator werden, nicht wahr? . . . Okay, dann lassen Sie Hughes aus der Sache heraus.«
Der Fall war erledigt.

Ich kehrte nach Kalifornien zurück. Bald erhielt ich eine Liste von zwanzig demokratischen Kandidaten, einschließlich des Namens des Anklagevertreters des Justizministeriums. Ich reichte die Liste an Howards politischen Rechtsanwalt weiter und überwies 100 000 Dollar auf sein Konto.

Eine Woche später schlugen unsere Rechtsanwälte in Honolulu vor, die Firma Hughes Tool Company von der Anklage freizusprechen. Der Staatsanwalt stimmte zu, der Richter ebenfalls. Die beiden Hughes-Angestellten plädierten »nolo contendere« zur Anklage des Regierungsbetruges und wurden zu je 10 000 Dollar Strafe verurteilt. Howard Hughes bezahlte.

36. TWA nach Frye

Nachdem Jack Frye TWA so plötzlich verlassen hatte, wählte Howard LaMotte Cohu als seinen Nachfolger. Es schien eine gute Wahl zu sein, denn Cohu war ein alter Hase in der Luftfahrt-Industrie und seit 1933 Direktor bei TWA. Cohu arbeitete ein Jahr und wurde zur Wiederwahl vorgeschlagen. Als der Aufsichtsrat ihn wiederwählte, sagte er lediglich: »Danke, Gentlemen.«
Einen Monat später erfuhr ich die Gründe für seine Zurückhaltung. Ich traf ihn in Washington. Er sagte mir: »Sagen Sie Hughes Bescheid, daß ich zurücktrete. Odlum hat mir einen großartigen Job bei Consolidated Vultee angeboten.«
Er trat also bei Odlums Flugzeugfabrik ein. Howard war wütend, daß ausgerechnet sein Freund Odlum ihm den Präsidenten der TWA wegschnappte.
TWA blieb eine Zeitlang ohne Präsident. Da rief mich eines Tages Ralph Damon an. Er war Präsident bei American Airlines, doch ich wußte, daß er unzufrieden war, und zwar mit der Geschäftspolitik von C. R. Smith, dem Vorsitzenden des Aufsichtsrates.
»Smith verkauft unsere Übersee-Geschäfte an Pan Am«, sagte er mir. »Ich bin dagegen. Ich werde American verlassen.«
Ich freute mich über diese Neuigkeiten und versprach, mit Howard zu reden. »Nehmen Sie ihn«, sagte Howard. Ich entwarf einen Fünf-Jahres-Vertrag, und Ralph Damon wurde Präsident bei TWA.
Er hätte es besser wissen müssen.

Damon war zweimal mit dem exzentrischen Howard Hughes zusammengetroffen. Beidesmal war es eine Katastrophe.

Das erste Zusammentreffen geschah 1942. Ich war in meinem Büro im Haus Nr. 7000 Romaine Street. Während des Sommers verbrachte ich drei Monate in Los Angeles, um der Hitze in Houston zu entgehen. Ralph Damon rief mich an. Ich hatte ihn kennengelernt und mochte ihn.

»Schön, von Ihnen zu hören, Ralph«, sagte ich. »Wo sind Sie?«

»Im Beverly Hills Hotel.«

»Sie sind hier in der Stadt? Was machen Sie hier?«

»Um das herauszufinden, rufe ich Sie ja gerade an, Noah«, sagte er.

Verärgert rückte er mit der ganzen Geschichte heraus: Howard hatte ihn gebeten, für geheime Gespräche nach Kalifornien zu kommen. Howard plante, Jack Frye loszuwerden und statt dessen Ralph Damon zum TWA-Präsidenten zu machen. Auf Howards Vorschlag hin konstruierte Damon einen raffinierten Grund für seine Abwesenheit, so daß niemand bei American erfuhr, daß er mit Howard Hughes verhandelte.

»Ich sitze hier seit vier Tagen und warte auf Howard Hughes«, beschwerte sich Damon. »Vier Tage in einem Hotelzimmer, und nichts von Howard Hughes zu sehen. Auch keine Nachricht. Er hat noch nicht einmal angerufen und beantwortet auch meine Nachrichten nicht. Was bildet er sich eigentlich ein, wer er ist, mich vier Tage lang in einem Hotelzimmer warten zu lassen?«

Seine Wut war verständlich. Immerhin war er der Präsident einer großen Fluggesellschaft, und man hatte ihn vom anderen Ende des Landes kommen lassen, um in einem Hotelzimmer auf Howard Hughes' Gunst zu warten.

»Ralph, ich weiß nicht, wo Howard ist«, mußte ich zugeben. »Aber ich werde ganz gewiß versuchen, ihn aufzutreiben.«

»Machen Sie sich keine Mühe«, fauchte Damon. »Ich verschwinde und fliege nach New York zurück. Sagen Sie Hughes, ich will nie wieder etwas mit ihm zu tun haben.« Er schmetterte den Hörer auf die Gabel.

Ich versuchte mehrmals, ihn zu besänftigen, hatte jedoch keinen Erfolg. Die Chancen, Ralph Damon zu TWA zu holen, waren gleich null, so dachte ich. Doch Howard ließ sich durch einen Wutanfall des Präsidenten der American Airlines nicht einschüchtern.

Weniger als ein Jahr später kam Howard nach Houston, um mit Regierungsstellen über den Bau der F-11 zu verhandeln. Er mietete sich im Rice Hotel unter dem Namen »Mr. Harrison« ein, und wir hatten unsere Konferenz dort. Ich führte die Herren zum Dinner, Howard blieb in seiner Suite.

Als ich abends zurückkehrte, fand ich eine Botschaft von Ralph Damon vor, der mich um Rückruf im Texas State Hotel bat. Ich war überrascht, Ralph in Houston zu wissen und rief sofort an. Man sagte mir, Mr. Damon habe das Hotel verlassen.

Ich kannte den Manager des Texas State Hotels und bat ihn, herauszufinden, wohin Ralph Damon gegangen sei. Schließlich fand er einen Dienstboten, der aussagte, Ralph habe ein Taxi zum Bahnhof bestellt. Ich ließ ihn dort ausrufen, und er meldete sich auch.

»Ralph, was machen Sie in Houston?« fragte ich ihn.

Er war so aufgeregt, daß er kaum sprechen konnte.

»Er hat es wieder getan!« schimpfte Ralph. »Er hat es mir schon wieder angetan!«

Ich beruhigte ihn so gut es ging, um den Hintergrund zu erfahren. Howard hatte Ralph nach Houston eingeladen, um über den Präsidenten-Job bei TWA zu sprechen. Als Ralph im Rice Hotel anrief, sagte man ihm, ein Mr. Howard Hughes wohne nicht im Hotel.

»Howard hat sich unter Harrison eingetragen«, erklärte ich Ralph. »Das ist ein alter Trick von ihm. Er hatte nicht die Absicht, Sie sitzen zu lassen. Bitte bleiben Sie noch. Ich bin sicher, daß Howard Sie sprechen möchte.«

»Den Eindruck habe ich allerdings nicht. Ich fahre nach Hause.«

»Mit dem Zug?«

»Ja, mit dem Zug. Heute abend geht keine Maschine mehr von Houston ab, also fahre ich mit dem ersten besten Zug!«

Wieder knallte er den Hörer auf die Gabel. Ich dachte, jetzt ist er TWA für immer verloren. Doch nach fünf Jahren waren diese Wunden vergessen. 1948 wurde er Päsident der TWA.

Ralph Damon war ein empfindlicher Mann, vielleicht zu empfindlich, um mit Howard Hughes auszukommen. TWA war Howards »Privat-Unternehmen«, das er nach seinen eigenen Vorstellungen leitete. Damon war ein gewitzter Geschäftsmann und ein Boß mit einem Blick für die Zukunft. Howards Überspanntheiten konnte er nicht ertragen.

Unter Damon gelangte TWA zur finanziellen Festigkeit. Das Defizit wurde ausgeglichen, die Aktien stiegen auf 60 Dollar. Damon führte Geschäftsmethoden ein, die von der gesamten Industrie übernommen wurden.

Die wichtigste Neuerung war der Mehr-Klassen-Service.

»Bei der Eisenbahn können Sie vier oder fünf verschiedene Klassen haben«, erklärte er mir. »Desgleichen auf dem Schiff. Warum nicht bei Flugzeugen? Wir könnten einen Erste-Klasse-Service bieten, der dem Reisenden bevorzugte Behandlung einbringt. Dann haben wir die Economy-Klasse, wo die Reisenden glauben, einen besonders preiswerten Flug zu bekommen.«

Howard gefiel der Gedanke, und Damon bewarb sich beim Civil Aeronautics Board um die Genehmigung zum Zwei-Klassen-Service. Die Genehmigung wurde erteilt. TWA richtete eine Touristenklasse im vorderen Teil des Flugzeugs ein und eine erste Klasse im rückwärtigen Teil (wegen des Propeller-Lärms war die vordere Hälfte ungünstig). Die Idee war so gut, daß alle anderen Fluggesellschaften sie nachahmten.

Ralph Damon hielt es sieben Jahre als Präsident bei TWA aus. Doch die Jahre der Arbeit für Howard Hughes forderten ihren Tribut, am Ende war er ein kranker und verbitterter Mann. Einmal sah ich ihn über Howards Einmischung so wütend werden, daß er weinend zusammenbrach. Schließlich fiel er einer Herzattacke zum Opfer.

Nach Damons Tod hatte TWA ein Jahr lang keinen Präsidenten. Offensichtlich glaubte Howard, er könne die Gesellschaft selber leiten. Er konnte es nicht. Die unabhängigen Aufsichtsrats-Mitglieder – Männer wie Nelson Talbott von der National Cash Register, Powell Crosley und Arthur Eisenhower – ärgerten sich über seine Tatenlosigkeit in bezug auf TWAs Präsidentensitz. Bei einem der monatlichen Treffen setzten sie mich als ein Ein-Mann-Komitee ein, das einen Kandidaten bis zur nächsten Sitzung benennen sollte.

Ich hatte Howard eine Liste von Kandidaten vorgelegt, die er jedoch alle ablehnte. Dann brachte ich den Namen Carter Burgess ins Gespräch. Er hatte weitreichende geschäftliche Erfahrung und diente unter Eisenhower als Stellvertretender Verteidigungsminister.

Howard zeigte sich von diesem Vorschlag angetan. »Können Sie mit dem Präsidenten der USA sprechen und herausfinden, was er von Burgess hält?« fragte er mich.

»Ich will es versuchen«, antwortete ich.

Zu der Zeit wohnte ich gerade in New York im Waldorf-Astoria. Dort wohnte auch das Mitglied unseres Aufsichtsrates, Arthur Eisenhower. Ich rief ihn an.

»Wie gut kennen Sie Ihren Bruder Ike?« fragte ich scherzhaft.

»Was meinen Sie damit?«

»Kennen Sie ihn gut genug, um ihn ans Telefon zu bekommen?«

»Aber gewiß.«

Innerhalb von drei Minuten hatte er den Präsidenten im Weißen Haus am Telefon.

»Mr. President«, begann ich, »wir erwägen Carter Burgess als Präsidenten für TWA. Bevor wir mit ihm verhandeln, würde ich gerne Ihre Meinung über ihn hören.«

»Aber ja! Carter Burgess ist einer der intelligentesten, vertrauenswürdigsten und fähigsten Männer, die ich je kennengelernt habe«, antwortete Mr. Eisenhower und ließ sich ausführlich über Burgess' Qualitäten aus.

Eine bessere Empfehlung konnte ich einfach nicht bekommen. Sofort rief ich Howard an und berichtete ihm von meinem Gespräch. »Nehmen Sie ihn!« sagte Howard.

Als nächstes rief ich Burgess an und informierte ihn über Howards Entscheidung. Ich bat ihn, sofort nach New York zu kommen, und zusammen setzten wir einen Fünf-Jahres-Vertrag mit einem Gehalt von 75 000 Dollar pro Jahr auf. Die nächste Aufsichtsratssitzung bestätigte den Vertrag.

Im Januar des Jahres 1957 wurde Burgess Präsident der TWA. Er hielt es elf Monate aus. Kein einziges Mal bekam er Howard Hughes zu Gesicht. Bei jeder Gelegenheit durchkreuzte Howard seine Pläne, ohne ihn auch nur zu konsultieren.

Einen Tag, nachdem ich Hughes verlassen hatte, erhielt ich einen Anruf von Carter Burgess. Seine Stimme klang verzweifelt. »Jesus Christ, wie konnten Sie diesen Howard Hughes all die Jahre aushalten?«

Ich schlug vor, falls er nach Kalifornien kommen wolle, würde ich ihm gerne einige Tricks verraten, wie man mit Howard Hughes umgehen müsse. Burgess nahm meine Einladung an. Doch nach ein paar Tagen rief er mich nochmals an.

»Ich komme Sie nicht mehr besuchen«, sagte er. »Ich kündige.«

37. Der Versuch einer Änderung

Im Jahre 1948 war die Last meiner Arbeit für Howard so drückend geworden, daß ich mich nach einer Erleichterung sehnte. Ich war beinahe sechzig, ein Alter, in dem viele Geschäftsleute etwas kürzer treten. Doch mein Leben wurde immer geschäftiger, je mehr Howard sich auf immer kompliziertere Unternehmungen einließ. Er verließ sich immer mehr auf mich.

Wenn ein hochgestellter Direktor entlassen werden sollte, »Noah macht das schon«. Wenn Millionenbeträge über Nacht herbeigeschafft werden mußten, »Noah macht das schon«. Wenn mit einem Politiker oder einem Starlet abgerechnet werden sollte, »Noah macht das schon«.

Noah wurde müde, es schon zu machen.

Außerdem hatte ich mittlerweile einen Punkt erreicht, an dem ich es auch nicht mehr nötig hatte, alles zu machen, um finanziell Erfolg zu haben. Auf Grund meiner Verbindungen zu Öl-Männern in

Houston hatte ich bei einigen Unternehmen investiert, bei denen ich jetzt hübsche Gewinne einstrich. Und zwar in solchem Umfang, daß selbst Howard in das Geschäft einsteigen wollte.

»Ich arbeite überhaupt nur, weil ich Sie mag«, scherzte ich eines Tages mit Howard. »Meine Ölgeschäfte bringen mir jeden Monat 15 000 Dollar ein.«

Howards Augen leuchteten auf. »Bringen Sie mich auch in das Geschäft«, verlangte er. Also bildeten wir eine Partnerschaft und beendeten damit eine alte Tradition der Familie Hughes; sein Vater hatte die Regel aufgestellt, sich nicht an Ölgesellschaften zu beteiligen, damit Toolco nicht in Konkurrenz zu ihren eigenen Kunden treten sollte.

Dieses Öl-Geld stärkte meine Unabhängigkeit.

Meine finanzielle Lage wäre absolut lächerlich gewesen, wenn sie nicht gleichzeitig so traurig gewesen wäre. Howard Hughes, mein Boß, war auf dem Weg, ein Milliardär zu werden, bezahlte indes weniger als 20 000 Dollar an Einkommensteuer. Mein eigener »Marktwert« lag unter einer Million; dennoch zahlte ich etwa fünfzehn bis zwanzigmal den Betrag an Steuern, den Howard zahlte.

Niemand kann eigentlich mit den finanziellen Problemen der Leute sympathisieren, denen man hohe Gehälter zahlt. Ich erwarte nicht, daß der Leser über mein Schicksal bittere Tränen vergießt. Betrachten Sie lediglich einmal die Verschiedenheit der Situationen.

Howard zahlte sich selber ein Gehalt von 50 000 Dollar. Fast alle Kosten seiner Lebenshaltung wurden von der Hughes Tool Company bezahlt. Die Millionenerträge seiner Firma wurden für Expansionen und Grundstückskäufe benutzt. Seine Millionen kletterten in die Höhe.

Ich erhielt ein Gehalt von einer halben Million Dollar pro Jahr – ein königliches Honorar. Von den ersten 100 000 Dollar kassierten Bundes- und staatliche Steuern 70 000 Dollar. Auf dem Restbetrag lag eine Steuerlast von 93 %, was mich mit genau sieben Cents von jedem verdienten Dollar sitzen ließ.

Ich rechnete aus, daß ich – bei einem Arbeitstag von acht Stunden – siebeneinhalb Stunden für den Staat und nur eine halbe Stunde für mich persönlich arbeitete.

Die meisten größeren Gesellschaften in den Vereinigten Staaten erkannten die Steuerlast, die auf den Gehältern ihrer wichtigen Mitarbeiter lag, und schlossen Verträge mit Aktien-Bezugsrecht ab. Auf diese Weise unterlagen die Gehälter der Mitarbeiter lediglich einer Kapitalgewinnsteuer von 25 %.

»Ich möchte das ändern, Noah«, sagte Howard ernsthaft. »Setzen Sie einen Vermögenszuwachs-Plan auf und legen Sie ihn mir vor. Wir werden schon etwas finden.«

Ich setzte einen Vermögenszuwachs-Plan auf und legte ihn Howard vor. Howard verfiel in tiefes Schweigen. Schließlich sagte er: »Nun, das ist nicht ganz das, was ich mir vorgestellt hatte. Versuchen wir es auf eine andere Art.«

Ich versuchte es auf eine andere Art. Wieder tiefes Schweigen. Diesmal dauerte es etwas länger. Er brauchte Zeit, um den Plan zu studieren. Monate und Jahre verstrichen, doch Howard gab keine Antwort. Als ich ihn daran erinnerte, sagte er: »Es tut mir leid, Noah; das ist einfach noch nicht die richtige Formel.«

So ging es weiter. Im Jahre 1948 machte ich Howard – durch mein Öl-Einkommen dazu ermutigt – einen Vorschlag.

»Sehen Sie, Howard«, sagte ich, »ich möchte etwas kürzer treten. Als Alternative zu einem vollständigen Ausscheiden möchte ich etwas anderes vorschlagen. Ich unterhalte weiterhin mein Hauptbüro in Houston und kümmere mich um Toolco, die Brauerei und TWA. Sie suchen jemand anderen für die Westküste – RKO und Hughes Aircraft.«

Howard überlegte mehrere Monate lang und sagte schließlich: »In Ordnung, Noah. Suchen Sie einen Mann, der Ihre Pflichten bei RKO und Hughes Aircraft übernehmen kann. Wenn ich den Eindruck habe, daß er geeignet ist, stimme ich dem Vorschlag zu.«

So begann ich meine Suche. Mein erster Kandidat war Ed Thomas, Präsident der Goodyear Tire and Rubber Company. Ich kannte Ed seit Jahren und fühlte mich ihm verbunden – auch er war als Buchprüfer in seine Firma eingetreten und hatte sich bis an die Spitze emporgearbeitet. Ich überredete ihn, nach Kalifornien zu kommen und mit Howard über die Sache zu reden. Das Angebot lag bei 200 000 Dollar im Jahr und Aktien-Bezugsrecht. Ich war überrascht, daß Howard dem Aktien-Bezugsrecht zustimmte; das hatte er noch nie zuvor getan. Trotz des interessanten Angebots lehnte Thomas den Job ab.

Ich unterbreitete Howard weitere Vorschläge für meine Nachfolger an der Westküste, doch Howard war nicht zufrieden. Schließlich machte er folgenden Vorschlag: »Warum suchen Sie nicht die Harvard School of Business auf und bitten den Dekan um eine Liste der zehn besten Absolventen?«

Das amüsierte mich. Es erinnerte mich an meine eigene Einstellung im Jahre 1925, als Howard wissen wollte, mit welcher Note ich mein Examen als vereidigter Buchprüfer abgeschlossen hatte. Er glaubte immer noch, er könne einen Geschäftsführer auf Grund eines Leistungsvergleiches mit seinen Klassenkameraden auswählen. »Howard«, sagte ich, »wenn diese zehn Absolventen hervorragende Männner waren, haben sie inzwischen bestimmt so gute Positionen, daß sie überhaupt nicht wechseln wollen.«

»Versuchen Sie es trotzdem.«

Ich beschaffte mir eine solche Liste von Harvard. Wie erwartet, hatten die meisten Kandidaten derartig hervorragende Positionen inne, daß sie an einen Wechsel nicht denken wollten. Doch dann fand ich den Namen eines Investment-Bankiers, der für eine große New Yorker Finanzdynastie gearbeitet hatte. Ich kannte den Bankdirektor und befragte ihn über den in Aussicht genommenen Mitarbeiter. »Der Mann hat außergewöhnliche Fähigkeiten«, hieß es, »aber Sie müssen aufpassen, sonst nimmt er Ihnen den Stuhl weg.«

Ich lachte: »Das ist genau das, was er ja tun soll.«

Ich traf meinen eventuellen Nachfolger und fand ihn so, wie ich ihn mir vorgestellt hatte: Grauer Anzug, gut erzogen, präzise Antworten. Er kam an die Westküste, und Howard war mit ihm einverstanden. Er trat in den Aufsichtsrat bei RKO ein, und ich begann, ihn in meine Pflichten einzuführen.

Wie der Mann in New York vorhergesagt hatte, brauchte der Neue keine große Einführung – auf der Stelle übernahm er meine Arbeit. Ich war damit einverstanden, bis zu dem Punkt, an dem ich entschied, daß er das Interesse der Gesellschaft nicht genügend beachtete.

Als er begann, die Aufsichtsrats-Sitzungen bei RKO mitzumachen, hielt ich mich davon zurück. Dennoch behielt ich alle Vorgänge scharf im Auge. Ein Punkt fiel mir auf: Der Verkauf einer Theaterkette in Wisconsin und Michigan. Der Preis kam mir niedrig vor. Ich sprach mit ein paar Freunden im Theatergeschäft und erfuhr, daß die Käufer der Theaterkette ein phantastisches Geschäft gemacht hätten.

Ich sprach mit Howard darüber. Nichts regte ihn mehr auf als der Gedanke, man verschleudere sein Vermögen. Er rief den neuen Mann in sein Büro bei Goldwyn und verlangte eine Erklärung.

»Warum bin ich über den Verkauf nicht unterrichtet worden?« fragte Howard.

»Mr. Hughes, RKO ist eine Aktiengesellschaft«, antwortete der neue Mann steif. »Ich bin Mitglied des Aufsichtsrats. Der Aufsichtsrat hat die Autorität, die Geschäftspolitik der Gesellschaft zu bestimmen.«

Good bye für den Herrn im grauen Anzug.

Sobald er das Büro verlassen hatte, sagte Howard: »Streichen Sie ihn von der Gehaltsliste.« Dann fügte er hinzu: »Doch belassen Sie ihm ein Pauschalhonorar von 20 000 Dollar pro Jahr. Er kennt zu viele unserer Geheimnisse. Ich will vermeiden, daß er darüber redet.«

Es gelang mir nicht, einen Nachfolger für mich zu finden. Es war mir zu aufreibend, einen anderen zu suchen und ihn einzuweisen, und ich beschloß, auf dem Posten zu bleiben. Ich hatte immer noch die Hoffnung, Howard werde sein Versprechen halten und einen Vermögenszuwachs-Plan für mich aufstellen, der es mir ermöglichte, mehr von meinem Geld zurückzubehalten.

Ich berichtete Howard von meiner Entscheidung, auf dem Posten zu bleiben. Howard war hocherfreut. Ich war zu dem Schluß gekommen, ein Büro in Kalifornien werde mir helfen, meine Aufgabe besser zu erfüllen. Ich schlug vor, mein Haus in Houston gegen das Bel-Air-Haus auf der Sarbonne Road, Los Angeles, einzutauschen, das man als Wohnort für Geschäftsführer auf der Durchreise benutzt hatte. Howard war sofort einverstanden.

Jetzt war ich wieder genau da, wo ich angefangen hatte. Ich leitete Howards sämtliche Unternehmen – Toolco, TWA, Hughes Aircraft, RKO, alles. Nach fünfzehn Jahren in Houston war ich wieder in Kalifornien, und damit für Howard schneller zu erreichen. Er war in einem solchen Maße von mir abhängig, daß er selbst Eheschwierigkeiten nicht als Entschuldigung gelten ließ, als ich meine Arbeit für ihn vernachlässigte.

Meine Ehe war zu Bruch gegangen. Ich glaube ehrlich, daß ich alles getan habe, um sie zu retten, obwohl ich zugeben muß, daß meine Eigenschaft als Howard Hughes' rechte Hand auch jede andere Ehe hätte schwer belasten können.

Ich machte Zugeständnisse und ließ mich besänftigen, immer mit der Hoffnung, unser Heim zu erhalten. Es gelang mir nicht. Jede neue Krise brachte neue seelische Belastungen. Howard blieb natürlich nicht verborgen, was vorging.

Er beschloß, ich solle mich scheiden lassen.

Eines Abends holte er mich im Bel-Air-Haus ab. Bei ihm waren Loyd Wright, sein Rechtsanwalt und Verne Mason, sein Leibarzt. Howard fuhr zum Mulholland Drive und kutschierte uns stundenlang durch die Gegend.

»Noah, Sie müssen sich von dieser Frau scheiden lassen«, sagte er immer wieder. Er kam mit immer neuen Argumenten und sagte, mein Wohlergehen hinge von einer klaren Trennung von meiner Frau ab. Was er wirklich meinte: Man sah mir mein Unglück an, und er befürchtete ein Nachlassen meiner Leistungsfähigkeit.

»Stellen Sie sich vor, Sie wären ein Junge in Podunk, Noah«, sagte er. »Sie wachsen mit einem Mädchen auf, gehen mit ihr zusammen in die Schule. Das nennen Sie Liebe. Sie heiraten. Doch dann müssen Sie nach Hollywood gehen, um den Lebensunterhalt zu verdienen. Ihre Frau müssen Sie zurücklassen. Dann sind Sie hier und lernen ein anderes Mädchen kennen. Sie entdecken, daß Ihre Frau nicht die einzige Frau auf der ganzen Welt ist. Mit einer anderen Frau können Sie genauso glücklich werden.«

Dieses Argument sollte mich überzeugen, daß mir ein Wechsel gut-tat. Ich blieb unentschlossen.

Da rief Howard in seiner typischen Hughes-Logik aus: »Um Himmels willen, Noah, ich kann Ihnen ein Dutzend Mädchen bringen, die besser aussehen, eine bessere Figur haben und auch im Bett besser sind als die Frau, die Sie jetzt haben.«

Wir fuhren weiter. Loyd Wright ließ sich über die rechtlichen Aspekte meiner Lage aus. Verne Mason kommentierte den gesunden Menschenverstand meiner Frau. Auf Howards Vorschlag hin war er in mein Haus eingeladen worden, um meine Frau zu beobachten. Er deutete an, daß sie nicht ganz zurechnungsfähig war, wenigstens nicht in bezug auf mich. Doch wünschte er eine weitere Begegnung, bevor er sagen könne, ob eine Fortführung meiner Ehe wünschenswert sei oder nicht.

Gegen fünf Uhr morgens war ich erschöpft und brauchte Ruhe. Ich stimmte zu, daß der Doktor meine Frau nochmals beobachten sollte.

»Wenn Verne denkt, ich sollte Schluß machen«, sagte ich erschöpft, »dann mache ich Schluß.«

Am anderen Tag rief Verne mich an und sagte: »Wissen Sie, als Sie letzte Nacht fort waren, wandte sich Howard an mich und sagte: ›Sie wissen ja, wie Ihre Antwort ausfallen muß.‹ Ich sage Ihnen das, damit Sie auf meine Antwort vorbereitet sind, Noah.«

Meine Frau und ich trennten uns im Februar 1951. Ich bin sicher, die Ehe wäre früher oder später doch gescheitert. Howard sorgte dafür, daß es ein wenig früher so kam.

38. Probleme und Erwartungen bei Hughes Aircraft

Wie alle anderen Rüstungsbetriebe schrumpfte auch Hughes Aircraft bei Friedensbeginn zusammen. Doch die Auswirkungen der Friedenswirtschaft waren bei Hughes Aircraft besonders spürbar, da sich die Firma mit Lieferungen an das Militär nicht gerade Lorbeeren verdient hatte. Das Unternehmen hatte lediglich die mittlerweile »gestorbene« F-11 produziert und bastelte ohne Ende an der Hercules. Von 6000 während des Krieges sank die Zahl der Beschäftigten auf 800 einige Jahre nach Kriegsende.

»Was werden Sie mit Hughes Aircraft machen?« fragte ich Howard.

»Im Augenblick habe ich noch keine Pläne«, antwortete Howard.

»Howard, ich bin der Meinung, Sie sollten sich überlegen, ob Sie die Firma nicht schließen sollten. Erstens bekommen wir einfach keine Aufträge, und zweitens hat sie sich mittlerweile zu einer finanziellen Belastung ausgeweitet.«

»Nein, ich will sie nicht stillegen«, sagte Howard. »Irgend etwas wird schon passieren.«

Und es passierte tatsächlich etwas. Das Glück der Hughes bewährte sich wieder einmal. Doch war etwas mehr als nur Glück dazu nötig, um aus Hughes Aircraft ein gewinnbringendes Unternehmen zu machen. Man brauchte Geld – und Mut. Und Howard hatte beides.

Die Idee kam einem brillanten jungen Ingenieur namens David Evans. Er ahnte den bevorstehenden Boom der Elektronik. Warum sollte Hughes Aircraft sich nicht alle greifbaren Elektronik-Spezialisten sichern und sich darauf vorbereiten, in dieses Gebiet einzusteigen, sobald sich die Chance bot? Howard gefiel der Gedanke, und er gab Auftrag, ihn in die Tat umzusetzen.

Ganz offensichtlich benötigte er ein neues starkes Management, um die Umstellung auf die Elektronik-Industrie zu überwachen. Voller List überlegte er, wenn er sich um Regierungsaufträge bemühte, würde es gut sein, jemand mit guten Beziehungen zum Militär zu haben. Vielleicht einen General der Luftwaffe?

Während des Krieges hatte Howard die Bekanntschaft General Ira Eakers gemacht. Eaker, stellvertretender Commander bei General Carl Spaats, hatte vor kurzem seinen Abschied von der Air Force genommen und schien ein guter Kandidat als Leiter der Firma Hughes Aircraft zu sein. Doch Eaker war in West Point ausgebildet worden und hatte keinerlei kaufmännische Erfahrung. Howard wählte einen anderen General, den er Eaker zur Seite stellen wollte: Harold L. George, der die Lufttransport-Abteilung der Air Force geleitet hatte. Wenigstens George hatte ein wenig Erfahrung in der kaufmännischen Verwaltung; nach seinem Abschied hatte er die Peruvian Airlines geleitet.

Die Generäle George und Eaker waren daran gewöhnt, Befehle zu erteilen und verlangten volle Autonomie bei der Führung der Hughes Aircraft. Überraschenderweise stimmte Howard zu. Der erste Test ihrer Fähigkeit, unabhängig von Howard zu arbeiten, kam mit der Wahl eines Verwaltungsdirektors. Sie wählten Charles (Tex) Thornton aus, der zusammen mit Robert McNamara bei der Ford Motor Company einer der »Stars« gewesen war.

Howard und ich interviewten Thornton und hatten beide einen negativen Eindruck. Wir diskutierten mit den Generälen über Thorntons Einstellung, doch am Ende willigte Howard ein.

»Wissen Sie, Noah«, sagte er, »ich habe den Generälen Selbständigkeit versprochen und will mich daran halten.«

»Das ist prima, Howard«, sagte ich, »aber machen Sie mich nicht verantwortlich.«

»In Ordnung, passen Sie nur auf den Geldsäckel auf.«

Meine Stellung als Geld-Aufpasser war nicht gerade geeignet, bei Beliebtheits-Wettbewerben einen Preis zu gewinnen. Für George, Eaker und Thornton war ich ein Reizmittel, aber dafür wurde ich ja bezahlt. Sie bekämpften mich bei jeder Gelegenheit. Einmal verweigerten sie sogar meinem privaten Rechnungsprüfer Zugang zur Fabrik, doch das hielt mich nicht davon ab, das herauszubekommen, was ich herausbekommen wollte.

Der Plan bestand darin, aus Hughes Aircraft ein inoffizielles Laboratorium für die Air Force zu machen. Dazu benötigte man Elektronik-Spezialisten, und das Unternehmen begab sich auf eine »Einkaufs-Tournee«, die zur größten Ansammlung von Wissenschaftlern seit dem Los-Alamos-Projekt führte. Einmal beschäftigte Hughes Aircraft 3300 promovierte Physiker.

An der Spitze der Versuchsabteilung für Elektronik standen zwei hervorragende junge Wissenschaftler, Dean Wooldridge und Simon Ramo, beides Absolventen von Caltech. Wooldridge hatte bei Bell Telephone und Ramo bei General Electric gearbeitet, und zusammen bildeten ihre kombinierten Talente eine außergewöhnliche Partnerschaft.

Hughes Aircraft wuchs schnell. Howard steckte die Toolco-Gewinne in die Expansion, immer in der Hoffnung, die Regierungsaufträge würden schon kommen. Und sie kamen auch. Hughes Aircraft wurde der alleinige Lieferant eines Feuerkraft-Kontroll-Systems für alle neuen Kampfflugzeuge und einer elektronisch gesteuerten Luft-Luft-Rakete, der »Falcon«. Howard ließ in Tucson eine eigene Falcon-Fabrik bauen, noch bevor die Geldmittel von der Regierung bewilligt worden waren.

Im Jahre 1953 beschäftigte Hughes Aircraft 17 000 Angestellte, besaß beinahe ein Monopol für Elektronische Systeme der Air Force und blickte auf einen Bestand an Regierungsaufträgen in einer Gesamthöhe von 600 Millionen Dollar.

Ein derartiges Wachstum schuf natürlich zahlreiche Probleme. Diese Elektronik-Fachleute waren ein völlig neuer Menschenschlag, anders als der, den man in anderen großen Unternehmen vorfand. Die Wissenschaftler waren kluge Leute, hochintelligent und anspruchsvoll. Sie betrachteten Howard Hughes als ein notwendiges Übel, einen exzentrischen distanzierten Geldgeber, der mehr Hindernis als Hilfe war. Ein Mensch, den man umgehen, hinters Licht führen und übervorteilen konnte.

Als Howard Hughes' Stellvertreter rangierte ich nur wenig tiefer auf ihrer Liste unangenehmer Menschen. Manchmal überflügelte ich Howard sogar, da er wenigstens unsichtbar war, während man meine Anwesenheit überall spürte. Keine Ausgabe, die 10 000 Dollar überschritt, durfte ohne meine Zustimmung erfolgen, und ich studierte alle Anschaffungskosten, die mir auf den Tisch kamen.

Im Jahre 1950 bemerkte ich bei den Generälen eine zunehmende Unruhe. Ramo und Wooldridge hatten auf eine weitere Vergrößerung der Laboratoriums-Mannschaft gedrängt; sie wollten die Kapazität verdoppeln, was mehrere Millionen Dollar erfordert hätte. Mit der Mellon Bank in Pittsburgh hatte ich ein Darlehen von 35 Millionen Dollar für diesen Zweck vereinbart, doch ich kontrollierte den Einsatz dieses Geldes.

Die Generäle hielten mich deshalb für anmaßend, doch das war ich nicht. Sie hatten mich von jeder direkten Information über die Vorgänge in der Fabrik abgeschnitten. Doch ohne derartige Informationen konnte ich ja wohl kaum so gewaltige Anschaffungskosten blindlings bewilligen.

Howard war immer seltener zu erreichen. Er hatte seinen Hauptsitz nach Las Vegas verlegt und Pläne angekündigt, Hughes Aircraft nach Nevada zu verlegen.

Das versetzte der allgemeinen Arbeitsmoral einen schweren Schlag. Die Elektronik-Ingenieure waren entsetzt bei dem Gedanken, ihre Familien in die Tingel-Tangel- und Spielerstadt Las Vegas umsiedeln zu müssen, weit weg von den wissenschaftlichen Versuchsanlagen von Caltech, UCLA und der University of Southern California.

Hinzu kam, daß die höheren Mitarbeiter bei Hughes Aircraft über Howards immer noch nicht eingelöstes Versprechen erbost waren, einen Vermögenszuwachs-Plan ins Leben zu rufen. Die leitenden Angestellten glaubten, daß sie an den Erträgen beteiligt werden sollten, nachdem sie Hughes Aircraft zu einem profitablen Unternehmen gemacht hatten.

Howard schwor, er werde sich darum kümmern, doch geschah natürlich nichts dergleichen. Er brachte es einfach nicht über sich, seinen Besitzanspruch mit anderen Leuten zu teilen.

Der Witz bei der Geschichte war, daß die Herren bei Hughes Aircraft mir die Verantwortung dafür zuschoben.

Sie dachten, ich sei das Ungeheuer, das ihre Beteiligungspläne an den Gewinnen der Hughes Aircraft vereitele. Sie wußten natürlich nicht, daß Howard mir gegenüber sein Versprechen ebensowenig gehalten hatte.

Als ob die Arbeitsmoral der Firma noch nicht schlecht genug gewesen wäre! Da kam die Nachricht, Howard verhandele über den Verkauf der Firma!

Howard ließ verlauten, er sei bereit, Hughes Aircraft zu verkaufen, wenn ihm der richtige Preis dafür geboten werde. Andere Gesellschaften hatten die Firma mit Neid beobachtet und kamen hastig herbeigestürzt. War es Howard Ernst mit dem Verkauf? Ich weiß es nicht. Ich weiß auch nicht, ob er selber darüber Bescheid wußte. Wenn der richtige Preis genannt worden wäre, hätte er vielleicht wirklich verkauft. Doch bezweifle ich es. Howards Einstellung zu seinem Besitz erlaubte es ihm nur selten, sich davon zu trennen.

Zum Beispiel die Brauerei. Die Tochtergesellschaft der Hughes Tool Company, Gulf Brewing Company, hatte vor und während des Krieges ertragreich gearbeitet und verdiente in ihrem besten Jahr 2 300 000 Dollar. Doch dann lockte die Aussicht auf einen ganzjährigen Markt auch andere Brauereien nach Texas. Es gab Angebote für die Gulf Brewing Company, und Howard hätte mit einem hübschen Gewinn verkaufen können. Doch die Brauerei lag auf dem Gelände der Toolco, und Howard erlaubte kein Eindringen von Außenstehenden. Während die anderen Brauereien den texanischen Markt eroberten, ging es mit Gulf ständig bergab. Als die Verluste sich steigerten, stellte ich die Produktion ein und verhandelte über ein Angebot von 7 000 000 Dollar der Schlitz Breweries. Howard wollte jedoch nicht verkaufen, und die Fabrik blieb stillgelegt.

Westinghouse, General Electric und andere große Aktiengesellschaften versuchten, über einen Kauf von Hughes Aircraft zu verhandeln, und Howard führte lange geheime Gespräche. Das schlimme war nur, daß er derartige Verhandlungen ausgesprochen genoß. Er liebte geheime Zusammenkünfte, bei denen es um Hunderte von Millionen ging. Die Verhandlungen gefielen ihm so sehr, daß er sie einfach nicht beenden wollte. Und so wurde immer wieder verhandelt, bis die erschöpften Gesprächspartner zu dem Schluß kamen, daß es ihm mit einem Verkauf gar nicht ernst war. Er spielte ganz einfach mit Zahlen, um herauszufinden, wieviel Hughes Aircraft eigentlich wert war.

Die verschrobensten Verhandlungen führte er mit Bob Gross von Lockheed, der sich sehr ernsthaft um den Kauf bemühte.

Howard drückte seine Bereitschaft aus, mit Bob Gross darüber zu verhandeln. So flog ich Bob im Privatflugzeug nach Las Vegas, wir mieteten uns in einem Hotel ein und warteten auf Howards Anruf. Damals hatte Howard eine Suite in dem Hotel, wohnte jedoch draußen in der Wüste in einem Bungalow.

Nach stundenlangem Warten kam schließlich der Anruf. Ein Mitglied seiner Mormonen-Wache holte uns ab und chauffierte uns zu dem Bungalow. Howard begrüßte uns und bat, in einem seiner abhörsicheren Chevrolets Platz zu nehmen. Er setzte sich ans Steuer und fuhr auf sandigen Straßen tief in die Wüste hinein.

Sämtliche Fenster des Wagens waren geschlossen, und Howard wünschte, daß sie auch geschlossen blieben, obwohl die Hitze der Wüste unerträglich wurde. Howard bat Bob und mich sogar, unsere Taschentücher in die Belüftungsschlitze zu stopfen, damit auch nur ja kein Ton der Unterhaltung nach draußen dringen konnte.

»Jesus, Howard, ich brauche einfach ein bißchen frische Luft«, sagte Bob schließlich.

»Oh, natürlich, Bob«, sagte Howard.

Er lenkte den Wagen ein paar hundert Meter von der Straße ab.

»Keine Unterhaltung, während wir hier sitzen«, befahl Howard, stieg aus und begann das Gesträuch im immer weiteren Umkreis zu durchsuchen, um herauszufinden, ob Spione in der Nähe wären.

Dann kam er zum Wagen zurück und sagte: »Jetzt können wir uns unterhalten.«

Während Howard seine sinnlosen Verhandlungen mit Bob Gross fortsetzte, entdeckte ich einige sehr beunruhigende Entwicklungen bei Hughes Aircraft. Die interne Rechnungsprüfungsabteilung berichtete mir, den Herstellungskonten sei zuviel belastet worden. Die Folge war ein entsprechender Anstieg der weiterberechneten Kosten bei einem Regierungsauftrag von 200 000 000 Dollar.

Da unsere Gewinne auf Grund der Gesetze 11 % der Kosten nicht übersteigen durften, kam dies einem Betrug an der Regierung gleich.

Mein Buchprüfer-Hirn begann zu arbeiten. Ich führte Gespräche mit der Prüfungs-Abteilung des Hauses und mit der Firma Haskins und Sells. Das Ergebnis war eindeutig: Der Regierung waren viele Millionen Dollar zuviel belastet worden.

Sofort berichtete ich Howard von dieser Angelegenheit und hob ihre Bedeutung hervor. Ich empfahl eine sofortige erste Rückzahlung von 5 000 000 Dollar an die Regierung. Dann, so schlug ich vor, sollte man die Air Force bitten, mit uns zusammen den Betrag der Über-Berechnung festzusetzen.

Howard traf auf Grund ihrer Bitte mit den Generälen George und Eaker zusammen. Da beide von ihnen keinerlei Erfahrung mit einer industriellen Produktion hatten, nahmen sie eine abwehrende Haltung ein. Sie behaupteten, ich führe hier einen persönlichen Angriff gegen sie und deute gesetzwidrige Handlungen an. Keineswegs beschuldigte ich indes irgend jemand eines vorsätzlichen Vergehens, sondern zeigte nur, daß Hughes Aircraft in großen Schwierigkeiten steckte, falls man die Situation nicht aufklären könne.

Howard zögerte. Er nutzte die Haltung der Generäle, um Zeit zu gewinnen, obwohl ich warnte, daß uns ein ruinöser Skandal bevorstehe. Um meinen Argumenten Beweiskraft zu geben, beauftragte ich Haskins und Sells mit einer vollständigen Rechnungsprüfung.

Im Januar 1952 weigerten Haskins und Sells sich, Hughes Aircraft einen Bestätigungsvermerk der Finanzunterlagen des Jahres 1951 zu erteilen. Das bedeutete einen Bruch der Darlehens-Bedingungen, die ich mit der Mellon-Bank ausgehandelt hatte.

Jetzt endlich sah Howard ein, daß tatsächlich etwas falsch gelaufen war. Am Ende mußte Hughes Aircraft der Regierung 43 000 000 Dollar zurückzahlen.

Die Wissenschaftler waren sich des möglichen Skandals nicht bewußt. Sie beschuldigten mich der Einmischung und des Versuchs, die Herrschaft an mich zu reißen. Ich wurde der Sündenbock, der ihre Pläne durchkreuzte, mit Howard zu einer Einigung über den Vermögenszuwachs-Plan zu kommen, und der sich in alles einmischte.

Howards permanente Abwesenheit, seine Verkaufsverhandlungen, seine Unfähigkeit zu Entscheidungen und seine fehlende Bereitschaft, mit irgend jemand seinen Besitzanspruch zu teilen, all das ließ die Arbeitsmoral bei Hughes Aircraft erneut tief absinken. Im Juli 1953 stellten Ramo und Wooldridge Howard wegen seiner unerfüllten Versprechungen zur Rede. Howard versprach Reformen, unternahm jedoch nichts.

Der Auszug nahm seinen Anfang.

Ramo und Wooldridge waren die ersten, die gingen. Sie gingen zu Thompson Products Company und bildeten später die erfolgreiche Firma für elektronische Anlagen, Thompson, Ramo & Wooldridge.

Tex Thornton war der nächste. Er verschaffte sich Rückendeckung und kaufte eine kleine Firma, die er später zu dem gewaltigen Mischkonzern Litton Industries entwickelte.

General George suchte aus Howard einige Zusicherungen herauszuholen, doch am Ende gab auch er auf und kündigte.

Howards Reaktion auf die Kündigungen war ganz typisch.

»Versiegeln Sie sein Büro!« befahl er, sobald ein wichtiger Mann gegangen war. Wieder erkennen wir die Wirkung der Affäre, als Reed mit den Geheimnissen Big Howards aus der Hughes Tool Company verschwand.

Die Direktionsetage bei Hughes Aircraft war leer geworden. Bei anderen Gesellschaften hätte das lediglich zu einem fiskalischen Tohuwabohu geführt, bei Hughes Aircraft hingegen hing die nationale Sicherheit davon ab.

Das Pentagon beobachtete die Entwicklung bei Hughes Aircraft mit steigender Besorgnis. Als sich jetzt die wichtigsten Mitarbeiter abzusetzen begannen, verwandelte sich die Besorgnis in offenen Alarm.

Im Jahre 1953 bekam das Land eine neue Republikanische Regierung. Nun raten Sie mal, wer Chef der Luftwaffe geworden war.

Harold Talbott. Der gleiche Talbott, der so böse reagiert hatte, als es ihm nicht gelungen war, den Posten seines verstorbenen Bruders im Aufsichtsrat bei TWA zu bekommen. Der gleiche Talbott, der so hochnäsig reagiert hatte, als ich ihm Howards 25 000 Dollar für Deweys Wahlkampf im Jahre 1948 anbot.

Talbott kam mit zornfunkelnden Augen nach Kalifornien geflogen. Er bestand auf einem sofortigen Zusammentreffen mit Howard Hughes, der dazu nicht nein sagen konnte. Ich glaube, diesmal war Howard wirklich besorgt. Er wollte, daß ich bei dem Gespräch anwesend war, als moralische Stütze und Führung.

Das Spitzengespräch fand in Howards gemietetem Bungalow im Beverly Hills-Hotel statt. Anwesend waren Howard, Talbott, ich sowie Roger Lewis, stellvertretender Oberbefehlshaber der Luftwaffe.

Howard hatte auch allen Grund, besorgt zu sein. Talbott kanzelte ihn ab, wie es Howard nie zuvor passiert war.

»Sie ganz persönlich haben eine gewaltige industrielle Einrichtung durch miserables Management zugrundegewirtschaftet!« rief Talbott aus. »Mir ist es völlig gleichgültig, was mit Ihnen geschieht, mir geht es um dieses Land. Die Vereinigten Staaten befinden sich in bezug auf lebenswichtige Verteidigungssysteme in einer totalen Abhängigkeit von Hughes Aircraft. Es würde mindestens ein Jahr dauern, um einen neuen Lieferanten aufzubauen. Das kann eine nationale Tragödie bedeuten. Es war ein furchtbarer Fehler, die Sicherheit des ganzen Landes einem Exzentriker wie Ihnen anzuvertrauen!«

Es gab nur wenig, das Howard hätte antworten können. Talbott stellte sein Ultimatum: »Entweder verkaufen Sie Hughes Aircraft an Lockheed oder Sie akzeptieren ein neues Management, das ich persönlich zusammenstelle.

Entscheiden Sie sich, Mr. Hughes. Ich gebe Ihnen 72 Stunden Zeit. Wenn Sie weder das eine noch das andere tun, sorge ich dafür, daß alle vorliegenden Aufträge storniert werden und Sie nie mehr einen Regierungsauftrag erhalten.«

Howard war verblüfft. Vielleicht war ihm der Ernst der Lage bis zu diesem Augenblick noch nicht ganz klar gewesen. Er gab keine Erklärung ab, keine Entschuldigung. Dennoch kapitulierte er nicht. Er schien sich ganz einfach nicht rühren zu können.

An diesem toten Punkt griff ich ein.

»Harold, kann ich Sie einen Moment allein sprechen?« fragte ich.

Talbott stapfte in das Schlafzimmer nebenan. Ich schloß die Tür hinter ihm und begann eine Diskussion.

»Ich frage mich, ob Sie sich über Ihre Lage im klaren sind, Harold«, begann ich. »Sie haben selber gesagt, daß Hughes Aircraft Ihr ein-

216

ziger Lieferant ist und daß Sie mindestens ein Jahr brauchen, um elektronische Anlagen von anderer Stelle zu bekommen. Im gleichen Atemzug drohen Sie damit, alle Aufträge innerhalb von drei Tagen zu stornieren. So schnell können wir nicht vorgehen. Wir brauchen Zeit, um alles ins reine zu bringen. Geben Sie uns neunzig Tage.«

»In Ordnung«, sagte Talbott gepreßt. »Neunzig Tage. Und keinen einzigen Tag mehr.«

Wir kehrten zu Howard zurück und berichteten ihm von unserer Übereinkunft. Kaum war Talbott gegangen, kam Howard wieder zu sich.

»Was zum Teufel bildet der sich eigentlich ein?« schimpfte er. »Niemand – auch der Oberbefehlshaber der Air Force nicht – hat mir vorzuschreiben, wie ich meine eigene Fabrik zu leiten habe. Es ist meine Fabrik.«

»Schon richtig, Howard«, sagte ich. »Aber ohne Air Force-Aufträge würde es gar keine Hughes Aircraft geben.«

Howard war gemein genug, sich mit der Entscheidung die ganzen neunzig Tage Zeit zu lassen. Am Ende akzeptierte er Talbotts Kandidat der Geschäftsleitung bei Hughes Aircraft: William Jordan, pensionierter Präsident der Curtiss-Wright-Aircraft und ein fähiger Geschäftsmann. Jordan begann die Arbeit auf einer zeitlich begrenzten Basis und bekam die Dinge langsam wieder in Ordnung. Howard beauftragte mich mit der Suche nach einem anderen Spitzenmanager, der einspringen sollte, sobald Jordans Zeit abgelaufen war.

Inzwischen stieß Howard auf ein System, das ihm als ein Wundermittel gegen seine Schwierigkeiten mit der Air Force vorkam. Sein Houstoner Rechtsanwalt Tom Slack hatte es vorgeschlagen. Viele Jahre lang hatte Howard mit der Idee gespielt, eine Hughes Medical Foundation zu gründen, die die Erbin seines Vermögens werden sollte. Schließlich hatte Howard keine Erben, keine Frau und keine unmittelbaren Familienangehörigen, denen er die Bürde seines Imperiums übertragen konnte.

Slack machte den Vorschlag, Hughes Aircraft unter die Kontrolle der Hughes Medical Foundation zu bringen. Das würde die gesamte Aircraft-Operation unter die Aufsicht einer öffentlichen Stiftung bringen und das persönliche Element ausschließen, gegen das sich der Regierungszorn gerichtet hatte.

Ich war dagegen. Ich wies Howard darauf hin, daß die Air Force zwar wohl ein wenig vorsichtiger mit einer öffentlichen Stiftung umgehen werde, dies aber zugleich eine gewaltige Verzettelung seines Einflusses bedeute. Es beraube ihn des Rechtes zum Zutritt zu den Vermögenswerten der Firma Hughes Aircraft. Dies wiederum bedeute eine wesentliche Verschlechterung seiner finanziellen Lage.

Howard wollte nicht hören. Im Dezember 1953 gründete er die Hughes Medical Foundation, am 1. Januar 1954 unterstellte er Hughes Aircraft ihrer Aufsicht. Die Foundation gab der Hughes Tool Company eine Bürgschaftserklärung über 10 000 000 Dollar. Hughes Tool behielt die Anrechte auf den Grundbesitz, die Gebäude und die Einrichtungen. Die Foundation mietete die Realwerte von Toolco und vermietete sie wiederum an ihre hundertprozentige Tochtergesellschaft Hughes Aircraft. Howard war der einzige Treuhänder der Foundation. Das Arbeitskapital der Foundation bestand aus der Differenz zwischen der Miete, die sie an die Toolco zahlte, und der Miete, die sie von ihrer Tochtergesellschaft kassierte – etwa 2 000 000 Dollar im Jahr.

Ich konnte die Transferierung der Hughes Aircraft an die Foundation nicht verhindern. Doch gelang es mir, einen neuen Boß für Aircraft zu finden – L. A. (Pat) Hyland, der bei Bendix Vizepräsident der Forschungsabteilung gewesen war. Ich führte mehrere Gespräche mit ihm und kam zu dem Schluß, er habe die notwendigen Qualitäten, um die Geschicke der Hughes Aircraft zu leiten und Howard Hughes' egozentrisches Wesen auszuhalten.

Hyland stellte harte Bedingungen: einen 10-Jahres-Vertrag mit 100 000 Dollar pro Jahr, ein Haus in der Holmby-Hills-Gegend von Los Angeles als Ersatz für sein Haus in Detroit, einen Anteil an den Gewinnen der Firma und einen Vermögenszuwachs-Plan, der ihm nach Abzug aller Steuern mindestens 250 000 Dollar beließ.

Howard war in einer schwierigen Situation, da er noch immer von der Air Force scharf beobachtet wurde. Er war mit allen Punkten des Vertrages einverstanden – mit Ausnahme des Vermögenszuwachs-Planes.

»Aber Sie haben bereits mündlich zugestimmt«, sagte ich Howard.

»Das weiß ich, Noah«, antwortete er. »Aber das ist ja gerade das Peinliche an der Sache. Das gleiche Versprechen habe ich Ihnen und anderen Mitarbeitern gegeben und bisher noch nicht erfüllt.«

»Das stimmt allerdings«, sagte ich wissend.

»Doch ich werde es erfüllen«, fügte er hinzu. »Ich kümmere mich darum. Ich will nur eben nichts Schriftliches darüber.«

Ich erklärte Pat Hyland die Lage. Ich sagte, falls er Howards Wort nicht annehmen wolle, würde er am besten überhaupt nicht für Howard arbeiten. Pat stimmte dem bei und begann die Arbeit – ohne den Passus mit dem Vermögenszuwachs-Plan in seinem Vertrag. Pat Hyland übernahm Hughes Aircraft und leistete hervorragende Arbeit. Während ich dies schreibe, hat er die gleiche Position noch inne. Das merkwürdige ist, daß Pat Howard nur ein einziges Mal in seinem ganzen Leben gesehen hat – bei seinem ersten Gespräch über seinen Job. Zweimal haben sie am Telefon miteinander gesprochen. Folglich hat Pat Hyland seit 1954 ganze dreimal mit seinem Chef gesprochen.

Wie steht es mit dem Versprechen eines Vermögenszuwachs-Planes? Pat Hyland wartet immer noch darauf.

Als ich Hughes verlassen hatte, reklamierte Pat Hyland das Versprechen. Bequemerweise schob man alles auf mich. »Ich dachte, Noah hätte sich darum gekümmert«, sagte Howard. »Ich sorge dafür, daß der Vertrag sofort erfüllt wird.«

Zwei Jahre vergingen. Nichts geschah. Schließlich besuchte Pat Hyland mich in meinem Haus und bat um meinen Rat. Er hatte die Idee, einen Rentenplan auf die Tagesordnung der nächsten Aufsichtsratssitzung bei Hughes Aircraft zu setzen – und Howard davon zu unterrichten. Der Aufsichtsrat würde dem Plan zustimmen, und der Plan nach zwei Jahren in Kraft treten, ohne daß Howard noch Einwände erheben könnte. Der Aufsichtsrat bestand aus Hughes, Hyland und Howard Hall, dem Ersten Rechtsbeistand.

»Was halten Sie davon?« fragte Hyland.

»Zunächst«, sagte ich, »wird Howard die Sitzung nicht besuchen. In 32 Jahren hat er keine einzige Aufsichtsrats-Sitzung besucht. Zweitens, wenn Sie etwas von ihm wollen, geht es nur so.«

Pat Hyland handelte entsprechend und hatte Erfolg, da Howard nicht erschien, um den Tagesordnungspunkt anzufechten. So kam es, daß Howard nach vielen Jahren und vielen Versprechen endlich eines seiner Versprechen erfüllte, nämlich seinen Reichtum mit jenen zu teilen, die ihm dazu verholfen hatten.

Die Erfüllung eines Versprechens durch ein Versäumnis, möchte ich hinzufügen.

39. RKO wird gekauft; einige persönliche Dinge

Trotz all der Aufregungen mit Hughes Aircraft und TWA während der frühen fünfziger Jahre schaffte Howard es, RKO durch Fernsteuerung zu leiten. Und es war wirklich Fernsteuerung. Er betrat die Studios kein einziges Mal, dennoch kümmerte er sich um jede Einzelheit, bis hinunter zu Jane Russel's Büstenhalter.

Unter Howards sprunghafter Leitung ging es mit RKO stetig abwärts. Als er 1948 die Kontrolle übernahm, hatte das Studio 2000 Beschäftigte. 1952 waren es nur noch 500. Die Aktien waren von $9^1/_2$ auf $2^7/_8$ im Jahre 1954 gefallen.

Bei fast allen seiner anderen Unternehmungen konnte er sich Miß-
erfolge leisten und brauchte keine Konsequenzen zu befürchten; er
war nur sich selber verantwortlich. Doch RKO hatte außer Howard
noch Hunderte von Aktionären. Und die meldeten sich jetzt.
Sie hatten auch allen Grund dazu. Die Zahl der fertiggestellten
Filme war jäh gefallen, da Howard darauf bestand, sich um jede
Kleinigkeit selber zu kümmern. Wenn er sich endlich zu einer Entscheidung durchgerungen hatte, war es häufig großartiger Unsinn,
so zum Beispiel, John Wayne die Rolle des Dschingis Khan in »The
Conquerer« zu geben. Mit Jane Russells Busen brachte er die katholischen Zensoren gegen sich in Rage. Wie bei »Scarface« und
»The Outlaw« in längst vergangenen Zeiten, legte er sich für »The
French Line« mit der Zensurbehörde an. Er gewann zwar schließlich, doch war es ein nutzloser Sieg.
Howard hatte Sid Rogell durch Sam Bischoff als Produktions-Chef
abgelöst. Doch weder Sam noch Sid konnten richtig arbeiten, solange Howard ihnen im Nacken hockte und bestimmte, was getan
wurde. Das nächste Team bildeten Jerry Wald und Norman Krasna, die ein Programm im Werte von 50 000 000 Dollar ankündig-
ten. Doch auch Wald und Krasna konnten Howards ewige Einmischung nicht ertragen und kündigten wieder.
Die Aktionäre wurden unruhig, was ich gut verstehen kann. RKO
machte fortwährend Verluste, und Howard Hughes' Geschäftsführung war schuld daran. Die Aktionäre klagten auf Schadenersatz
in Höhe von 35 000 000 Dollar.
Howard besprach das Problem mit mir. Ich machte ihn auf den
Wert der Gesellschaft aufmerksam, der nicht zuletzt aus dem Ar-
chiv alter Filme bestand, das in den Büchern mit einem Wert von
einem Dollar geführt wurde. Damals suchten die Fernsehgesell-
schaften händeringend nach Unterhaltungsfilmen und hätten für
alte RKO-Filme Millionen gezahlt.
»Aber ich kann doch die alten Filme nicht an das Fernsehen verkaufen«, konterte Howard. »Die Theaterbesitzer würden einen
Aufstand veranstalten und keinen einzigen neuen RKO-Film mehr
kaufen.«
»Irgend jemand muß den Anfang machen«, sagte ich.
»Aber dann ruinieren wir uns das Filmgeschäft mit den Theatern.«
»Schön, also verkaufen Sie jetzt nicht. Immerhin haben Sie die Ar-
chivwerte. Die Aktionäre wissen nichts davon. Die wollen doch nur
mit nicht allzu hohen Verlusten herauskommen. Sie haben eine
neue Gruppe von Aktionären bekommen; diejenigen, die die Aktien
für 25 Dollar gekauft haben, sind längst wieder weg. Die neuen
Aktionäre sehen, daß die Aktie bei $2^5/_8$ steht. Wenn Sie denen 5
Dollar pro Aktie bieten, greifen sie sofort zu.«

Howard gefiel die Idee. Doch er ging sogar noch weiter.

»Zum Teufel, ich biete ihnen 6 Dollar«, sagte er.

Im Jahre 1954 akzeptierte der Aufsichtsrat sein Angebot über 24 000 000 Dollar für 4 000 000 Aktien, einschließlich derjenigen, die er selber besaß. Zum Zeichen seines guten Willens schloß Howard 6 000 000 Dollar für seine eigenen Aktien ein.

Selbst nach Howards öffentlichem Angebot verkauften unwissende Aktionäre weiterhin für weniger als 6 Dollar. Floyd Odlum war klug genug, das rechtzeitig zu merken und kaufte große Mengen von RKO-Aktien auf. Schließlich besaß er mehr RKO-Aktien als Howard.

Nachdem alle anderen Aktionäre verkauft hatten, hatten Hughes und Odlum noch 17 000 000 Dollar in der Kasse.

Odlum hatte folgenden Plan. Das Uranium-Fieber war auf dem Höhepunkt, und Odlum wollte die Hidden Splendor Mine für 15 000 000 Dollar kaufen. Er überredete Howard, RKO mit der Atlas Corporation zu verschmelzen, bei der Howard die Aktienmajorität bekam. Doch dies stellte ein Problem dar, da die Atlas Corporation ihrerseits Northeastern Airlines kontrollierte, und Howard ja bereits bei TWA die Aktienmajorität hatte. Er war gezwungen, seine Atlas-Aktien in einen Treuhändervertrag zu hinterlegen, um eine Anklage wegen Interessenkollision zu vermeiden. Die Verschmelzung kam zustande, und Odlum kaufte die Mine mit RKOs Bargeld. Sie stellte sich als Reinfall heraus, und Atlas-Aktien sanken, erholten sich jedoch nach einiger Zeit wieder.

Howard war der komplizierten Leitung eines Filmstudios überdrüssig geworden und begann Verhandlungen über den Verkauf von RKO an Thomas Francis O'Neil, Präsident bei General Teleradio, eine Tochtergesellschaft der General Tire and Rubber Company. Im Sommer 1955 zahlte O'Neil Howard 25 000 000 Dollar für die RKO-Studios und Rücklagen. Howard hatte bereits 10 000 000 Dollar beim Verkauf seiner Theater-Interessen gewonnen. Er zahlte 10 000 000 für die RKO-Aktien und hinterlegte 24 000 000 Dollar in einem Treuhändervertrag. 10 000 000 Dollar erhielt er in Atlas-Aktien und 25 000 000 Dollar von General Tire. So erbrachte seine siebenjährige Inhaberschaft von RKO einen Reingewinn von einer Million Dollar. Das war nicht gerade überwältigend – weniger noch als die Bankzinsen – wenn man das investierte Geld und seine Zeit bedenkt, die er dabei aufgebracht hatte. Doch, wie ich ihm anfangs sagte, hätte es auch schlimmer ausgehen können. Beim Filmgeschäft hätte er Millionen verlieren können, wie früher, als er noch sein eigenes Geld in die Filme steckte.

Howards Beschäftigung mit RKO hatte noch andere Motive als die

Jagd nach Gewinn und die Weiterentwicklung des Films. Sie diente auch seiner Befriedigung. Während all der Jahre, in denen er sich mit der Filmindustrie beschäftigte, war ich nie sicher, ob seine Amouren ein Nebenprodukt der Filmarbeit waren, oder die Filmarbeit nur ein Vorwand für seine romantischen Abenteuer.

Mit anderen Worten: Was kam zuerst? Filme oder Sex? Ich habe es nie herausgefunden.

RKO war eine gute Entschuldigung für Howards intensive Suche nach attraktiver Weiblichkeit. Die fünf Häuser, die von der Tool Company gemietet und bezahlt wurden, beherbergten eine ganze Reihe von berühmten und nie berühmt gewordenen Schönheiten.

Es war einfach unmöglich, Howards zahllose Affären im Auge zu behalten (er selbst konnte es ebensowenig). Sein Privatleben war seine eigene Sache. Ich hatte genug damit zu tun, seine Geschäfte in Ordnung zu halten.

Doch nebenbei erfuhr ich ein wenig über seine Affären. Bei einer Gelegenheit drehte es sich um eine hübsche und dazu noch kluge junge Schauspielerin, die durch leichte Komödien bekannt wurde. Howard brachte sie in eins der Häuser. Ihre Eltern waren offenbar großzügig und liberal, denn die Schauspielerin lud sie ein, als sie einmal Hollywood besuchten.

»Ich lebe mit Howard zusammen und werde ihn heiraten«, verkündete sie ihren Eltern. »Ich möchte, daß Ihr ihn kennenlernt.«

Sie führte sie in die Halle und rief nach oben: »Howard! Meine Eltern sind hier. Sie möchten dich kennenlernen!«

Die Vorstellung lief nicht ganz nach ihren Wünschen. Howard war offensichtlich aus dem Schlaf geweckt worden und erschien splitternackt auf der Teppe.

»Sag ihnen, sie sollen zum Teufel gehen!« brummte er.

Das war das Ende jener Romanze. Bald danach heiratete die Schauspielerin einen der reichsten und größten Stars in ganz Hollywood.

Ein anderer Schützling von Howard war sehr hübsch und sehr jung. Sie war erst sechzehn, als Howard sie zu sich in sein Haus nahm. Das war eine Gelegenheit, bei der ich mich in seine Liebes-Affären einmischte.

»Howard, das ist ein Spiel mit Dynamit«, sagte ich. »Dieses Mädchen ist noch minderjährig. Sie können in Teufels Küche kommen, wenn Sie mit ihr zusammenleben.«

Es war um die Zeit, als Charlie Chaplin und Errol Flynn wegen Verkehr mit Minderjährigen vor Gericht mußten. Howard hätte dasselbe passieren können, doch blieb meine Warnung ohne jeden Erfolg. Er lebte weiter mit dem Mädchen zusammen und baute an ihrer Karriere. Sie besaß keinerlei Talent, wenigstens nicht auf der Leinwand.

Und tatsächlich häte es fast Schwierigkeiten gegeben, als der Vater des Mädchens allen Leuten zu erzählen begann: »Ich habe Howard Hughes am Wickel.« Howard bekam Wind von seinem Gerede und beauftragte mich: »Kümmern Sie sich um ihn.« Ich verschaffte ihm einen gutbezahlten Job bei Hughes Aircraft, und der erboste Vater war besänftigt.

Die Affäre mit der jungen Schauspielerin wurde teuer für Howard. Er verlor ein Vermögen, um ihre Karriere aufzubauen. Nach einiger Zeit gab er auf und wandte sich anderen Projekten zu – und anderen Mädchen. Sie heiratete einen jungen Mann und wollte mit ihm ins Ausland gehen. Bevor sie abreiste, stattete sie Howard einen letzten Besuch ab.

»Kann ich irgend etwas für dich tun?« fragte Howard.

»Nun ja«, sagte sie. »Das Baby ist unterwegs, dafür könnte ich schon etwas Geld gebrauchen. Und meine Mutter braucht neue Zähne.«

Es handelte sich nur um ein paar tausend Dollar. Trotz des Geldes, das er bei ihren Filmen verlor, kam er billig davon. Es hätte ihn viel mehr kosten können.

Eine andere Kandidatin auf Howards langer Liste von Schönheiten war Elizabeth Taylor.

Als sie sich von Nicky Hilton hatte scheiden lassen, beschloß Howard, zu handeln. Wie immer schickte er seinen Emissär, um den Kontakt aufzunehmen – den verläßlichen Pat DiCicco.

»Howard möchte unbedingt mit Ihnen über Ihre Karriere sprechen«, sagte Pat. »Aber Sie wissen ja, wie er ist – er will nicht, daß irgend jemand etwas davon erfährt. Er hat ein Haus in Palm Springs, das Sie benutzen können. Er trifft Sie dort.«

Elizabeth hatte andere Dinge im Kopf, doch eine Aufforderung des legendären Howard Hughes war zu verlockend, um widerstehen zu können. Sie zog also nach Palm Springs und wartete – und wartete. Sie war schon fast am Ende ihrer Geduld, als Howard endlich kam. Er erzählte ihr, er werde aus ihr einen größeren Star machen als MGM das getan habe. Sie war unbeeindruckt. Sie sagte, sie ginge nach London, um Michael Wilding zu treffen und zu heiraten.

Howard war verstört. Elizabeth blieb unerbittlich. Kein Süßholz-geraspel konnte sie umstimmen. Als letzte verzweifelte Maßnahme setzte er Pat DiCicco ins selbe Flugzeug, mit dem sie nach London flog. Pat redete während des ganzen Flugs auf sie ein, doch die junge Dame hatte es sich nun mal in den Kopf gesetzt, Michael Wilding zu heiraten. Und das tat sie auch.

Elizabeth Taylor war ihm entwischt.

Zwei andere junge Damen allerdings nicht.

Die erste Story betrifft Terry Moore.

Sie war als Kinderstar in Filmen wie »Gaslight« und »Son of Lassie« aufgetreten und entwickelte sich zu einer hübschen und gut ausgestatteten jungen Dame. Wie nicht anders möglich, zog sie Howards Aufmerksamkeit auf sich. Eine Romanze entspann sich – wenigstens glaubte sie, es handele sich um eine Romanze. Tatsächlich war Howard sehr aufmerksam zu ihr und brachte ihre Karriere ein gutes Stück vorwärts. Doch kein Mädchen konnte seine Aufmerksamkeit lange an sich fesseln, und bald wandte er sich neuen Weidegründen zu.

Hier tritt Glenn Davis, der berühmte Football-Star aus West Point auf den Plan. Er verliebte sich in Terry und drängte sie zur Heirat. Sie entschied, Howard habe wohl sein Versprechen vergessen, und heiratete ihren Glenn im Jahre 1951. Sie zogen nach Lubbock in Texas, wo ihr Mann Geschäfte hatte.

Etwa drei Monate nach der Eheschließung erhielt ich einen merkwürdigen Telefonanruf.

»Mr. Dietrich, hier spricht Terry Moore.«

»Ja?«

»Wie war das Ergebnis Ihrer Reise nach Texas?«

Diese Frage verblüffte mich. Ich war gerade von einer meiner regelmäßigen Reisen nach Houston zurückgekehrt, doch konnte ich mir überhaupt nicht vorstellen, warum eine Filmschauspielerin sich über meine Reise erkundigen sollte.

»Nun, Miß Moore, ich bin tatsächlich soeben aus Texas nach Hause gekommen und habe Mr. Hughes auch über meine Reise berichtet. Bitte haben Sie Verständnis dafür, daß meine Position bei Mr. Hughes äußerste Diskretion voraussetzt. Sie müssen ihn schon direkt um Information bitten – es sei denn, er erteilt mir die Erlaubnis, zu reden.«

Als sie auflegte, rief ich sofort Howard an und berichtete ihm von dem Anruf. »Warum in aller Welt will Terry Moore etwas über meine Reise nach Texas erfahren?« fragte ich.

»Oh, Noah, ich habe ganz vergessen, Ihnen Bescheid zu sagen«, sagte Howard. »Ich habe ihr gesagt, Sie wollten die Scheidungsgesetze in Texas erkunden.«

Das war das erste, was ich von Terry Moores Trennung von Glenn Davis erfuhr. Erst später fand ich heraus, was geschehen war. Als das neue Paar sich in Lubbock, Texas, niedergelassen hatte, erhielt Terry einen Anruf von Howard Hughes. Er bat sie, nach Los Angeles zu kommen, »um Probeaufnahmen zu machen«. Terry besprach das mit ihrem Gatten, und Glenn war bereit, sie abreisen zu lassen.

Sie hatte ihm gesagt, die Aufnahmen würden nur vier oder fünf Tage dauern. Doch ihr Aufenthalt in Kalifornien dauerte mehr als fünf Wochen. Dann rief sie Glenn an und sagte: »Ich möchte die Scheidung, damit ich Howard heiraten kann.«

Glenn war wie vom Donner gerührt. Er warf sich in die nächste Maschine nach Kalifornien und arrangierte ein Treffen mit Terry im Hause ihrer Eltern, nachdem sie ihre Arbeit in den Studios beendet hatte. Howard sollte sie dort später treffen.

Terrys Eltern waren da, und das ergab eine unangenehme Situation. »Ich warte im Hof«, sagte Glenn. »Sagt mir Bescheid, wenn Hughes eintrifft.«

Kurz darauf erschien Terry an der Hintertür und meldete, Howard sei eingetroffen. Als Glenn ins Zimmer trat und Howard zu Gesicht bekam, ging sein Temperament mit ihm durch. Ohne ein Wort zu sagen, trat er auf Howard zu und versetzte ihm einen kräftigen Schlag ins Gesicht.

Glenn erzählte mir später, er könne sich nicht daran erinnern, Howard ein zweites Mal geschlagen zu haben, doch man berichtete ihm, er sei auf Howard losgesprungen und habe ihn noch mehrmals geschlagen. Dann riß er Howard in die Höhe und warf ihn aufs Sofa.

»Sie bleiben hier sitzen, Sie Hundesohn!« keuchte Glenn. »Wenn Sie auch nur ein einziges Mal den Mund aufmachen, bringe ich Sie um.« Howard war klug genug, den rasenden Ehemann nicht noch mehr zu reizen. Er saß still da und hielt den Mund.

»Sie haben meine Ehe auf dem Gewissen«, sagte Glenn, »und ich weiß genau, daß Sie überhaupt nicht die Absicht haben, Terry zu heiraten. Nun ja, in gewisser Hinsicht haben Sie mir sogar einen Gefallen getan. Wenigstens habe ich jetzt gemerkt, wie die Aktien stehen. Das war noch das beste, was mir passieren konnte – klar zu sehen, bevor wir Kinder hatten.«

Glenn drehte sich auf dem Absatz herum und verließ das Haus.

Am gleichen Abend rief Howard Glenn in dessen Hotel an. Howard ließ sich langatmig darüber aus, daß er in Wirklichkeit der geschädigte Teil sei, denn Terry sei sein Mädchen gewesen und Glenn habe sie ihm weggeschnappt. Die ganze Unterhaltung ergab für Glenn überhaupt keinen Sinn.

Am folgenden Tag hatte ich mit Howard eine Konferenz im Apartment von Walter Kane, einem Agenten, der Howards neuester Talentsucher geworden war. Howard benutzte Walters Apartment öfters für Konferenzen und seine Rendezvous.

Ich erschrak, als ich Howards Gesicht sah. Er hatte ein blaues Auge und Kratzer und Beulen im ganzen Gesicht.

»Was zum Teufel ist Ihnen denn passiert?« fragte ich ihn.

»Oh, als ich letzte Nacht aus Walters Apartment kam«, sagte Howard, »lief ich gegen einen geparkten Wagen und fiel aufs Gesicht.«

Die Scheidung kam zustande. Terry Moore erlebte einige kleine Triumphe in RKO-Filmen. Doch ihr Plan, Howard vor den Traualtar zu bringen, mißlang. Wie alle ihre Vorgängerinnen wurde auch sie des Wartens überdrüssig.

Ein anderes Mädchen wartete – und hatte Erfolg: Jean Peters.
Sie war Studentin an der Ohio Universität und kam auf die klassische Tour nach Hollywood: Sie gewann einen Schönheits-Wettbewerb und machte erfolgreich Probeaufnahmen. Doch im Gegensatz zu tausend anderen, die die gleiche Erfahrung machten – Jean hatte Erfolg. Twentieth Century Fox gaben ihr einen Vertrag, und bald spielte sie mit Tyrone Power.
1946 sah Howard sie zum ersten Mal auf der Leinwand. Er wollte natürlich ein Rendezvous mit der hübschen Brünetten. Ich habe von keinem Mädchen gehört, das eine Einladung von Howard Hughes ausgeschlagen hätte.
Eine Romanze bahnte sich an, es gab die üblichen Heiratsversprechen. Und die üblichen Verschleppungstricks.
Ich habe Jean Peters nur ein einziges Mal getroffen, doch unser Zusammentreffen hatte ein merkwürdiges Nachspiel. Howard lud mich ein, zusammen mit ihm und Jean auszugehen, und ich erlebte einen prächtigen Abend. Ich fand, daß sie eine charmante und intelligente junge Dame war und unterhielt mich großartig mit ihr während des ganzen Abends. Howard, der natürlich keinerlei Talent zur Konversation hatte, war die meiste Zeit ziemlich schweigsam. Und wenn ich mich richtig erinnere, war er sogar ein wenig verstimmt.
Am nächsten Morgen rief mich Lee Murrin an – er zahlte die Rechnungen für Howards romantische Eskapaden – und fragte: »Was ist denn letzte Nacht passiert?«
»Was passiert ist? Nun, ich verbrachte einen angenehmen Abend mit Miß Peters und Howard. Warum fragen Sie?«
»Ich wunderte mich nur. Denn Mr. Hughes sagte heute zu mir: ›Lassen Sie Dietrich nie mehr in Miß Peters Nähe!‹.«
Darüber konnte ich nur lachen. Ich kann nicht glauben, daß Howard mich als ernsthafte Konkurrenz betrachtete, schließlich war ich siebzehn Jahre älter als er. Ich kam zu dem Schluß, daß es ihm nicht paßte, wenn sein mangelndes Konversationstalent offenkundig wurde.
Wie alle anderen vor ihr, so war auch Miß Peters des Wartens müde geworden. Ein anderer Mann trat in ihr Leben: Stuart W. Cramer III, ein gutaussehender junger Mann aus North Carolina, der Sohn eines Textilindustriellen, dessen Vater ein Freund und ehemaliger Klassenkamerad Dwight D. Eisenhowers in West Point war.

Jean ging nach Rom, um »Three Coins in the Fountain« zu drehen, und dort traf sie Stu. Nach kurzer Bekanntschaft fragte er sie, ob sie ihn heiraten wolle, und Jean sagte ja. Sie heirateten am 29. Mai 1954 in Washington, D. C.

Das junge Paar ließ sich in Washington nieder und nahm am gesellschaftlichen Leben der Hauptstadt regen Anteil. Jedermann, einschließlich Stu, hielt ihre Ehe für schlechthin ideal.

Jeans Studio, Twentieth Century Fox, wünschte ihre Rückkehr nach Hollywood, um »A Man called Peter« zu drehen. Stu war einverstanden. Als sie vier oder fünf Wochen fort war, kam es Stu eigenartig vor, daß er sie nicht mehr telefonisch erreichen konnte. Sie beantwortete einfach seine Anrufe nicht mehr. Stu rief Jeans Mutter in Ohio an und erfuhr ihren Verdacht, Howard Hughes mische sich in Jeans Ehe.

Stu flog mit der nächsten Maschine nach Kalifornien. Zunächst wollte Jean ihn nicht sehen, und Stu rief Howard an. Howard schien vernünftig zu sein und bot seine Hilfe an, um eine Versöhnung zu erreichen. Doch als Stu mit Jean zusammentraf, spürte er, daß sie sich in einer aufgewühlten Verfassung befand. Sie schien sich ihrer Schuld bewußt zu sein, ihre Ehe zu gefährden, doch gleichzeitig war sie über Howards Haltung ihr gegenüber beunruhigt.

Es sah aus, als gäbe es keine Möglichkeit, die Ehe zu retten. Jean ging nach Florida, um dort die Scheidung einzureichen. Stu folgte ihr und versuchte, sie davon abzubringen. Doch sie war immer noch in dieser Verfassung und reagierte nicht auf seine Bitten. Sie reichte die Scheidung ein, betrieb den Prozeß jedoch nicht. Schließlich kehrte sie nach Kalifornien zurück und reichte auch dort die Scheidung ein.

Merkwürdigerweise holte sie nach der einjährigen Wartezeit den endgültigen Urteilsspruch nicht ab. Was war passiert? Hatte Jean eine Auseinandersetzung mit Howard und drohte sie ihm, zu Stu zurückzukehren, falls er sein Heiratsversprechen nicht erfüllen werde? Wie dem auch sei, im 17. Januar 1957 holte sie das Urteil ab und heiratete Howard Hughes am 13. März 1957 in Tonopah, Nevada.

Es war eine merkwürdige Ehe. Als Howard nach Las Vegas umzog, besuchte sie ihn alle drei oder vier Wochen für jeweils nur eine halbe Stunde. Schließlich war sie der Sache überdrüssig und ließ sich 1970 von ihm scheiden.

40. Darlehen für Nixon

In meinem Büro im Haus Nr. 7000 Romaine Street läutete das Telefon. Howards politischer Rechtsanwalt war am Apparat.

»Ich habe mit Nixon gesprochen«, sagte er. »Sein Bruder Donald hat finanzielle Schwierigkeiten mit seinem Restaurant in Whittier. Der Vizepräsident möchte, daß wir ihm helfen.«

»Wie sollen wir ihm denn helfen?« fragte ich.

»Mit einem Darlehen.«

»Wie hoch?«

»Zweihundertundfünftausend Dollar.«

Ich konnte mir einen überraschten Pfiff nicht verkneifen. »Jesus, soviel Geld habe ich noch nie auf das politische Konto übertragen«, protestierte ich. »Das kann ich nicht auf die eigene Kappe nehmen. Am besten sprechen Sie mit Howard.«

Ich legte mit einem sehr unangenehmen Gefühl den Hörer auf. Mit Howards Neigung zum stümperhaften Geplätscher im politischen Fahrwasser war ich nie einverstanden gewesen. Diesmal, so dachte ich, ging er einfach zu weit. Es ging gerade noch an, wenn es sich um Wahlkampf-Unterstützung für Abgeordnete und sogar Senatoren handelte. Doch war es etwas völlig anderes, den Verwandten des Vizepräsidenten persönliche Darlehen zu gewähren. Richard Nixon war erst vor ein paar Wochen wiedergewählt worden, nach dem Erdrutsch um Eisenhower im Jahre 1956. Das Ganze kam mir anrüchig vor.

Donald Nixon war ein netter Kerl, jedoch offenbar kein besonders guter Geschäftsmann. In Nixons Heimatstadt Whittier hatte er ein Restaurant eröffnet und bot als Spezialität ein Sandwich mit der Bezeichnung »Nixonburger« an. Seit einem Jahr befand sich das Unternehmen in den roten Zahlen.

Einen Tag nach dem Anruf des Rechtsanwaltes rief Howard selbst an.

»Ich möchte, daß die Nixons das Geld bekommen«, sagte er lebhaft.

»Wissen Sie, um welche Summe es sich handelt?« fragte ich.

Die Höhe des Betrages schien ihn nicht zu beeindrucken. »Das ist in Ordnung. Geben Sie's ihnen.«

Folglich transferierte ich 205 000 Dollar von der kanadischen Tochtergesellschaft der Hughes Tool Company und händigte sie dem Rechtsanwalt aus. Je mehr ich über die Transaktion erfuhr, desto weniger gefiel sie mir. Ich mochte Richard Nixon; ich hatte ihm meine Stimme bei den Wahlen zum Senat und zweimal bei den Vizepräsidentschaftswahlen gegeben. Ich unterstützte Präsident

Eisenhower und war mit seinem Bruder Arthur im Aufsichtsrat bei TWA (im Jahre 1949 überließ ich der Familie Eisenhower meine Suite im Waldorf-Astoria, damit sie Ike's Geburtstag feiern konnten). Ich wollte nicht, daß Eisenhowers oder Nixons Ruf irgendwie in Mißkredit gebracht wurde.

Aber die Verwaltungsmaschinerie für das Darlehen lief bereits.

Die 205 000 Dollar sollten als Darlehen dienen. Die einzige Sicherheit war ein unbebautes Grundstück, das Nixons Mutter, Mrs. Hannah Nixon, gehörte. Auf diesem Grundstück sollte für 40 000 Dollar eine Tankstelle gebaut werden, die für 800 Dollar pro Monat an die Union Oil Company vermietet werden sollte. Der Rest des Geldes sollte die Schulden des Restaurants begleichen. Niemand war verantwortlich für die Rückzahlung des Darlehens, falls der Vertrag verletzt wurde. Lediglich das Grundstück der Familie Nixon würde der Hughes Tool Company anheimfallen.

Wo war die Sicherheit? Donald Nixon hatte sich bei einem normalen Geldinstitut um ein Darlehen bemüht und hatte alles in allem ganze 93 000 Dollar geboten bekommen.

Daraus ergaben sich einige ernsthafte Fragen:

Wieso sollte Hughes Tool Company einem Unternehmen 205 000 Dollar leihen, das nur 93 000 Dollar wert war?

Warum sollte Hughes Tool Company überhaupt das Darlehen gewähren, da sie doch kein Geldinstitut war?

Wie würde das bei einer Firma aussehen, die Regierungsaufträge bekam und mit einer von der Regierung geleiteten Fluggesellschaft verbunden war?

Wenn das Darlehen auch nur für Richard Nixons Bruder und nicht für den Vizepräsidenten selber bestimmt war, anrüchig war es auf jeden Fall. Ein normaler Sterblicher, dem ein bankrottes Restaurant gehört, hätte nicht den Schatten einer Chance, solch ein Darlehen zu erhalten. Ganz eindeutig lag der Grund dafür in der Tatsache, daß Richard Nixon im Staate an zweiter Stelle stand. Und seine Chancen, an die erste Stelle zu treten, waren seit Dwight Eisenhowers Herzattacke und anderen Krankheiten gestiegen.

Ich war völlig davon überzeugt, daß das Darlehen ein Fehler war – für Nixon, für Hughes und ganz allgemein für das politische Verhalten. Nachdem ich mir die Sache ein paar Tage durch den Kopf hatte gehen lassen, unternahm ich einen kühnen Schritt. Ohne Howard zu informieren, flog ich nach Washington und versuchte, die Gewährung des Darlehens noch zu stoppen.

Es bereitete mir keine Schwierigkeiten, zum Vizepräsidenten vorgelassen zu werden. Er war außerordentlich freundlich, zeigte mir sein ganzes Büro und erklärte mir Erinnerungsstücke an Reisen in fremde Länder. Dann hatten wir ein ernstes Gespräch.

»Wegen des Darlehens für Donald«, begann ich. »Hughes hat zugestimmt, Donald kann das Geld haben. Es ist mir klar, daß es für Ihren Bruder bestimmt ist und nicht für Sie. Doch fühle ich mich gedrängt, Ihnen mitzuteilen, was mir durch den Kopf geht. Falls etwas über dieses Darlehen an die Öffentlichkeit dringt, kann es das Ende Ihrer politischen Karriere bedeuten. Und ich zweifle daran, daß man die Sache verheimlichen kann.«

Er antwortete sofort, vielleicht hatte er geahnt, was ich sagen wollte.

»Mr. Dietrich«, sagte er. »Meine Verwandten sind mir wichtiger als meine politische Karriere.«

Über das Thema meines Besuches wurde nicht mehr gesprochen. Wir speisten zusammen in seinem Büro, und ich reiste besorgter ab als ich angekommen war. Ich konnte nicht glauben, daß er wirklich naiv genug war, anzunehmen, daß man die ganze Sache geheim halten könnte.

Da es mir nun schon mißlungen war, die ganze Transaktion abzublasen, tat ich alles, um sie so geschäftlich wie möglich aussehen zu lassen. Die hochbezahlten Mitarbeiter des Hughes-Imperiums wurden mit der Aufgabe betraut, ein einfaches Restaurant in Whittier vor dem Bankrott zu retten.

Pat DiCicco, der den Großküchenvertrag für Hughes Aircraft hatte, leitete ein Management-Komitee, das das Unternehmen begutachten sollte. Als er zum erstenmal dorthin kam, scherzte er: »Den Namen Nixon sollte man fortlassen – immerhin müssen Demokraten ja auch etwas essen.«

Das Komitee unterbreitete eine Reihe von Vorschlägen, um die Leitung des Restaurants zu verbessern, doch Donald Nixon lehnte jede Einmischung ab. Sein Mißvergnügen darüber wurde mir durch Richard Nixon nahegebracht.

»Aber ich glaube, das Restaurant wird innerhalb von neunzig Tagen schließen müssen, wenn keine Änderung eintritt«, sagte ich.

»Mein Bruder möchte es auf diese Art führen«, sagte der Vize-Präsident.

Das Hughes-Komitee stellte seine Arbeit ein. Nur wenig später schloß das Restaurant seine Pforten.

Das war das Ende meiner Verbindung mit dem Nixon-Darlehen. 1957 trennt ich mich von Howard und ließ derartige Angelegenheiten nur zu gerne hinter mir. Doch war ich amüsiert – oder entsetzt – von dem, was sich daraus ergab.

Der Rest der Geschichte hatte alle Aspekte einer Farce – bis auf die weitreichenden Auswirkungen auf das Geschick der Nation. Zumindestens bewies die Affäre, daß komplizierte Versuche zur Geheimhaltung sich selber aufheben können.

Es scheint, daß die 205 000 Dollar von der Hughes Tool Company zum politischen Rechtsanwalt und von da zu Mrs. Hannah Nixon und von da zu ihrem Sohn Donald wanderten. Mrs. Nixon setzte einen Treuhandvertrag auf und setzte die Tankstelle als Sicherheit ein. Um Hughes Verbindung mit dem Darlehen zu verschleiern, wurde der Treuhandvertrag einem Steuer-Sachverständigen übertragen und von da auf einen freiberuflichen Buchhaltungsfachmann. Als das Restaurant schließen mußte, erhielt der Buchhaltungsfachmann jeden Monat einen Scheck über 800 Dollar von der Ölgesellschaft, die die Tankstelle gemietet hatte. Er versuchte, sie an das Hughes-Büro zu senden, doch kamen die Schecks wieder an ihn zurück. Offenbar scheuten die Hughes-Leute das Risiko, mit dem Darlehen verbunden zu werden. Da kassierte der Buchhaltungsfachmann die Schecks, da er sie als Honorar für seine Bemühungen betrachtete.

Anderthalb Jahre später stieß ein Buchhalter in Houston auf die geheimnisvolle Transaktion von 205 000 Dollar. Wo war das Geld? Zank erhob sich zwischen den Leuten, die in die ganze Geschichte verwickelt waren. Die Sache gelangte zu einem Rechtsanwalt in Washington, der enge Beziehungen zur Familie Kennedy unterhielt. Es war in den letzten Tagen des Präsidentschafts-Wahlkampfes von 1960, als Richard Nixon und John Kennedy Kopf an Kopf lagen.

Die Geschichte sickerte zu einigen Presseleuten durch, doch niemand wollte sie mehr drucken, da man am Ende eines Wahlkampfes keine Skandalgeschichten mehr bringen wollte. Nixons Leute bekamen Wind von der Sache und veröffentlichten eine bereinigte Version über das Darlehen an Donald Nixon. Drew Pearson, der die ganze Geschichte erst nach den Wahlen bringen wollte, kam mit allen Details heraus – daß das Darlehen direkt von der Hughes Tool Company in Houston stammte.

Nachdem Kennedy gewonnen hatte, vertrat sein Bruder Robert die Meinung, daß dieses Hughes-Darlehen eines der drei Dinge war, die den knappen Sieg ermöglicht hatten. Es machte mir kein Vergnügen, zusehen zu müssen, wie meine anfänglichen Befürchtungen wegen des Darlehens sich bewahrheiteten.

In seinem Buch »Six Crises« tat Richard Nixon die ganze Affäre in ein paar Sätzen ab, indem er sagte, politische Gegner hätten versucht, »ihn mit den finanziellen Schwierigkeiten seines Bruders zu verbinden.« Ich bemerkte seine Wortwahl. Er sagte nicht, daß er *nicht* damit verbunden war.

Etwas Merkwürdiges geschah einen Monat, nachdem das Darlehen bewilligt worden war. Die Finanzverwaltung änderte ihre Meinung und stellte fest, die Hughes Medical Foundation habe ein Anrecht auf einen steuerfreien Status. Zweimal vorher war die Bitte um Steuerbefreiung von der gleichen Behörde abgelehnt worden. Doch Anfang des Jahres 1957 gelang es Howard, diesen Status für seine Foundation, die alle Aktien der Hughes Aircraft besaß, zu erlangen. War der Zeitpunkt zufällig? Oder »kaufte« sich Howard einen Vorteil für seine 205 000 Dollar?

Natürlich gab Howard über diese Sache keine öffentliche Erklärung ab. Und nie habe ich erfahren, ob er herausgefunden hat, daß ich eigens nach Washington ging, um Nixon daran zu hindern, in ein Darlehen von Howard Hughes verwickelt zu werden.

Merkwürdiges Postscriptum: Ein paar Jahre später wurde die Hughes Tool Company offiziell Eigentümerin des Nixon-Grundstückes in Whittier. Zusätzlich zu sechs Spielkasinos in Las Vegas, 25 000 Morgen Land in Nevada, Air West, großem Grundbesitz in Los Angeles, Tucson und Houston, großen Industriebetrieben und Gott weiß was sonst noch alles, zusätzlich zu all dem besitzt Howard Hughes jetzt noch eine kleine Tankstelle in Richard Nixons Heimatstadt.

41. »Noah, ohne Sie kann ich nicht existieren!«

Das Ende meiner Zusammenarbeit mit Howard Hughes kündigte sich im Jahre 1956 an. Seine Überspanntheiten wurden immer schlimmer, die meiste Zeit verbrachte er in völliger Abgeschiedenheit, nur von seinen Mormonen und Bill Fay umgeben. Durch das Telefon behielt ich engen Kontakt mit ihm, doch sah ich ihn immer seltener. Und wenn ich ihn einmal sah, war ich von seiner Erscheinung und seinem Benehmen schockiert.

Eines der letzten Zusammentreffen geschah an einem heißen Tag in Las Vegas. Er hatte mich zu sich gebeten, und ich flog hin und mietete mich im Sands Hotel ein. Nach einiger Zeit kam einer seiner Mormonen und chauffierte mich zu Howards Bungalow draußen in der Wüste.

Als ich mich der Tür näherte, gab man mir Zeichen, stehen zu bleiben. Der Wächter klopfte an die Tür. Howards Stimme kam von innen: »Was wünschen Sie?«

»Mr. Dietrich ist hier, um Sie zu sprechen«, sagte der Wächter.

»Steht er in Position?«

Der Wächter trat zu mir und wies auf ein Quadrat aus Kreidestrichen auf dem betonierten Gehweg. »Stellen Sie sich bitte mitten auf diese Fläche«, sagte der Wächter.

Ich stellte mich mitten auf die Fläche und kam mir vor, als machte ich hier Kinderspiele.

»Mr. Dietrich steht in Position«, sagte der Wächter.

Die Tür öffnete sich ein paar Zentimeter. Dahinter konnte ich Howard erkennen. »Kommen Sie rasch herein, Noah«, sagte er.

Ich hastete durch die Tür, die er rasch hinter mir schloß. Sein Aussehen überraschte mich sehr. Er war dünner als je zuvor, und die Verletzungen seines Gesichtes durch die Auto- und Flugzeugunglücke konnte man deutlich erkennen. Obwohl er erst 51 Jahre alt war, hatte er das Aussehen eines Greises.

»Wie geht es Ihnen, Howard?« fragte ich ernst und warf meine Aktentasche auf den nächsten Sessel.

Plötzlich verdunkelte sich sein Gesicht. Er drehte sich zum Fenster, um seine Haltung zu bewahren. Dann wandte er sich um und sagte: »Noah, tun Sie mir bitte einen Gefallen und werfen Sie in meiner Anwesenheit nie mehr Ihre Aktentasche nieder.«

Ich konnte es kaum fassen, daß seine Bazillenangst so groß war, daß er sich vor Ansteckung fürchtete, wenn man durch eine hingeworfene Aktentasche etwas Staub aufwirbelte. Doch soweit war es tatsächlich gekommen. Die Kreidemarkierung auf dem Boden war ein anderes Zeichen seiner Angst. Wenn seine Besucher etwas weiter von der Tür entfernt standen, hätte er sie nicht so rasch öffnen und schließen können.

Die Verschrobenheiten wurden immer schlimmer. Außerdem hatte ich Gewissensbisse wegen einigen Aufträgen, die ich für Howard ausgeführt hatte – Aufträge, die gewissen Moralisten nicht ganz gesetzlich vorgekommen wären. Ich kämpfte mit meinem Gewissen und beschloß, fachmännischen Rat einzuholen.

Eine meiner nicht-geschäftlichen Funktionen war meine Mitarbeit im Beraterstab der Notre Dame University. Dies brachte mich mit vielen hochgestellten Persönlichkeiten dieser Universität in Berührung, und einem der Priester schüttete ich mein Herz aus.

»Pater«, sagte ich, »bei der Erfüllung meiner Aufgaben für Howard Hughes muß ich unter anderem Dinge tun, die mein Gewissen belasten. Es gibt keine Möglichkeit, ihm Vernunft beizubringen – dafür ist es zu spät. Meinen Sie, ich sollte mich von ihm trennen?«

Der Priester dachte eine Weile nach und sagte dann: »Noah, wenn Sie sich von ihm trennen, erreichen Sie überhaupt nichts. Bleiben Sie, wo Sie sind, und versuchen Sie, Ihren Einfluß auszuüben. Sie erreichen mehr, wenn Sie versuchen, ihm zu helfen.«

Also blieb ich. Ich dachte, ich könnte vielleicht etwas Ordnung in die verworrenen Geschäfte bringen, in die Howard sich hineinmanövriert hatte. Doch mit der Zeit wurde mir klar, daß dies eine unlösbare Aufgabe geworden war.

Ich erlebte die unglaublichen Vorgänge des Januars 1956 mit, als ich entdecken mußte, daß Howard Düsenflugzeuge im Werte einer halben Milliarde Dollar für TWA bestellt hatte. Es war schon eine Überraschung für mich, als ich merkte, daß er die Aufträge erteilt hatte, ohne sich noch an die Beträge erinnern zu können. Und noch schlimmer war es, daß er ohne irgendeine offizielle Funktion bei TWA so gehandelt hatte.

Es stimmt zwar, daß er der größte Aktionär bei TWA war, mit seinen 78 % der Aktien. Doch besaß er keinerlei Posten in dem Unternehmen; er war kein Angestellter, kein Direktor, kein Berater.

»Howard, solche Entscheidungen können Sie nicht treffen!« sagte ich. »Sie ignorieren sämtliche Geschäftspraktiken. Damit kommen Sie niemals durch.«

Er wollte nicht hören. Er glaubte, ich würde schon einen Weg aus dieser Schwierigkeit finden. Ich versuchte es auch. Ich entwickelte den Plan, 100 000 000 Dollar in bar von der Hughes Tool Company zu verwenden und eine Wandelanleihe in Höhe von 300 000 000 Dollar durch New Yorker Banken auflegen zu lassen. Und dann stoppte Howard die Anleihe, ohne mich auch nur zu informieren. Eine etwaige Verringerung seines Besitzanspruchs war zu einer fixen Idee geworden.

Dann kam meine Safari, die Howard verzweifelt zu verhindern suchte. Er schaffte es, mich vorzeitig zurückzuholen, damit ich mich in einer läppischen Angelegenheit um die Gebühren eines Rechtsanwaltes kümmern mußte.

Nach meiner Rückkehr war die Finanzierungsfrage für die Jets noch ungelöst; wir zapften alle erreichbaren Geldquellen an, um die regelmäßigen Zahlungen zu leisten, doch die Geldquellen begannen zu versiegen. Im März 1957 merkte ich, daß in gut einem Monat eine Rechnung über 80 000 000 Dollar fällig wurde. Ich sandte eine dringende Botschaft an Howard. Meine Schlußfolgerung:

»Es ist bedauerlich, daß wir im letzten Sommer unser Finanzierungsprogramm vor der Veränderung des Rediskontsatzes und vor der Verschlechterung der Kreditbedingungen nicht durchgeführt haben. Aus diesem Grunde schlage ich einen Zwischenkredit in Höhe von 100 000 000 Dollar vor, um den Finanzbedarf der nächsten zwei Jahre zu decken. Das gibt uns genügend Zeit, ein neues umfassendes Finanzierungsprogramm für die Jet-Käufe auszuarbeiten. Bitte bedenken Sie die Fälligkeiten am 15. April. So haben wir etwa einen Monat Zeit, um den Zwischenkredit auszuhandeln.«

Ein Monat verging, ohne daß Howard eine Entscheidung gefällt hätte. Ich fand heraus, daß er die Flugzeughersteller telefonisch auf frühere Liefertermine festlegen wollte.

Während er immer noch nicht bereit war, ein Darlehen aufzunehmen, das vielleicht seinen Besitzanspruch gefährdet hätte, überlegte er sich drastische Lösungen. Die Parabel von der Goldenen Gans hatte keinerlei Bedeutung für Howard; er war bereit, Toolco aufzugeben, um TWA behalten zu können. Von all seinen Unternehmen besaß TWA eine besondere Mystik für ihn. Die Toolco interessierte ihn überhaupt nicht – außer als Geldquelle. Hughes Aircraft war eine Nebenbeschäftigung für ihn, die der Befriedigung seines »Bastel-Triebes« diente. Und RKO war eine berauschende Ablenkung, eine Möglichkeit zur Erfüllung seiner sinnlichen Wünsche.

Aber TWA war etwas wie eine Leidenschaft für diesen Mann, der im Grunde völlig leidenschaftslos war.

Vor Jahresfrist hatte er mit dem Gedanken gespielt, Toolco zu verkaufen. Monatelang verhandelte er mit einem möglichen Käufer, bis man einen Preis festgesetzt hatte. Die Summe belief sich auf 400 000 000 Dollar und basierte auf den derzeitigen Gewinnen des Unternehmens. Sobald Howard diese Zahl hörte, waren die Verkaufsverhandlungen zu Ende. Ich vermutete, daß er wieder einmal seinen Marktwert kennenlernen wollte.

Doch diesmal schien es ihm Ernst zu sein. Er beauftragte mich: »Gehen Sie nach Houston und versuchen Sie, die Gewinne für 1957 hochzutreiben.«

Ich kannte seine Absicht. Für jede Million, um die ich die Gewinne erhöhen konnte, würde er bei einem Verkauf 13 500 000 Dollar mehr bekommen. Doch statt dessen versuchte ich, ihm die Unsinnigkeit seines Plans klarzumachen. Ich wies darauf hin, daß Toolco seit vielen Jahren einen regelmäßigen Gewinn erwirtschaftete, während TWA kaum je einen Pfennig verdient hatte.

»Hinzu kommt, daß auch bei Toolco das Geschäft ruhiger wird, Howard«, sagte ich. »1956 haben wir 60 000 000 Dollar gemacht, aber ich glaube nicht, daß wir das auch in diesem Jahr schaffen. Das Geld ist knapp geworden, die Ölgesellschaften bohren einfach nicht mehr soviel.«

»Das interessiert mich nicht«, sagte Howard bockig. »Ich will, daß Sie die Gewinne von Toolco in die Höhe treiben.«

So fuhr ich also nach Houston und versuchte, die erschöpfte alte Goldene Gans zu schnellerem Eierlegen zu bewegen. Ich fand einen Trick. Toolco verfuhr nach dem Brauch, den Ölgesellschaften Bohreinrichtungen für jede Bohrstelle zu übergeben, verbuchte diese Übergabe aber erst als Verkauf, wenn die Bohreinrichtung zum Einsatz kam und Toolco davon benachrichtigt wurde. Die durchschnittliche Zeitdifferenz lag bei neunzig Tagen.

Ich besprach mich mit Haskins und Sells, unseren Rechnungsprü-

fern. Sie stimmten bei, daß man diese Zeitdifferenz verkürzen
könne. Das führte zu einem zusätzlichen Umsatz von anderthalb
Millionen Dollar im laufenden Monat.

Bei meiner Rückkehr nach Los Angeles informierte ich Howard
über das, was ich erreicht hatte. Er schien erfreut zu sein und sagte:
»Noah, ich möchte, daß Sie nach Houston umziehen, damit Sie die
Arbeit dort permanent überwachen können und die Gewinne in die
Höhe bekommen.«

»Aber Howard«, sagte ich, »das hat keinen Zweck. Diese anderthalb
Millionen waren eine einmalige Sache. Die Investment-Banken
werden das schon merken, bevor ein Angebot gemacht werden
kann.«

Howard gab keine Antwort. Auch erhielt ich keine Antwort auf
mein Schreiben wegen eines vernünftigen langfristigen Finanzplanes,
um TWA durch die schwierige Umstellung auf das Düsenzeitalter
hindurchzubringen.

Statt dessen zog er sich tiefer in die Isolation zurück. Fast alle Unterhaltungen
mit ihm erfolgten jetzt per Telefon. Er hatte seinen
Mitarbeitern Anweisung gegeben, ihn unter keinen Umständen,
aus welchen Gründen auch immer, anzurufen.

»Wenn ich etwas wünsche, werde ich von mir aus anrufen«, sagte
er. »Schneiden Sie kein neues Thema von sich aus an, es sei denn,
ich begänne damit.«

Seine Instruktionen für mich waren nicht ganz so knapp, doch genauso
einengend.

»Noah, wir wollen nur das Problem diskutieren, das ich anschneide«,
sagte er. »Ich kann mich einfach nicht auf mehr als ein Problem
gleichzeitig konzentrieren.«

Während dieser Umwälzung Anfang des Jahres 1957 erfuhr ich
einige schockierende Dinge von Howards Houstoner Rechtsanwalt.
Er besuchte mich in meinem Büro und lief in offenbar großer Erregung
auf und ab. Schließlich schaffte er es, mit der Geschichte
herauszukommen.

»Noah, ich glaube, Howard hat den Verstand verloren«, sagte er.
»Sie kennen die Probleme, die vor uns liegen – möglicherweise
Zahlungsverzug für die neuen Jets und keinerlei Finanzierung für
zukünftige Lieferungen. Howard rief mich an. Er wünscht, daß ich
nach Montreal fahre und Verhandlungen über 50 Viscount Düsenflugzeuge
beginne.«

»Was??«

»So ist es. Capital Airlines kann sie nicht bezahlen, und Howard
möchte sie für TWA übernehmen. Können Sie sich das vorstellen?
Diese Flugzeuge kosten 2 500 000 Dollar pro Stück. Das sind weitere
125 000 000 Dollar, die Howard ausgeben will. Wir stehen

finanziell am Abgrund, und Howard will immer noch weitere Flugzeuge kaufen!«

Ungläubig schüttelte ich den Kopf.

»Noah«, fuhr er ernst fort. »Ich glaube, es ist an der Zeit, daß wir drastische Schritte unternehmen. Sie sollten ein Vormundschaftsverfahren in die Wege leiten, damit Howard einen Vormund bekommt. Anderenfalls weiß ich nicht, was nicht noch alles geschehen kann.«

Darüber wollte ich nun keineswegs nachdenken.

»Wer damit anfängt, ist für Howard ein toter Mann – und zwar sofort«, sagte ich.

»Nun«, meinte er, »Sie wollen sich doch zurückziehen, nicht wahr? Mir scheint . . .«

Ich lächelte wehmütig. »Das ist allerdings eine Möglichkeit, sich zurückzuziehen. Aber es ist nicht ganz die Art, wie ich es mir vorstelle.«

Zwei Wochen danach erhielt ich Besuch von Dr. Verne Mason, Howards persönlichem Arzt und Direktor der Hughes Medical Foundation. Ich war überrascht, als er mit dem gleichen Vorschlag anfing: »Noah, ich glaube, der Zeitpunkt ist da, daß Sie Howard für unzurechnungsfähig erklären lassen.«

»Verne, Sie zäumen das Pferd von hinten auf«, antwortete ich. »*Sie* sind sein Arzt. Wenn Sie meinen, es wäre angebracht, warum tun *Sie* es dann nicht?«

Der bloße Gedanke daran ließ ihn erzittern. »Ich muß meine Stellung verteidigen«, sagte er. »Ich bekomme fünfzigtausend im Jahr, habe ein unbegrenztes Spesenkonto und bin niemand verantwortlich. *Sie* sind doch derjenige, der aufhören will. *Sie* sollten die Sache in die Wege leiten.«

»Verne, ich will nicht den Arzt spielen«, gab ich zur Antwort.

Da sich niemand fand, der ihn zu bremsen vermochte, beschritt Howard weiter seinen selbstmörderischen Weg. Er hatte es sich in den Kopf gesetzt, Toolcos Gewinne hochzutreiben und die Firma dann zu verkaufen. Das Geld wollte er für TWAs Jets gebrauchen. Und ich sollte das Ganze für ihn durchboxen. Für ihn hatte es immer geheißen: »Noah schafft das schon.« Wieder einmal rief er nach Noah. Wir verabredeten ein Treffen im Beverly Hills Hotel.

12. März 1957.

Gegen Abend traf ich im Hotel ein und rief von der Halle aus bei ihm an.

»Gehen Sie ins Ankleidezimmer A; dort will ich mit Ihnen sprechen.«

Ich ging ins Ankleidezimmer und rief von dort in seinem Bungalow an. Ich mußte in einen anderen Raum gehen. Er wollte sicher sein, daß unsere Unterhaltung nicht abgehört wurde. Nach dem dritten Umzug wurde mir dieser CIA-Unsinn zuviel. Ich sagte: »Howard, warum können wir uns nicht bei einer Tasse Kaffee über die ganze Angelegenheit unterhalten?«

»Nein, ich will es so«, sagte er. Wieder fing er damit an, ich solle nach Houston ziehen und Toolcos Gewinne steigern.

Schließlich sagte ich voller Überdruß: »In Ordnung, Howard, ich ziehe nach Houston um, aber . . .«

»Das ist großartig, Noah«, sagte er. »Ich bin froh, daß Sie einverstanden sind.«

»Ich bin noch nicht fertig, Howard. Ich gehe nur unter einer Bedingung.«

Er war einen Moment still. »Unter welcher?« fragte er mit seiner eisigsten Stimme.

»Fünfzehn Jahre lang haben Sie mir einen schriftlichen Vermögenszuwachs-Plan versprochen. Ich will ihn haben, bevor ich umziehe. Es braucht kein langer komplizierter Vertrag zu werden. Wir brauchen nur eine Vereinbarung von einer Seite Länge. Wir können es handschriftlich machen. Wir unterschreiben beide, und dann gehe ich nach Houston.«

»Das gefällt mir nicht, Noah«, sagte er. »Sie drängen mich.« Mein Herz klopfte wild, aber es war mir völlig klar, was ich tat.

»Versetzen Sie sich an meine Stelle, Howard«, schlug ich vor. »Fünfzehn Jahre lang habe ich von Ihren Versprechungen gelebt. Das ist verdammt lange für eine einfache Vereinbarung, die man in zwanzig Minuten fertighaben kann.«

»Noah, darüber können wir später noch reden.«

»Jetzt, Howard. Keine weiteren Versprechungen. Entweder unterschreiben wir jetzt die Vereinbarung, oder ich bin fertig.«

Howards Stimme wurde gepreßt. »Sie setzen mir die Pistole auf die Brust. Ich lasse mir von niemand eine Pistole auf die Brust setzen.«

»In Ordnung, Howard, vergessen Sie es. Von dieser Sekunde an bin ich mit Ihnen fertig. Wir vergessen die ganze verdammte Geschichte. Rufen Sie mich nicht mehr an. Versuchen Sie nicht, mich zu erreichen, außer durch Ihren Rechtsanwalt.«

Am anderen Ende der Leitung herrschte Stille.

»Jesus, das kann nicht Ihr Ernst sein. Noah, ohne Sie kann ich nicht existieren!«

Das war das erste Mal in zweiunddreißig Jahren, daß er das gesagt hatte. Es waren die letzten Worte, die ich von Howard hörte.

»Unsinn, Howard«, sagte ich. »Ihre Firmen sind gut organisiert. Lassen Sie nur die Finger davon, dann geht alles in Ordnung. Gute Nacht, Howard.«

Ich legte den Hörer auf.

42. Mein Leben ohne Howard Hughes

»Versiegeln Sie sein Büro!«
Dieser schon gewohnte Befehl beim Abgang von Direktoren wurde
nun auf mich angewandt.
Innerhalb einer Stunde nach meiner letzten Unterhaltung mit Howard rief mich der Schlosser an, den wir im Haus Nr. 7000 Romaine Street beschäftigten.
»Mr. Dietrich, ich weiß nicht, wie ich Ihnen das sagen soll«, begann
er zögernd, »und vielleicht sollte ich es Ihnen gar nicht sagen. Ich
habe gerade von Mr. Hughes den Auftrag bekommen, sämtliche
Schlösser in der Romaine Street zu ändern – und ganz besonders
die Schlösser an Ihrem Büro.«
Ich kannte den Schlosser seit vielen Jahren und wollte nicht, daß er
deshalb ein ungutes Gefühl hatte. »Regen Sie sich nicht auf«, sagte
ich. »Alles ist in Ordnung – ändern Sie nur die Schlösser. Ich habe
gerade gekündigt, und jetzt hat er Angst, daß ich mit den Geschäfts-
papieren fortlaufe.«
Der nächste Anruf kam von Chuck Price, dem stellvertretenden
Finanzdirektor des Unternehmens.
»Jesus, Noah, was ist eigentlich los?« fragte er. »Hughes hat mich
soeben angerufen und verlangte eine Loyalitäts-Erklärung von mir.
Er sagte ›Dietrich hört auf, und ich will wissen, bei wem Ihre Loya-
lität liegt.‹ Ich mußte ihm sagen, daß er mein Chef sei und meine
Loyalität bei ihm liege. ›Okay‹, sagte er, ›ich wünsche, daß alle
Zahlungen an Dietrich sofort gestoppt werden – Entschädigungen,
Spesenkonto, alles. Übrigens, wieviel zahlen Sie ihm?‹ Ich sagte,
während der letzten drei oder vier Jahre ungefähr fünfhunderttausend pro Jahr, einschließlich einer prozentualen Gewinnbeteiligung.
Dazu hat er nichts gesagt.«
Der nächste Anruf kam von Loyd Wright in Washington.
»Noah, ich bin Vorsitzender des Sicherheitsstabes des Präsidenten
und habe gerade eine Sitzung hier in Washington. Howard wünscht,
daß ich alles stehen und liegen lasse und losfahre, um die Lage zwi-
schen Ihnen und Howard zu klären. Ich habe ihm gesagt, ich könne
erst in vierundzwanzig Stunden kommen.«
»Loyd, es gibt nichts mehr zu vermitteln«, sagte ich. »Ich habe
Schluß gemacht. Punkt.«
»Werden Sie mit mir sprechen, wenn ich komme?«
»Gewiß.«
»Howard hat mir sein Wort gegeben, dazusein, wenn ich komme.«
Wright traf am nächsten Abend ein und rief mich am folgenden
Morgen gegen 7 Uhr an.

»Noah, keiner von uns kann Howard verstehen«, sagte er resigniert. »Er versprach, man werde mich sofort zu ihm bringen, sobald ich eingetroffen sei, und daß ich ihn jederzeit während meines Aufenthaltes hier erreichen könne. Nun, eine Cadillac-Limousine erwartete mich. Der Fahrer sagte, er habe den Auftrag, mich abzuholen und mich in mein Hotel zu bringen. Von dort rufe ich jetzt auch an. Ich rief Howard immer wieder an und erreichte ihn auch tatsächlich gegen drei Uhr heute nacht. Er versprach, sich mit mir zu treffen.«

Wright blieb vier Tage in Los Angeles, aber Howard sah er kein einziges Mal. Doch konnte er mit ihm am Telefon sprechen. Loyd bat mich, zu ihm zu kommen, was ich auch tat.

»Howard möchte, daß Sie Ihren Entschluß rückgängig machen und wieder zu ihm zurückkommen«, sagte Loyd.

»Loyd, ich habe die letzte Brücke hinter mir abgebrochen«, sagte ich.

»In Ordnung«, seufzte der Rechtsanwalt. »Folgendes will Howard tun, falls Sie nicht zu ihm zurückkommen. Er will Ihnen Ihr Haus wegnehmen. Er will Ihnen Ihren Anspruch auf die Öl-Beteiligungen streitig machen. Und er will Sie wegen der Vergütungen verklagen, die Sie während der letzten drei Jahre bekommen haben.«

Ich erkannte, worauf Howard hinauswollte.

Als erstes, das Haus. Ich hatte es von RKO gekauft, der es als Direktoren-Residenz gedient hatte. Mein Preis lag 25 000 Dollar über dem nächsten Angebot, das Cary Grant abgegeben hatte, und der Aufsichtsrat hatte dem Verkauf zugestimmt.

Als zweites, die Öl-Partnerschaft. Howard hatte darauf bestanden, daß ich ihn an meinen Öl-Geschäften beteiligte, und hatte 1 250 000 Dollar innerhalb 18 Monaten investiert. Sein Versprechen lautete jedoch über 2 000 000 Dollar pro Jahr für 5 Jahre. Er besaß keinerlei gesetzlichen Anspruch auf mein Öl-Einkommen.

Als drittes, meine Vergütungen. Im Jahre 1954 hatte ich meine Posten bei Toolco und Hughes Aircraft aufgegeben, um Interessenkonflikte zu vermeiden. Auf Howards Wunsch blieb ich jedoch in der gleichen Position und beim gleichen Gehalt, jedoch ohne einen festen Vertrag. Nun versuchte er, mir diese Vergütung mit dem Argument wieder abzunehmen, ich sei unrechtmäßig bezahlt worden. Dabei übersah er meine Leistungen nach 1954 und seine Bemühungen, meinen Safari-Urlaub im Jahre 1956 zu vereiteln.

»Wenn er nicht einlenkt, werde ich ihm alles wieder abnehmen«, hatte Howard geschworen.

Er bekam weder das Haus noch das Geld zurück. Um ihn loszuwerden, gab ich schließlich meine Öl-Beteiligungen auf. Ich dachte damals, wir hätten sowieso keine Hoffnung, fündig zu werden. Es zeigte sich, daß dies ein Irrtum war; später holte Howard einen großartigen Gewinn heraus.

Loyd Wright fuhr nach Washington zurück, ohne Howard ein einziges Mal gesehen zu haben. Während der nächsten sechs Monate prüften Howards Ermittler alle Unterlagen der Firmen, um mich auf irgend etwas festzunageln. Die Spitzenleute des Hughes-Imperiums unterrichteten mich davon; sie fühlten sich dadurch beschämt. »Keine Sorge«, sagte ich. »Howard kann bis zum jüngsten Tag forschen, ohne etwas zu finden. Ich habe nichts zu verbergen.«

Dennoch verfolgte Howard seine kindische Rache. Mein Büro im Haus Nr. 7000 Romaine Street blieb verschlossen. In diesem Büro befanden sich zahlreiche persönliche und private Gegenstände: Bankauszüge, Scheckbücher, Maklerberichte, eine Juwelen-Schatulle, Sparbücher, Heiratspapiere, Geburtsurkunden, Führerscheine, Reiseunterlagen, Schnappschüsse, Brieftaschen, private Korrespondenz, 2000 Dollar Bargeld im Safe, sogar mein gerahmtes Buchprüfer-Diplom. Am Ende mußte ich vor Gericht gehen und einen Gerichtsbeschluß erwirken, um meine persönlichen Gegenstände zurückzubekommen.

Die drei Flugzeuge, die mir zur Verfügung standen, blieben in ihren Hangars und rosten noch heute still vor sich hin.

Nachdem ich Howard verlassen hatte, verspürte ich eine so großartige Erleichterung, daß ich nichts mehr mit ihm zu tun haben wollte. Doch als die Monate vergingen, wurde ich wütend auf ihn. Er ließ seine Schnüffler in meinen Unterlagen suchen, um mich bei einer falschen Handlung zu ertappen. Unterdessen unternahm ich nichts wegen seiner nichtgehaltenen Versprechen.

Ich entschloß mich jedoch, ihn an eines davon zu erinnern. Als ich mich im Jahre 1956 nach meiner Safari von ihm trennen wollte, bat Howard mich, doch zu bleiben. »Bleiben Sie nur noch sechs Monate«, drängte er mich. »Im Augenblick habe ich so viele Probleme vor mir. Ich brauche Sie. Wenn Sie noch sechs Monate bleiben, gebe ich Ihnen eine Million Dollar – und ich will versuchen, sie über einen Vermögenszuwachs-Plan gehen zu lassen.«

Ich blieb noch 8 Monate bei ihm. Von der Million Dollar sah ich natürlich keine Spur. So verklagte ich ihn deswegen.

Vor der Verhandlung hatte Howard für die Aussage vor Gericht zu erscheinen, und seine Rechtsanwälte schoben seinen schlechten Gesundheitszustand vor. Mein Rechtsanwalt, Arthur Crowley, bestand auf Howards Erscheinen oder auf der Erlaubnis, ihn von Ärzten untersuchen zu lassen. Die Anwälte der Gegenpartei hielten uns hin. Als Howard am Stichtag nicht erschien, erreichte Crowley einen Aufschub bis 11 Uhr des folgenden Montags.

»Aber wenn er um diese Zeit nicht in meinem Büro ist, bestehe ich auf einer Strafe in Höhe von 100 000 Dollar«, sagte Crowley. Die verzweifelten Hughes-Anwälte stimmten zu.

»Arthur, Sie haben den Verstand verloren«, sagte ich Crowley hinterher. »Auch wenn Sie 250 000 Dollar festgesetzt hätten, würde Howard wahrscheinlich nicht erscheinen.«

Es zeigte sich, daß Crowley richtig getippt hatte. Howard erschien nicht, und die 100 000 Dollar mußten bezahlt werden.

Zu einem Prozeß kam es nie. Howard erklärte sich mit 800 000 Dollar einverstanden – und ich verlor. Wieso? Nun, mein Rechtsanwalt bekam ein Viertel dieser Summe, meine frühere Frau ein weiteres Viertel. Als die Steuern abgezogen waren, hatte die Klage mir in Wirklichkeit nichts eingebracht.

Was schlimmer war, sie trennte mich endgültig von Howard. Ich glaube, nach einiger Zeit hätte Howard meine Rückkehr gewünscht, und es ist möglich, daß ich auch zu ihm zurückgegangen wäre.

Doch meine Klage gegen ihn berührte seinen verwundbarsten Punkt: die Alter-Ego-Theorie – daß Howard Hughes die Hughes Tool Company ist und die Hughes Tool Company Howard Hughes. Wenn diese Tatsache jemals vor Gericht hätte bewiesen werden können, wäre das Hughes-Imperium grundlegend verändert worden. Dann hätte er wie jeder normale Bürger Einkommensteuer zahlen müssen, anstatt seinen Reichtum hinter dem Vorhang einer Aktiengesellschaft verbergen zu können.

Was geschah in den Jahren nach der Dietrich-Hughes-Scheidung?

Wie alle Amerikaner, so verfolgte auch ich Howards bizarres Leben voller Faszination. Nach zweiunddreißig Jahren scharfer Beobachtung seiner Psyche kann ich, so glaube ich, einige Aspekte der merkwürdigen Vorgänge wohl erhellen.

Das TWA-Fiasko, vor dem ich ihn hatte retten wollen, verwandelte sich in einen der größten Gewinne in der amerikanischen Finanzgeschichte. Und Howard tat alles, das zu verhindern.

Hier ist ganz kurz der Lauf der Ereignisse.

Im Jahre 1960 hatte Howard jede Finanzierungsmöglichkeit erschöpft und mußte 165 000 000 Dollar von einem Banken- und Versicherungskonsortium als Finanzierung aufnehmen. Das Konsortium stellte harte Bedingungen. Eine der Klauseln schrieb eine treuhänderische Stimmrechtsübertragung vor, falls TWAs Schicksal sich zum Bösen wendete. Das Konsortium würde in diesem Fall zwei Treuhänder benennen, Howard einen.

Als TWAs Präsident Charles Thomas zurücktrat, verlangten die Banken die Stimmrechtsübertragung. Sie nominierten ihren eigenen Präsidenten Charles Tillinghast. Hughes Tool Company klagte wegen Mißwirtschaft. TWA erhob Gegenklage.

Der Fall beschäftigte die Gerichte jahrelang. Hughes Tool verlor den Prozeß, und TWA gewann am Ende nur deshalb, weil Howard sich weigerte, vor Gericht zu erscheinen. Howard mußte TWA 137 000 000 Dollar als Schadensersatz bezahlen. Die zivile Luftfahrtbehörde CAB verlangte eine Untersuchung, und als Howard immer noch nicht erschien, weigerte sie sich, die Treuhändergruppe aufzulösen.

Howard mußte seine Niederlage eingestehen. Er beschloß, seine Aktien, deren Stimmrecht er nicht ausüben konnte, zu verkaufen – und so kam der Riesengewinn zustande. Als er im Jahre 1960 seine Kontrolle über die Gesellschaft verlor, standen die TWA-Aktien bei 13 Dollar. Als er 1966 verkaufen mußte, standen sie bei 86 Dollar. Seine Aktien brachten ihm einen Betrag von 546 549 771 Dollar ein. Selbst nachdem Toolco die Maklergebühr und die Veräußerungssteuer bezahlt hatte, blieben ihm noch 450 000 000 Dollar übrig.

Trotz dieses unerhörten Gewinnes glaube ich, Howard hätte darauf verzichtet, wenn er die Gesellschaft zurückbekommen hätte. Er liebte TWA und tat alles, um sie zu behalten.

Er verlor sie nur aufgrund seiner persönlichen Schwächen. Er wollte keine vernünftige Finanzierungsmethode für die Jets entwickeln, weil er eine Beschneidung seines Besitzanspruches befürchtete. Als es vor den Gerichten zum Kampf kam, weigerte er sich, zu erscheinen. Warum? Weil er fürchtete, seine Konzentrationsfähigkeit würde einem Kreuzfeuer nicht mehr standhalten. Wenn er in der Öffentlichkeit auftrat und man Zweifel an seiner Zurechnungsfähigkeit bekam, würde man ihm vielleicht alles wegnehmen.

Und anstatt um seine geliebte TWA zu kämpfen, zog er sich in die Vergessenheit nach Nevada zurück.

Las Vegas hatte immer eine Faszination auf Howard ausgeübt. Er liebte die leichtlebige Atmosphäre, die Anwesenheit hübscher Mädchen, die Spannung der Spielerstadt. Außerdem war er von politischer Macht fasziniert. Nevada konnte man leicht »kaufen«. Nachdem er der größte Arbeitgeber und der größte Steuerzahler in Nevada geworden war, meinte er, er könne seinen Einfluß spürbar machen. Und das konnte er wirklich.

Mit den 450 000 000 Dollar aus dem TWA-Verkauf mußte er irgend etwas anfangen. Er hatte sich meine frühe Lektion zu Herzen genommen, überschüssiges Geld in Expansion und Grundbesitz zu verwandeln, wo es von den Steuerbehörden übersehen würde. Also begab sich Howard auf eine »Einkaufs-Tournee« in Las Vegas und kaufte Spielkasinos und Hotels am laufenden Band.

Doch diesmal verlor er seine Investitionen. Hughes Aircraft, Hughes Tool, TWA und sogar RKO (wenn das Management in Ordnung gewesen wäre) – diese Industrien basierten auf verläßlichen wirtschaftlichen Bedürfnissen. Doch Las Vegas hatte eine viel schwächere Basis: menschliche Habgier und die Jagd nach Vergnügen. Als die Kosten davonliefen und eine Rezession die Kunden zurückhielt, begannen die Kasino-Hotels große Verluste zu machen.

Howard brauchte einen Sündenbock. Er fand ihn in Robert Maheu, dem Chef seiner Las Vegas-Unternehmen.

Diesmal hatte Howard keinen Noah, der den Hinauswurf für ihn besorgte. Diesmal mußte das Oberkommando der Mormonen dafür herhalten. Vor der »Hinrichtung« jedoch verschwand Howard und tauchte im Britannia Beach Hotel in Nassau, Bahamas, auf. Offensichtlich wollte er weit weg sein, wenn Maheu die unausbleibliche Schadenersatzklage gegen ihn erhob.

Ich habe die Entwicklung mit Heiterkeit beobachtet. Und mit einem Gefühl großer Erleichterung, da ich mich nicht einmischen mußte. Im Jahre 1968 besuchte ich einmal Las Vegas, und Bob Maheu lud mich ein, mit ihm zu speisen. Er bat mich dringend um Hinweise, wie er mit seinem schwierigen Chef umgehen müsse.

»Verlassen Sie sich bloß nicht auf Howards mündliche Versprechungen oder erwarten Sie keine Aktienbezugsrechte oder Vermögenszuwachs-Pläne, wenn Sie sie nicht schriftlich haben. Nehmen Sie, was er Ihnen bietet, solange er Sie braucht, denn das ist das einzige, das Sie überhaupt bekommen werden.«

Als ich von Maheus »Hinrichtung« im Dezember 1970 erfuhr, konnte ich mich nicht enthalten, ihm ein Telegramm zu senden: »Willkommen im Club!«

Und was geschah mit mir seit 1957?

Ich habe ein produktives, aktives und zufriedenes Leben geführt, wenn es auch nicht ganz so aufregend war. Ich heiratete wieder, und diesmal glücklich. Meine Frau Mary und ich bewohnen ein großes Haus oberhalb Beverly Hills, das oft vom Leben unserer Kinder und Enkelkinder erfüllt ist.

Während ich dies schreibe, bin ich 83 Jahre alt und gehe noch täglich in mein Büro in Century City. Ich habe reges Interesse an der Geschäftswelt und arbeite als Wirtschaftsberater bei zahlreichen Unternehmen. 1971 zog ich mich von meinem Posten als Direktor des Wasserversorgungsamtes von Südkalifornien zurück, nachdem ich diesen Posten 16 Jahre innegehabt hatte. Allerdings habe ich noch nicht die Absicht, mich vollständig zur Ruhe zu setzen. Ich fühle mich noch wie ein junger Mann, und meine Freunde behaupten, ich dächte und handelte auch so.

Erst vor kurzem machte ich einen Ausflug nach Long Beach, um die »Queen Mary« zu besichtigen. Doch unwiderstehlich zog es mich zum gigantischen Nachbarn der »Queen«, zur Hercules. Auf dem Parkplatz zählte ich dreizehn Wagen und nahm an, daß die Arbeit immer noch fortgesetzt würde.

Als ich den Hangar betrachtete, kam ein Hafenarbeiter auf mich zu.

»Gehen Sie lieber nicht so dicht ran, Mister«, warnte er mich. »Diese Wachen werden aufmerksam, wenn jemand sich zu sehr dafür interessiert.«

»Tun sie das?« fragte ich.

»Yeah. Das ist die ›Holzgans‹, müssen Sie wissen. Howard Hughes' großes Flugboot. Niemand darf in seine Nähe. Sehen Sie den Turm neben dem Hangar?«

»Ja.«

»Ich habe gehört, die haben eine mit einem Teleobjektiv bestückte Kamera da oben. Wenn sich jemand zu oft hier herumtreibt oder zu dicht rankommt, macht die Kamera eine Aufnahme.«

»Wirklich? Und was machen sie dann mit dem Foto?«

»Ich weiß nicht. Vielleicht schicken sie es zur Karibischen See, und Howard Hughes betrachtet sich die Bilder, um zu sehen, wer sich da verdächtig macht.«

Der Arbeiter ging seines Weges und ließ mich mit meinen Erinnerungen allein. Ich betrachtete den Hangar und dachte an die 50 000 000 Dollar, die an das größte Spielzeug der Welt verplempert worden waren. Und an die vielen Bohranlagen, die dafür verkauft werden mußten.

Ich blieb ein Weilchen und hoffte, verdächtig genug auszusehen, damit die Kamera ein Bild von mir machte, wenn es wirklich eine da oben gab. Aus einem Impuls heraus winkte ich in die Richtung, als wollte ich »Hallo Howard« sagen.

Manchmal läutet nachts das Telefon, und ich antworte sofort, wie ich es früher immer getan hatte. Halbwegs erwarte ich die hohe Stimme am anderen Ende: »Noah, ich habe etwas, um das Sie sich sofort kümmern müssen.«

Und wissen Sie, was ich antworten würde?

»Okay, Howard, schießen Sie los . . .«

George St. George

Sibirien

Gigant hinter dem Ural
267 Seiten, DM 25,–

Sibirien – jahrhundertelang war es eine vergessene, weglose, eisige Wildnis, ähnlich weit entfernt wie der Mond, bestenfalls geeignet, um Feinde dorthin zu verbannen . . .
In weniger als 10 Jahren wurde es ein Land der Zukunft, voll von Industrieanlagen, leistungsfähigen Farmen, riesigen Mineralvorräten, wissenschaftlichen und kulturellen Forschungszentren. 80 % aller Doktoren und 50 % der Ingenieure dort sind Frauen.
Der Autor ist der Meinung, daß die Vorgänge in Sibirien eine tiefgreifende Wirkung auf die ganze Welt haben. Sie zeigen, daß der riesige Einsatz von Investitionen und Anstrengungen in Sibirien nur sinnvoll ist, wenn der Weltfriede das politische Ziel aller kommenden Generationen ist und bleibt. George St. George war der erste Ausländer, der unbeschränkten Zugang zum neuen Sibirien erhielt. Seine Eindrücke ergeben ein umfassendes, klares und lebhaftes Bild, das weder pro- noch antisowjetisch ist, dafür aber prosibirisch.

Der »Münchner Merkur« schreibt:
»Ohne Zweifel gibt es jetzt für jedermann eine Beschreibung, die ein Ja und viel Lob verdient.«

Gustav Lübbe Verlag

Joe McGinniss

So macht man Präsidenten

Das Beispiel Richard M. Nixon
304 Seiten, DM 22,–

Dieses Buch vermittelt einen ungewohnten und auch erschreckenden Einblick in amerikanische Wahlkampf-Taktiken: Werbespezialisten und Public-Relations-Experten »verkauften« der amerikanischen Öffentlichkeit das Bild eines Präsidentschaftskandidaten, das der Wahrheit nicht entsprach. Doch ihre Methoden hatten Erfolg: Nixon wurde Präsident.

Knapp und kühl berichtet der Autor über die Methoden der Macher – er begleitete das Wahlkampf-Team während der ganzen Kampagne.

Die Auswirkungen derartiger Verkaufs-Feldzüge sind in der Tat erschreckend, beweisen sie doch, daß die Unterschiede der Werbemethoden für Politiker oder Produkte nur noch minimal sind. Wenigstens in Amerika. Ist es nur eine Frage der Zeit, ob diese Methoden bald auch bei uns ihren Einzug halten . . .?

Die »Zeit« schreibt:
»Der Autor hat sich nicht mit der Rolle des Kritikers auf den besseren Plätzen begnügt, er hat hinter die Kulissen geschaut. Sein Bericht schildert das faszinierendste Schauspiel der Welt mit der Wahrheitstreue eines Protokolls.«

Gustav Lübbe Verlag